KB057754

꿀딴지곰의
레트로 게임 대백과

꿀딴지곰의
레트로 게임 대백과

열혈 겜돌이의 명작 고전 게임
추억 찾기 연구소

START

꿀딴지곰 지음

보누스

국민학교라 부르던 시절이 있었다

때는 바야흐로 1980년대 초. 저는 초등학교가 아닌 국민학교를 다니고 있었습니다. 어린 시절을 돌이켜보고자 기억을 더듬어보면 1970년대 중반도 어렴풋이 떠오르지만, 그나마 사리 분별이 가능했던 때는 1980년대 초반부터입니다.

그 시절 어린이가 주로 즐기던 놀이는 골목 주변에 삼삼오오 모여서 하던 딱지치기나 자치기, 구슬치기, 팽이치기 등이었죠. 이 외에도 다방구, 얼음땡, 오징어 등을 하며 놀았습니다. 대부분 여럿이 모여서 뛰어다니는 놀이였습니다. 이런 놀이는 동네마다 부르는 이름이 달랐지만, 저와 연배가 비슷한 분들은 거의 들어봤을 겁니다.

저 또한 바로 위 세대 형 누나들이 즐기던 놀이랑 크게 다를 바 없는 놀이를 하며 지냈지만, 뭔가 새로운 놀이가 필요했기에 새롭고 신기한 놀잇감을 찾아내면 호기심 어린 눈으로 반드시 경험해 봐야 직성이 풀렸습니다. 물론 운동신경이 천성적으로 형편없었던 탓에 주로 새로운 장난감을 가지고 놀거나 만화책이나 소설책 때로는 TV 프로그램에 목을 맸죠.

골목을 돌아다닐 수 있게 된 무렵, 저는 전자오락이라는 문화를 조금씩 접할 수 있었습니다. 1980년대에 접어들면서 전자오락의 시대가 슬금슬금 열린 덕분입니다. 저보다 나이 많은 형과 누나들이 기억하는 오락실은 전자 오락기가 있는 곳이 아니었을 겁니다. 전자기기 대신, 직접 공을 던지거나 모형총을 쏘는 게임을 즐기는 곳이었죠. 제가 딱 초등학교에 진학할 무렵부터 전자오락실 문화가 시작됐으니, 알고 보면 저는 비디오 게임 1세대라고 할 수 있습니다. 아, 물론 그 시절에 마그나복스 오디세이라든가, 아타리 같은 게임기를 경험해 보진 못했죠. 그런 오락기가 존재한다는 사실은 알고 있었지만, 우리 집은 비싼 게임기를 덜컥 사주는 집이 아니었기 때문에 언제나 게임기를 가진 친구를 부럽게 바라보기만 했습니다.

'검정 고무신'이라는 만화를 아십니까? 그 만화에는 1970년대 시대상이 많이 담겨 있어서 당시 놀이 문화도 자주 등장합니다. 앞서 말했듯 저도 이런 놀이를 매우 즐겼습니다. 다만, 1980년대 초중반에 접어들면서 위 세대가 즐기던 놀이뿐만 아니라 전자오락이라는 문화도 즐기게 된 거죠. 국내 가정용 비디오 게임기 시장은 그 이후에 생깁니다.

결국 저는 2000년대 들어 레트로 게임이라고 불린 오락 문화의 시작과 현재를 경험한 셈입니다. 비디오 게임 문화의 출발을 직접 바라본 한 사람으로서, 그 시절에 겪은 경험담을 바탕으로 한국 게임사의 일부를 이 책에 담았습니다. 한 게임 유저의 개인사를 매개로 어떤 게임이 유행했고, 어떤 게임 문화를 즐겼는지, 또 어떻게 변해왔는지를 나름 정리해 본 것입니다.

여기에 그 시절의 수많은 게임 중에서 명작이라고 꼽을 수 있는 게임들을 정리하고, 레트로 게임을 처음 시작하는 사람을 위한 팁과 노하우까지 소개했습니다. 책에서 다루는 시대는 1980년대 초반부터 2000

년도 초반까지가 되겠네요. 일본 만화 〈하이스코어 걸〉도 비디오 게임과 레트로 서브컬처를 다루지만, 이 책은 그보다 약간 앞선 시대부터 다뤄봤습니다.

　최대한 노력했지만, 기억이 가물가물해서 일부 사실이 왜곡되거나 고증이 힘든 이야기를 했을지도 모른다는 점이 마음에 걸립니다. 변명에 불과할지 모르지만, 검증되고 확정된 게임사가 없는 가운데 개인의 기억과 약간의 자료에 의지할 수밖에 없는 한계가 있었음을 밝힙니다. 독자 여러분께 미리 양해를 구합니다. 자, 그럼! 지극히 사적인 레트로 게임 연대기, 시작합니다.

3부

2000년대, 이제 오락실은 없다

4부 아이들은 이제 어른이 됐다

9장 레트로 붐 시대의 도래

10장 레린이들을 위한 몇 가지 팁

(일러두기)

╋ 게임 소개란에 명기한 연도는 해당 게임의 개발 연도입니다.

╋ 게임명과 인명, 외래어 등은 국립국어원의 외래어 표기법을 따라 표기했으나,
　관용으로 굳어진 표기법이 있다면 그대로 따랐습니다.

1UP
000000

HI SCORE
000000

TIME
000000

1부

1980년대,
전자오락의 탄생

► 1 PLAYER
  2 PLAYERS

1장

80년대 아이들의 놀이

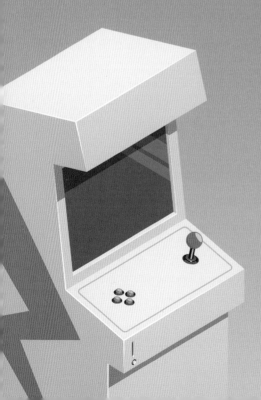

어린 시절 놀이의 시작, 문방구

초등학교가 아니라 국민학교라고 부르던 그 시절, 친구들이랑 동네에서 할 수 있는 게임이라곤 친구끼리 몸을 부딪치는 놀이, 아니면 간단한 도구를 사용한 놀이가 다였습니다. 물론 우리 부모님 세대도 비슷한 놀이 문화가 있었지만, 우리 때부터는 좀 더 다양한 놀거리가 추가됐습니다. 바로 문방구라는 존재 덕분입니다. 아이들은 문방구에서 신기한 놀거리와 장난감을 만날 수 있었습니다. 매번 신기한 물건들이 친구들 사이에서 유행하곤 했죠.

저는 문방구에 새로 나온 장난감을 꼭 사서 해보지 않으면 직성이 풀리지 않는 그런 아이였습니다. 그래봤자 비싼 장난감이나 게임기는 살 수 없었고, 10원 20원 하던 자잘한 장난감이나 각종 화약류를 가지고 놀았죠.

어린 시절, 가장 눈에 띄던 장난감은 바로 화약이었습니다. 지금이야 너무 위험해서 화약을 문방구에서 파는 일은 없겠지만, 그 시절에는 빨간 종이에 화약이 알약처럼 붙어 있는 장난감이 있었습니다. 조그만 화약을 하나씩 찢은 다음, 돌로 쳐서 터트리며 놀거나 화약총 사이에 넣고 방아쇠를 당겨서 터트리며 놀곤 했죠. 이것보다 가지고 놀기 좋게 나온 화약류에는 콩알탄과 폭음탄이 있었습니다. 콩알탄은 지금도 일부 판매를 하던데, 던지면 타닥대는 소리가 나면서 터지는 화약입니다. 폭

음탄은 도화선에 불을 붙이면 시간을 두고 터지는 일종의 시한폭탄 같은 놈이었습니다. 어릴 때는 마치 소형 다이너마이트같이 느껴져서 신기하면서도 무섭던 화약 장난감이었죠.

이런 장난감은 전부 초등학교에 들어가면서부터 알게 된 놀잇감들인데, 결국 학교 주변에 있던 문방구에서 접한 것들입니다. 그 밖에도 문방구에는 불량식품이라 부르던 다양한 먹거리들이 존재했는데, 지금도 일부 판매하지만 사라진 녀석들이 대부분입니다.

대표적으로 그 당시 가짜 초콜릿을 팔기도 했습니다. 생긴 건 초콜릿처럼 생겼지만, 막상 먹어보면 초콜릿 맛은 전혀 안 나는 맛없는 놈이었죠. 이 녀석은 후에 알게 된 사실이지만 카카오와 설탕이 아닌 고구마 전분으로 만들어 초콜릿을 흉내 낸 제품입니다. 아마도 일본 제품을 모방한 제품이 다수였을 텐데, 지금은 파는 곳이 전혀 없어서 확인할 길이 없습니다.

문방구에서는 학교 수업에서 쓰는 교보재도 판매했습니다. 그중에서 '물체 주머니'라는 것이 가장 기억에 남습니다. 그 안에는 신기하고 재미있는 여러 물건이 들어 있었죠. 예를 들면 구리와 쇠, 알루미늄 등 얇은

금속판이 들어 있어서 직접 금속을 만져볼 수 있었습니다. 특히 납같이 평소에 보기 힘든 금속도 있어서 신기했는데, 요즘은 땜질할 때 빼고는 판형 납을 구경하기 힘들 것 같네요. (납이 중금속이라서 위험하기 때문이겠죠.)

　문방구 이야기를 꺼낼 수밖에 없는 게 문방구는 초등학교 6년 내내 학교 주변에서 학생들을 계속 유혹하는 존재였기 때문입니다. 그곳에서 판매하는 모든 장난감이 그 시절 아이들이 갖고 싶어 하는 최고의 사치품이었죠. 방과 후 문방구를 지나갈 때마다 유리창이나 진열장 너머로 수많은 장난감과 게임기가 아이들의 눈길을 빼앗았습니다. 특히 닌텐도 게임 & 워치와 LSI Large Scale Integration 게임기들은 당시 어린 제 가슴에 불을 지폈습니다. 물론 돈이 없어서 손가락만 빨 수밖에 없었기 때문에 가슴에 담기만 했죠.

재밌는 놀이 상자, 텔레비전

해가 뉘엿뉘엿 지고, 맛있는 밥 냄새가 골목길에서 풍기는 시간. 바로 저녁 식사 시간이 되면, 동네 꼬마들은 골목에 모여서 같이 놀다가도 귀신같이 집으로 뛰어 들어갔습니다.

집마다 여러 가지 사정과 이유가 있었겠지만, 저 같은 경우는 늦게 들어가면 혼나는 게 무서웠고, 무엇보다 밥 먹기 전에 텔레비전에서 하는 만화영화를 꼭 보기 위해서라도 들어가야 했습니다. 지금 생각해 보면 진정한 본방사수가 아닐 수 없었죠.

당시 아이들에게 텔레비전은 굉장한 존재였습니다. 유튜브는커녕 인터넷도 없던 시절에 유일하게 즐길 수 있는 엔터테인먼트 도구였던 텔레비전. 당시엔 TV도 아니고 '테레비'라고 부르던 요놈은 방영 시각이

〈과학닌자대 갓챠맨〉 〈마징가 Z〉는 국내에서 인기가 많았다.

정말 중요했습니다.

제 기억에 의하면 딱 저녁을 먹을 즈음, 오후 5시에서 6시 사이에 재밌는 만화영화나 어린이 프로를 해줬거든요. 해당 방영 시각을 놓치면 그 후에는 아버지가 보시던 재미없는 뉴스, 어머니가 좋아하신 연속극만이 기다릴 뿐이었습니다.

다른 집은 모르겠지만 당시 우리 집은 오후 5시와 6시 사이가 하필 저녁 먹는 시간이었습니다. 식당과 거실이 분리된 집 구조상 밥을 먹으면서 TV를 볼 수는 없었기 때문에 TV를 보다가 밥 먹으러 오라는 어머니의 독촉 같은 잔소리에 "응 잠시만, 금방 갈게."를 수도 없이 외쳐야 했죠. 꼭 이럴 때는 만화영화에서 한창 중요한 장면이 나올 때라는 게 함정이라면 함정입니다만.

결국 아버지가 큰소리치면 무서워서 얼른 TV를 끄고 식탁으로 달려가서 밥을 먹는 둥 마는 둥 입에다 쏟아 넣고 다시 TV를 보러 거실 혹은 안방으로 달려갔던 기억이 납니다. 이런 일은 분명 저한테만 있는 경험이 아닐 겁니다. 아직도 말괄량이 삐삐를 보느라 밥도 안 먹고 일어나서 잠깐만을 외치던 기억이 생생하네요.

이렇게 이른 시간에 해주던 어린이 프로만 보던 제가 유일하게 밤

추억이 많은 〈말괄량이 삐삐〉와 〈주말의 명화〉

늦은 시간까지 안 자고 보던 프로가 있었으니, 바로 토요일 밤마다 해주던 토요 명화와 주말의 명화입니다. 어릴 때부터 영화를 매우 좋아해서 취향이 딱 맞거나 혹은 보고 싶었던 영화를 하는 주말에는 어김없이 아버지 옆에 앉아서 텔레비전을 뚫어져라 보던 기억이 납니다. 그런 날은 늦게 자는 걸 그나마 허락해 주셨던 거 같아요. 극장에 가서 영화를 볼 수 있던 나이도 아니라서 그저 영화는 TV에서 해결한 거죠. 당시에는 선택권이 없었습니다. TV에서 해주면 무조건 봐야 했던 그런 시절. 지금은 오히려 TV를 보는 사람들이 점점 줄고 있으니 참 아이러니하군요.

어른들의 사정, 만화와 비디오

　1980년에 정권이 바뀌면서 SF 만화영화 편성이 갑작스레 금지된 적이 있습니다. 1970년대에 유행했던 로봇이나 SF 관련 만화영화가 어린이의 정서에 안 좋은 영향을 미친다는 이유로 관련 만화영화를 전부 방송국에서 퇴출한 것입니다. 그 이후로는 순정만화나 판타지, 명랑 만화로 교체됐죠. 그레이트 마징가와 그렌다이저로 어린 시절 꿈의 나래를 펼쳤던 저로서는 꽤 충격적인 일이었습니다.

　아이러니한 점은 그 이후로도 역시 어린이의 정서에 그다지 좋지 않은 만화영화가 편성됐다는 사실입니다. 은하철도 999라든가 들장미 소녀 제니 같은 만화영화인데요, 이 만화영화는 사실 아이들 보라고 만든 작품이 아니었죠. 제대로 내용을 확인조차 하지 않았는지, 그대로 방

KBS와 MBC에서 각각 방영한 〈들장미 소녀 제니〉와 〈은하철도 999〉

필자가 즐겨 보던 〈마그네로보 가킨〉 〈우주의 기사 테카맨〉

영한 뒤에 급하게 종영을 하는 경우가 있었습니다.

　은하철도 999는 특유의 암울하기 짝이 없는 디스토피아적 세계관으로 제 어린 시절의 정서에 우울한 영향을 미쳤던 작품입니다. 이 만화영화 때문에 인류의 장래가 결코 밝지만은 않을 것 같다는 생각이 어린 시절 내내 머릿속을 지배했죠. 게다가 이후에도 은하철도 999와 비슷한 성향의 SF 영화와 애니메이션을 선호하게 된 계기가 됐습니다.

　사실 TV에서 로봇 만화영화를 못 보게 된 저는 무척 서글펐는데, 그나마 희소식은 비디오로 만화영화를 볼 수 있었다는 점입니다. 우리 집에는 비디오가 없었지만, 외갓집에는 비디오가 있었습니다. 가끔 외갓집에 놀러 가면, 그 동네 비디오 대여점에 가서 만화영화를 빌려다 보곤 했던 기억이 있습니다. 당시 빌려본 만화영화 중에는 마그네로보 가킨, 컴배틀러(콤바트라)V, 볼테스V, 국내에서 우주의 기사 철갑인이라는 제목으로 발매된 우주의 기사 테카맨 등이 있었죠.

액정 게임기와 LSI 게임기

그 시절 문방구에는 각종 액정 게임기와 LSI 게임기가 진열돼 있었습니다. 이 게임기들은 당시 휴대용 게임기의 주류였습니다만, 지금 보면 조악해 보입니다. 그도 그럴 것이 이 게임기는 흑백 LCD나 VFD라는 형광램프를 화면으로 사용하고, 제한적인 패턴의 움직임만 가능했습니다. 매우 단순한 플레이만 반복적으로 할 수 있는 기기였는데도, 인기는 상당했습니다. 아마 싼 가격과 나름 괜찮은 게임성을 확보한 몇몇 게임기 덕분이지 않았을까 추측해 봅니다.

당대 가장 유명한 LSI 게임기는 역시 닌텐도의 '게임 & 워치'일 겁니다. 닌텐도 최초의 휴대용 게임기인 게임 & 워치는 1980년에 처음 등장해 1991년에 단종됐지만, 최근에도 슈퍼 마리오 시리즈 35주년 기념판이 나올 정도로 긴 생명력을 자랑합니다.

이름에 워치라는 단어가 들어간 사실에서 알 수 있듯 게임을 하지 않을 때는 시계로 활용할 수 있고, 닌텐도 게임보이와 달리 팩을 교환하는 방식이 아니라서 게임기 하나에 게임 종류는 단 하나였습니다. 여러 시리즈가 나왔으며, 동키콩이나 마리오 브라더스 같은 닌텐도의 유명 게임이 출시되기도 했습니다.

국내로 눈을 돌리면, 유독 유명했던 LSI 게임기들이 기억납니다. TV에서 광고를 직접 하거나 입소문이 난 게임기들이었죠. 개인적으로는

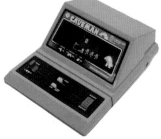

토미에서 발매했던 VFD 게임기 케이브맨. 필자가 최초로 구매한 게임기다.

남코의 팩맨과 원시인이 나오는 케이브맨이 생각나는군요.

토미TOMY에서 1981년에 출시한 팩맨은 아케이드 게임 센터를 주름 잡았던 팩맨을 LSI 게임기 형태로 발표한 것입니다. 원작과 비슷하게 방향키만 조작하는 게임이었죠.

원래 게임 이름은 PUCK MAN이었지만 자칫하면 욕설이 되기 때문에 북미 시장에 진출할 때 PAC MAN이 됐고, 일본에서도 결국 팩맨이 됐다는 이야기가 있습니다. 재미있는 일화죠.

저한테는 케이브맨이 참으로 특별한 게임입니다. 아버지가 백화점에서 처음으로 사주신 게임기가 케이브맨입니다. 제가 어린 시절에 소유한 최초의 게임기였죠.

이 게임 말고도 갤럭시안, 스페이스 인베이더 같은 아케이드 게임을 원작으로 한 게임기도 생각나는데요, 닌텐도 게임 & 워치 중에서는 동키콩과 주니어콩 같은 시리즈물이 기억나는군요.

이 밖에도 고스트 하우스, 킹맨, 스페이스 호크 50 등 여러 게임이 80년대 국딩들의 코 묻은 돈을 쏠어갔습니다. 일부 LSI 게임기는 문방구 앞에 미니 기통 같은 형태로 설치돼 있기도 했습니다. 10원짜리 동전을 넣고 즐길 수 있게 개조한 게임기가 있었으며, 이후 태양광 전지로

유명 라이선스를 활용한 타이거 일렉트로닉스의 게임기

돌아가는 액정 게임기도 한동안 인기를 끌었습니다.(일명 솔라 시리즈)

타이거 일렉트로닉스의 게임기도 언급해야겠네요. LSI 게임기, 일명 액정 게임기는 비디오 게임기가 본격적으로 등장한 후에도 살아남았습니다. 바로 타이거 일렉트로닉스가 만든 게임기들이죠. 많은 사람이 기억하고 있을 이들 게임기는 유명 드라마, 영화, 만화, 게임 등의 라이선스를 이용해 액정 게임기 형태로 만든 것입니다. 엑스맨, 황금 도끼, 더블 드래곤 등이 대표적이었습니다. 이처럼 원작이 있는 게임을 값싸게 판매해서 인기를 끌었지만, 게임성이 좋지는 못했던 것으로 기억합니다. 저가 게임기가 늘 그렇듯, 기기의 내구성에도 문제가 있었죠.

2장

오락실 시대의 도래

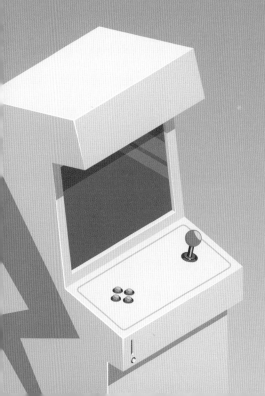

인베이더와 벽돌 깨기

오락실 게임, 즉 아케이드 게임은 유명 게임 회사인 아타리Atari가 70년대 초반에 '퐁'을 개발하면서 시작됐다고 해도 틀린 말은 아닐 겁니다. 탁구 게임을 극도로 단순하게 표현한 게임인 퐁이 성공하고, 일본의 타이토가 비슷한 시기에 여러 게임을 개발하면서 아케이드 시장이 넓어졌습니다. 이처럼 70년대에 시작된 아케이드 게임 시장은 북미와 일본을 중심으로 성장했는데, 사람들은 이런 흐름이 90년대 초반까지 이어졌다고 평가하더군요.

70년대 후반, 이미 국외는 아케이드 시장이 성장하던 시기였습니다. 그에 비해 국내는 아케이드 게임이 아직 생소하지 않았을까 합니다. 1975년에 한 백화점에서 퐁을 컴퓨터TV라는 이름으로 전시 판매했다고 하니 말입니다. 그래서일까요, 당시 우리 동네에는 전자오락실이 없었습니다. 제가 처음 전자오락과 만난 곳은 따라서 오락실이 아닌 다른 곳이었습니다. 그 얘기를 잠깐 할까 합니다.

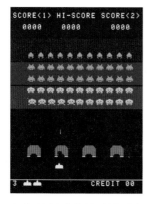

SCORE<1> HI-SCORE SCORE<2>
0000 0000 0000

3 CREDIT 00

스페이스 인베이더는 처음에 흑
백화면이었다. 나중에 색색의 셀
로판지를 가로로 붙였다.

우리 동네에는 상가 건물이 하나 있
었습니다. 당시 방배동에 살던 제가 자주
놀러 가던 그곳은 이수중앙시장이라는
곳으로 지하에 여러 점포가 시장처럼 있
었습니다. 지상에도 다양한 상가들이 입
점해 있었던 걸로 기억합니다. 지금도 그
곳에는 이수시장이라는 이름의 주상복
합 건물이 있는데, 리모델링을 했는지 아
니면 아예 새로 지었는지 외형은 싹 바뀌
었더군요. 당시 이 건물의 1층과 2층 사
이에 있는 계단(지하에서 1층으로 올라가
는 계단일지도 모르겠네요.)에 아케이드 캐비닛이 3대 정도 있었습니다.
제가 오락실이란 개념도 알지 못했던 시절에 처음으로 본 아케이드 게
임기였습니다.

해당 게임은 전부 흑백화면이었는데, 그중 하나는 타이토에서 제작
한 레이싱 게임인 스피드 레이스 Speed Race였습니다. 톱뷰 top view 형태에
핸들과 기어도 그럴듯하게 달려서 꽤 신기했지만, 꼬마가 하기엔 게임
이 다소 어려워서 자주 해보진 못했습니다. 나중에 이 게임을 흉내 낸
미니 게임기를 문방구에서 팔았던 기억이 있습니다. 그 게임기는 태엽
으로 돌아가는 종류였습니다.

다른 한 게임은 '벽돌 깨기'였는데, 아타리의 대표적인 히트작 '브레
이크아웃'으로 기억합니다. 브레이크아웃은 스피너 형태의 컨트롤러로
패드를 움직여서 공을 튕겨내고 벽돌을 부수는 게임이었죠.

나머지 게임은 아타리의 대표 아케이드 게임이자 대전 게임인 '퐁'
이었습니다. 나중에 다른 게임이 들어오기도 했는데, 타이토에서 만들

어 공전의 히트를 기록했던 슈팅 게임 '스페이스 인베이더'도 있었습니다. 흑백화면을 부분적으로나마 컬러로 표현하려고 셀로판지를 가로 방향으로 층층이 붙여놨던 기억이 있네요. 이 때문에 게임 속 외계인이 화면 아래로 내려오면서 색깔이 빨개지면 저도 모르게 압박감을 느꼈죠.

국내의 일부 카페에서는 테이블 스타일로 만든 스페이스 인베이더를 들여놓기도 했다.

당시 유명 게임인 스페이스 인베이더는 가끔가다 동네 친구들이랑 놀러 가서 한 판씩 해보곤 했습니다. 다만 처음에는 적응을 못해서 몇 판 못 가 죽어버리곤 했죠. 특히 마지막 남은 한 마리가 너무너무 어려웠습니다. 한 마리가 남으면 어찌나 빠르게 내려오는지 바닥까지 내려오는 놈을 놓칠까 무서워서 가슴이 콩닥콩닥했던 기억이 있습니다. 스트레스받는 게임이라 이후에는 자주 안 했죠.

초등학교에 입학하면서 비로소 학교 주변에 있는 오락실을 들락거리게 됐고, 이때부터 본격적으로 동네마다 오락실이 하나둘씩 생겨났던 걸로 기억합니다. 심지어 집 앞에도 오락실이 생기자 어머니의 눈을 피해 오락실을 드나들면서 어린 시절을 보냈으며, 나중에 어느 정도 자라서는 새로운 오락을 찾아서 해보려고 좀 더 멀리 있는 동네까지 자전거로 원정을 떠난 적도 있습니다.

스페이스 인베이더

개발사 : 타이토(1978년)

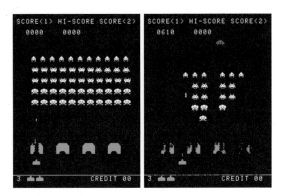

스페이스 인베이더는 1978년 타이토에서 제작한 오락실용 슈팅 게임이다. 고정된 화면 안에서 플레이하는 슈팅 게임이라서 보통 이런 장르를 갤러리 슈팅이라고 부른다. 플레이어의 기체는 좌우로만 움직이는 대포다. 게임을 시작하면 상단에서 가로로 5줄 11열의 외계인들이 천천히 좌우로 움직이며 밑으로 한 칸씩 내려온다. 이들을 모두 물리치면 스테이지 클리어. 가끔 최상단으로 외계인의 우주선이 한 대 지나가는데, 이를 맞히면 보너스 점수를 준다. 외계인이 내려와서 플레이어 기체가 있는 마지막 줄에 도달하면 플레이어 기체 한 대를 잃는다. 플레이어 기체가 모두 파괴되면 게임 오버. 플레이어의 포대 앞에는 벙커가 있어서 적의 총알을 한동안 막아주지만, 적의 총알뿐 아니라 우리 측 총알을 맞아도 조금씩 사라지기 때문에 이를 전략적으로 잘 이용하는 게 관건이다.

스피드 레이스

개발사 : 타이토(1974년)

스피드 레이스는 일본의 게임 개발사 타이토에서 만든 톱 뷰 시점의 레이싱 게임이다. 체감형이라서 자동차 운전대가 붙어 있으며, 액셀러레이터와 기어도 달렸다. 이 덕분에 실제로 운전하는 기분으로 게임을 할 수 있다. 다만 게임의

화면은 흑백이며 그래픽도 조악하기 짝이 없다. 그저 상단에서 내려오는 상대편 자동차를 피해서 질주하는 플레이만 가능하다. 액

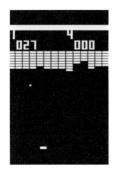

셀러레이터를 가속해서 점점 속도가 빨라지면 자동차 휠만으로 피하기가 은근히 어렵다. 필자도 어린 시절에 몇 판 해보고 다시는 안 했던 기억이 있다. 차라리 잘하는 사람 뒤에서 구경했던 기억이 더 많다. 사진 속 스피드 레이스 정품 캐비닛은 국내에서 보기 힘들었다. 아마 대부분 불법으로 복제되거나 개조된 캐비닛이 아니었을까 추측할 뿐이다.

브레이크아웃

개발사 : 아타리(1976년)

브레이크아웃은 1976년 아타리에서 제작한 오락실용 아케이드 게임이다. 1972년에 만들어진 퐁의 영향을 받아서 제작된 패들 컨트롤러를 활용한다. 플레이어의 막대를 좌우로만 움직여 공을 튕겨내서 상단에 있는 벽돌을 전부 부수면 스테이지 클리어. 이후에도 수많은 벽돌 깨기 게임들이 등장했지만, 브레이크아웃은 해당 장르의 원조로서 기본 체계를 잘 갖추고 있다.

이 같은 특성을 독특한 인터페이스와 접목한 셈. 애플 창업자 스티브 잡스가 친구인 스티브 워즈니악과 함께 브레이크아웃의 프로토타입을 제작한 이야기는 유명하다. 사진 속 캐비닛은 북미판이며 국내에 유통되던 제품과는 모양이 다르다.

해수욕장에 등장한 전자오락

여름이 되면 가족끼리 해수욕장에 놀러 가곤 했습니다. 그곳에는 어른들이 놀기 좋은 임시 유락 시설들이 늘 존재했는데, 꽤 큰 전자오락실도 있었죠. 지금도 해수욕장이나 관광지에서 전자오락실을 찾아볼 수 있긴 한데, 당시는 오락실이 흔한 시절이 아니다 보니 규모 있는 오락실을 보기가 쉽지 않았습니다. 그래서 바닷가로 놀러 갈 때면 가족 중 어른을 꼬셔서(?) 오락실 구경을 갔죠. 기억이 잘 나진 않지만, 혼자 간 적도 있었던 것 같습니다. 물론 다녀와서 크게 혼이 났죠.

해수욕장에는 전자오락실 말고도 총으로 과녁을 맞히는 게임도 존재했고, 그 밖에 이것저것 신기한 놀거리들이 존재했습니다. 다만 저의 관심사는 무조건 아케이드 전자오락에만 꽂혀 있었기에 다른 게임과

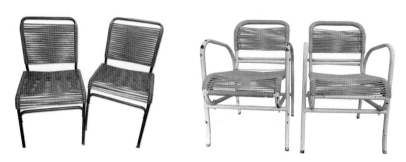

당시 해수욕장에는 비늘 노끈으로 만든 의자들이 많았다.

관련한 기억들은 무척이나 어렴풋합니다.

아! 당시 해수욕장 가게에 있던 의자도 생각이 나네요. 의자 전부를 플라스틱 끈으로 그물 엮듯 묶어놓았는데 잠시 앉는 용도로 썼습니다. 이 의자는 앉으면 살에 자국이 남고 매우 아파서 어린 나이에 참 싫어했던 기억이 있습니다. 잠깐 이야기가 옆으로 샜네요.

아무튼, 해수욕장 전자오락실에는 당시 동네에서 보기 힘들었던 다양한 아케이드 게임들이 있었습니다. 눈이 휘둥그레진 저는 이것저것 다 해보고 싶었지만, 돈이 없어서 몇 판 해보고는 아저씨들이 게임을 하는 모습만 지켜봤습니다. 당시 해봤던 게임들은 어렴풋한 기억이지만 대충 나열해 보자면 갤럭시안, 루나 레스큐, 갤럭시 워즈, 카니발, 센티피드, 문 크레스타, 뉴욕뉴욕, 팩맨, 피닉스, 탱크 바탈리언, 사스케 VS 커맨더, 루팡 3세 등이었습니다. 이 게임들은 이후 동네 오락실에서 다시 접해볼 수 있었죠.

갤럭시안

개발사 : 남코(1979년)

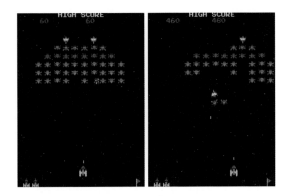

동네 오락실 주인들이 '개락식'라고 제목을 붙여놓곤 해서 무슨 소리인지 몰랐던 게임. 당시 타이토의 스페이스 인베이더가 공전의 히트를 친 후, 정말 다양한 카피 게임들이 난무하고 있었지만 그중 가장 인상적이면서 독특한 게임성으로 슈팅 게임계를 평정한 게임이다. 갤럭시안은 스페이스 인베이더에 등장하는 적의 단순한 공격 패턴을 좀 더 다이내믹하게 바꿨다. 곡선 이동을 하면서 우리 편 기체를 공격하거나 편대 비행을 하는 등 다채로운 공격 패턴으로 플레이어를 긴장시킨 것이다. 이런 기본 시스템은 이후 크게 성공한 남코의 슈팅 게임 갤러그에 큰 영향을 미친다.

갤럭시 워즈

개발사 : 유니버설(1979년)

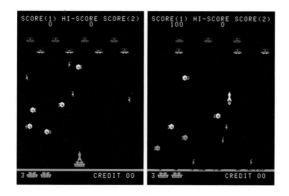

발사한 미사일을 직접 조종해서 지나가는 운석과 적의 총알을 피하고, 적 기체를 맞히는 슈팅 게임이다. 슈팅 장르임에도 불구하고 발사한 미사일을 직접 조종한다는 점에서 상당히 독특한 시스템이 아닐 수 없다.

루나 레스큐

개발사 : 타이토(1979년)

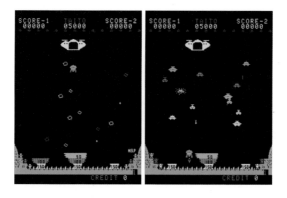

함선에서 구조선을 내려 지상에 있는 대원을 구출하고 다시 함선으로 귀환하는, 알고 보면 상당히 단순한 게임이다. 그러나 당시에는 꽤 인상 깊은 시스템을 선보였다. 내려갈 때 비행선을 조종하며 적들과 장애물을 피하거나 잠시 허공에 멈출 수 있었으며, 대원을 태우고 올라갈 때면 슈팅 게임처럼 적들을 총알로 제거하면서 본함과 무사히 도킹하면 성공.

카니발

개발사 : 그렘린(1980년)

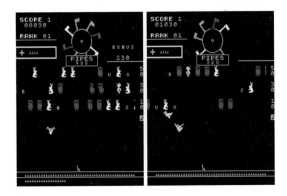

놀이공원에 흔히 보이는 사격 게임을 단순하게 바꿔놓은 듯한 슈팅 게임이다. 오리를 맞히지 못하고 놓치면 날아와서 총알을 갉아먹는 이상한 시스템이 특징이다. 총알의 양이 정해져 있어서 꽤 정확하게 적들을 맞혀야 하며, 가끔가다 지나가는 탄약을 맞히면 일부 총알의 양이 회복된다.

루팡 3세

개발사 : 타이토(1980년)

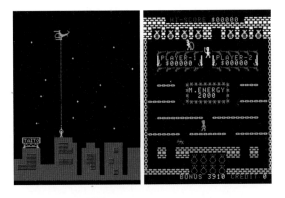

필자가 해수욕장 주변의 오락실에서 처음 접해보고 너무 재밌게 플레이했던 기억이 있는 게임이다. 게임 자체는 상당히 단순하다. 주인공이 경찰들을 피해 도망 다니며, 은행 금고에서 돈을 훔쳐 자신의 아지트에 가져다 놓으면 게임 클리어! 루팡 3세는 정해진 에너지만큼 랜덤한 장소로 순간이동할 수 있는 특수능력이 있다.

문 크레스타

개발사 : 일본물산(1980년)

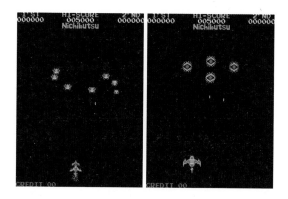

스페이스 인베이더와 갤럭시에 질릴 때쯤 상당히 참신하게 다가왔던 합체 슈팅 게임!
이후 독수리 5형제로 불리곤 했던 '테라 크레스타'를 제작한 일본물산(니치부츠)에서
제작한 슈팅 게임이다. 총 3단 합체가 가능하며 1호기는 기체가 작아서 총알을 피하기
쉬운 대신 발사 가능한 총알이 하나뿐이고, 3호기는 2발을 쏘지만 덩치가 너무 커서 죽
기 딱 좋다. 그래서 2호기를 가장 선호했는데, 결국 합체를 하면 총알은 많이 쏠지 몰라
도 기체가 점점 커지기 때문에 합체를 안 하고 그냥 진행했던 기억이 있다.

▌뉴욕뉴욕

개발사 : 시그마 엔터프라이즈(1980년)

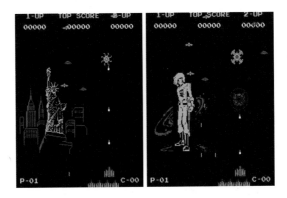

갤럭시안처럼 하늘에서 외계인 편대가 급강하해서 공격해 오고, 우리편 기체는 아래쪽에서 적들을 쏘면서 뉴욕을 지켜야 하는 (고정 화면의) 갤러리 슈팅 게임이다. 뉴욕이 배경이기 때문에 자유의 여신상이 등장한다. 잘 알아들을 수 없지만, 사람 목소리가 출력돼서 당시엔 꽤 신기했던 슈팅 게임이었다. 하지만 게임성은 단순하고 뭔가 부족하다. 변형된 버전 중에는 '내 청춘의 아르카디아'라는 작품도 있는데, 여기에선 캡틴 하록이 배경으로 등장한다.

▌피닉스

개발사 : 암스타 일렉트로닉스(1980년)

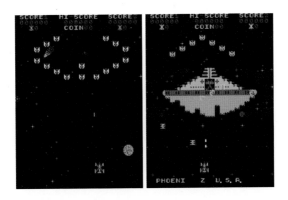

흡사 갤럭시안의 진화형을 보는 듯한 게임으로 기본 게임성은 비슷하나 아군기에 순간적으로 방어막을 사용할 수 있다는 개념이 추가됐다. 방어막을 사용하면 적의 총알뿐

아니라 적 기체와 충돌을 해도 살 수 있었다. 하지만 방어막을 한 번 사용하면 쿨타임이 존재해서 연속으로 사용할 순 없었다. 게다가 특정 스테이지를 지나가면 적 기지인 요새가 등장하는데, 이는 보스전의 시초라 할 수 있다.

▌팩맨

개발사 : 남코(1980년)

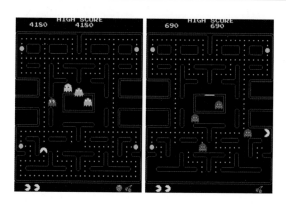

두말하면 입만 아픈 남코의 최고 히트작. 이베이드(evade) 장르라 불리기도 하는 본격 미로 도망 회피 장르의 시조새다. 쫓아오는 적을 피해서 필드에 떨어진 콩을 전부 주워 먹으면 클리어되는 단순한 규칙으로 전 세계의 사랑을 받았다. 국내에서는 주로 '패크맨'이라고 불렀다. 필자는 심심할 때 교과서 낱장마다 낙서를 해서 팩맨의 애니메이션을 구현했던 추억이 있다.

탱크 바탈리언

개발사 : 남코(1980년)

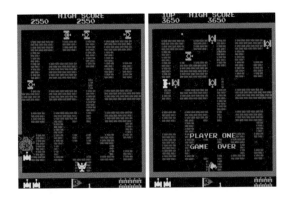

보통 탱크라고 단순하게 불리던 초히트 슈팅 게임. 아군 탱크를 조종해서 적 탱크들로부터 아군 기지를 지킨다는 내용이다. 벽을 쏘면 부서지기 때문에 진지 구축과 활로 확보를 위해서 벽돌을 전부 쏴서 없애거나 지형을 유리하게 만드는 등 전략적 부분도 게임성에 한몫했다. 이후 패미컴으로 후속작 격인 배틀시티가 등장해서 업그레이드된 재미를 보여줬다.

센티피드

개발사 : 아타리(1981년)

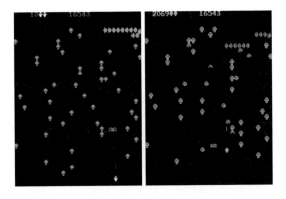

서구권에서는 상당히 히트한 게임으로 알려졌지만, 필자가 자주 해본 적이 없는 게임이다. 난도는 상당한 편이라 내려오는 지네를 잘못 맞히면 순식간에 밑에까지 도달해서 게임이 끝나버릴 수 있다.

사스케 VS 커맨더

개발사 : SNK(1980년)

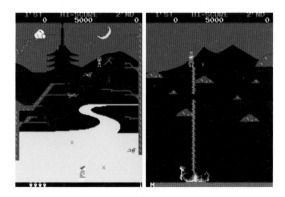

기존 비행 슈팅 장르에 갑자기 닌자가 난입한 듯한 느낌을 주는 액션 슈팅 게임. 주인공 생김새가 전혀 닌자 같지 않아서 닌자라는 사실을 알게 된 것은 먼 훗날의 일이었다. 필자는 주인공이 머리 풀고 달리는 미친 사람이라고만 생각했다. 게임이 상당히 어려워서 자주 하진 않았지만, 거의 최초로 보스전을 구현해 놓은 게임이라서 필자는 다른 사람의 플레이를 많이 구경했다. 국내 오락실은 이 게임에 '쇼군'이라는 이름을 붙여놨다.

방과 후 오락실 가던 소년

1980년대 초중반으로 접어들자, 일본과 북미의 아케이드 게임이 우리나라 오락실에 본격적으로 상륙했습니다. 40대 이상이라면 '갤러그'라는 게임을 기억할 겁니다. 좌우로 움직이며 상대 기체를 향해 총알을 쏘던 게임 말입니다. 특이하게도 적에게 납치된 기체를 뺏어와 합체하는 재미가 있었죠. 갤러그의 성공은 곧 전자오락실의 부흥으로 이어졌습니다. 마치 1990년대 후반 스타크래프트의 성공으로 PC방이 우후죽순으로 생긴 것과 비슷합니다.

갤러그를 시작으로 제비우스 같은 여러 슈팅 게임이 유행했는데, 이는 당시에 일본에서 슈팅 게임이 크게 성공했고, 이 게임들이 그대로 한국의 오락실로 들어왔기 때문이 아닐까 하는 생각을 해봅니다. 거듭 말하지만, 당시 아케이드 게임 제작은 일본이 주도했고 우리나라는 이제 막 게임 문화가 태동하던 시기였습니다. 그저 일본에서 만드는 대로 수입하기 바쁜 시절이니, 당시 일본에서 유행하던 슈팅 장르가 거의 그대로 우리나라 오락실의 주류가 된 것이 아닐까요. 아무튼 이 유행은 한동안 이어졌습니다.

제가 오락실을 다니며 접했던 1980년대 전자오락실 게임들은 대부분 학교 주변이나 구멍가게 같은 동네 오락실에서 해본 것입니다. 집 근처 동네의 작은 오락실들은 새로운 오락기가 들어오는 타이밍이 다소 늦은 편이었는데, 규모가 큰 시내 오락실에는 동네에서 못 보던 게임들도 있어서 일부러 멀리까지 찾아가곤 했죠.

특히 학교 주변의 오락실에는 언제나 최신 트렌드에 맞게 새로운 오락기가 속속 들어오곤 했는데, 덕분에 해당 오락실을 자주 다녔던 아이들은 그 시대에 한창 유행하는 게임들을 빠르게 접해볼 수 있었고, 이런 게임들은 입소문이 나서 비슷한 또래의 친구들에게도 곧잘 알려졌습니다. 가끔은 새로운 오락실을 찾아서 돌아다니기도 했는데, 미처 몰랐던 아케이드 게임을 오락실에서 발견하면 가슴이 두근두근 떨리곤 했죠. 그 느낌을 아직도 잊을 수가 없습니다.

다만 게임이 매우 어려워서, 몇 판 하지도 못하고 가진 돈을 모두 날린 후에 구경만 하던 일이 생각나네요. 당시 즐기던 아케이드 게임은 생각보다 어려웠습니다. 레트로 게임 하면 왠지 쉬운 게임이라는 느낌이 연상되지만, 실제 1980년대 아케이드 게임은 상당한 난도를 자랑했다는 사실. 그 시절을 보내지 못한 분은 아마 실감하지 못할 겁니다. 오락실 입장에서는 게이머가 한 번이라도 더 돈을 내야 더 많은 수익을 올릴 수 있으니, 아마 개발사가 이 점을 염두에 두고 게임을 만든 게 아닌가 하는 생각이 듭니다.

당시 제가 접했던 아케이드 게임들의 면면을 보면, 일본 유명 게임사 하면 떠오르는 남코, 코나미, 캡콤, 세가 등을 발견할 수 있습니다. 이때부터 이들은 자신들의 개성을 잘 살린 멋진 게임을 만들고 있었던 것이죠. 다만 지금은 예전 같지 않은 것 같아 아쉽다는 생각이 듭니다. 예전처럼 아케이드 시장이 다시 활력을 되찾으면 좋을 텐데 말입니다. 지금 상황을 보면 가능할지 모르겠네요.

아미다(사다리)

개발사 : 코나미(1981년)

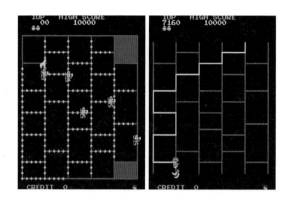

오락실마다 존재했던 인기 게임. 나중에는 미니 오락기에도 흔하게 탑재됐다. 필자에게는 최초로 사다리 놀이를 알게 해준 게임이다. 스테이지는 크게 둘로 나뉜다. 첫 번째는 돼지가 돼 원주민들을 피해서 사각형 주변에 있는 사료를 다 먹는 것이다. 두 번째는 직접 페인트 브러시가 돼 특정 상자 주변을 다 칠해서 자기 영역으로 만드는 것이다. 한마디로 땅따먹기와 같은 개념. 아미다의 BGM은 한 번 들으면 중독되는 상당히 친숙한 멜로디인데, 알고 보면 1960년대 일본 애니메이션 〈모험 가보텐 섬〉의 주제곡이다. 한 번 들으면 온종일 귓가에 맴돌기는 애니메이션 〈늑대소년 켄〉의 주제곡 못지않다.

보스코니안

개발사 : 남코(1981년)

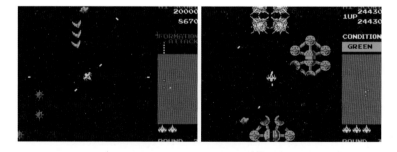

보스코니안은 필자가 국내 오락실에서 본 최초의 전방향 스크롤 슈팅 게임이다. 남코의 또 다른 히트작인 랠리X에서처럼 우측에 미니맵이 표기된 점도 인상적이다. 특정 지점마다 존재하는 적 기지를 파괴하는 게임으로 중간중간 출력되는 사람 목소리가 게임에 긴박함을 주며, 적 기지를 폭파하면 나오는 효과음 역시 타격감을 더해준다. 이 게임은 당시 흔하던 갤러그 슈팅 게임류를 탈피해서 슈팅 게임을 한 단계 진보시킨 게임 중 하나라고 생각한다.

크레이지 콩

개발사 : 팔콘(1981년)

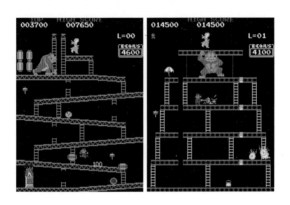

닌텐도에서 제작한 동키콩의 클론 게임이다. 클론인데도 불구하고 왜 동키콩 대신 소개하냐고 묻는다면, 당시 필자가 국내 오락실에서 가장 많이 접했던 동키콩이 이 버전이기 때문이다. 사실 제대로 된 오리지널 버전을 국내 오락실에서 본 적이 없다. 오리지널과 가장 큰 차이점은 BGM이지만, 그보다 중요한 차이점이 첫 번째 판에서 드러난다. 동키콩 첫 번째 스테이지의 시작 지점 맨 오른쪽 사다리로 한 층 올라가면, 우측으로 여유 공간이 있다. 크레이지 콩은 여유 공간이 전혀 없다.

이 점이 왜 중요하냐면, 소위 '타임머신'이라는 치트키를 걸 수 있는지 없는지 차이가 있기 때문이다. 크레이지 콩의 경우, 사다리를 오르자마자 마리오가 뒷모습을 보이고 있을 때 살짝 우측으로 움직인 상태에서 우측 밑으로 바로 점프해 버리면, 죽지 않고 다음 스테이지로 워프한다. 이는 오리지널 동킹콩 올드 버전에서는 안 되는 비기이며, 일부 후기 버전에서만 시전할 수 있다고 알고 있다. 이 밖에도 효과음과 그래픽이 원작과는 미묘하게 달랐다.

퀵스

개발사 : 타이토(1981년)

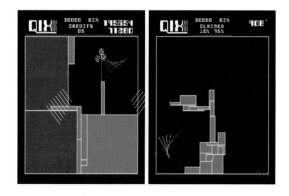

타이토에서 제작한 퀵스는 오락실 최초의 땅따먹기 게임으로 이후 등장한 수많은 땅따
먹기 게임의 원조나 다름없다. 여러 시리즈와 아류작이 무수히 제작됐는데, 대부분 기
본 시스템은 퀵스와 같다. 결국 퀵스가 땅따먹기 게임의 개념을 정립했다는 뜻이다.

판타지

개발사 : SNK(1981년)

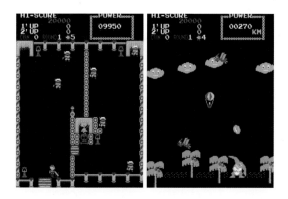

판타지는 SNK에서 만든 액션 어드벤처 게임으로 여러 장르가 섞여 있다. "슈팅과 액
션이 조화를 이루는 절묘한 판타지!"라고 하기엔 요즘 기준으로 그래픽이 참으로 소박
하다. 처음 시작하면 기구를 조종해 해적선에서 쏘는 대포를 피하면서 배에 무사히 착
륙해야 한다. 이후 배 위에서 해적들을 해치우고 여자를 구출한다. 이때 새가 날아와서
다시 여자를 납치! 납치와 구출이 반복되는 다양한 장르의 스테이지가 존재하는 버라

이어티 액션의 원조다. 지금 보면 그래픽이 상당히 조악하지만 그래서 오히려 정겨운 게임이다. 동네 오락실에 흑백 버전도 있었는데, 컬러 셀로판지를 붙여 컬러 게임인 양 눈을 속이기도 했다.

갤러그

개발사 : 남코(1981년)

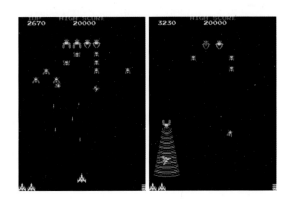

남코에서 제작한 슈팅 게임으로 국내 오락실에서 똥파리라는 이름을 붙여놓곤 했다. 이름은 이상했지만, 당시 전 국민을 슈팅 게임에 빠트리며 신드롬을 일으켰다. 스타크 래프트 이전에 국민 게임이라 불린 거의 유일한 오락실용 슈팅 게임이었다고 자부할만 하다. 대형 오락실에서는 게임 캐비닛을 10대씩 다닥다닥 붙여놓았으며, 수많은 아저 씨가 그곳에 줄줄이 앉아서 다 같이 갤러그를 플레이하는 장관이 연출되기도 했다. 슈 팅 게임 최초로 적이 우리 편 기체를 납치한다는 설정도 독특했지만, 납치당한 기체를 구출하면 합체해서 기체가 업그레이드된다는 점 또한 절묘했다.

레이디 버그

개발사 : 유니버설(1981년)

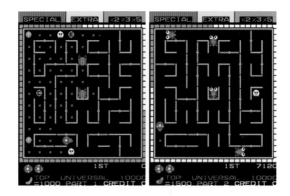

무당벌레라는 이름으로 더 유명했던 퍼즐 액션 게임이다. 기본 아이디어는 팩맨에서 차용했고, 여기에 회전문 같은 요소를 더해 전략성을 높였다. 순간적인 반사신경과 순발력이 필요했는데, 필자는 이런 장르에 약해서 자주 플레이하진 않았다. 동네 오락실마다 한둘씩 볼 수 있었던 게임이다.

크러시 롤러

개발사 : 알파 전자(1981년)

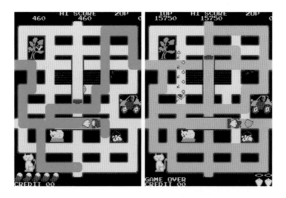

알파 전자에서 만든 크러시 롤러는 동네 오락실에서 주로 페인트라는 이름으로 불렸다. 스테이지를 클리어하려면 가오리를 피하면서 페인트 브러시를 움직여 스테이지 전역을 색칠해야 한다. 게임을 진행하다 보면 스테이지마다 다양한 모습의 적 캐릭터가 배경에서 튀어나와 다 칠해놓은 곳에 발자국이나 타이어 자국을 남긴다. 이 흔적을 다시 칠해야 스테이지를 깰 수 있다. 팩맨의 또 다른 버전이라고 생각하면 된다. 나중에 등장한 게임인 시티 커넥션도 사실 이 페인팅 아이디어를 차용했는데, 횡스크롤 게임이지만 스테이지를 전부 칠해야 한다는 점은 동일하다.

정글러

개발사 : 코나미(1981년)

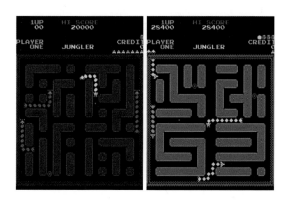

코나미에서 제작한 정글러는 오락실에서 지네 또는 짱꼴라라는 이름으로 불린 게임이다. 아주 인기 있는 게임은 아니지만, 그래도 동네 오락실마다 하나씩은 있었다. 스네이크 게임류처럼 보이지만 알고 보면 팩맨과 같은 회피성 미로 슈팅 게임 쪽에 가까웠다. 서로 꼬리 쪽을 쏘면 몸의 마디가 한 칸씩 소멸하고, 길이가 짧아질수록 속도는 빨라지지만 적 지네와 서로 정면충돌하면 꼬리가 한 칸이라도 더 긴 지네가 이긴다는 게임 규칙이 독특했다. 진정한 약육강식의 세계를 보여준 게임이다. 물론 정면충돌만 피하면 머리통만 남아도 살아남을 수 있었다. 필자가 오락실에서 자주 하던 게임으로 아기자기하고 귀여운 면을 느낄 수 있었다.

뉴랠리X

개발사 : 남코(1981년)

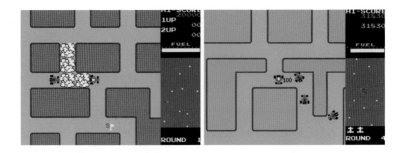

뉴랠리X는 남코에서 제작한 랠리X(흔히 방구차라 불림)의 속편이다. 적들을 회피하면서 미로를 달리다 연료가 떨어지기 전에 모든 깃발을 모으면 게임 클리어! 적을 만나면 뒤쪽에서 연막을 뿜을 수 있는데 이 연막은 사용하면 연료가 줄어든다. 이 모습을 보고 플레이어들은 방구라고 불렀다. 뉴랠리X는 1980년에 등장한 랠리X와 비교해 맵과 설정이 살짝 달랐다. 다만 국내에 알려진 랠리X는 사실 뉴랠리X로, 우리에게 익숙한 방구차의 BGM도 뉴랠리X의 것이었다.

슈퍼 코브라

개발사 : 코나미(1981년)

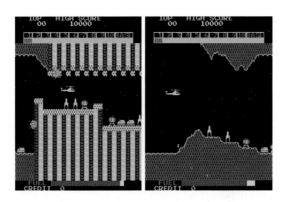

슈퍼 코브라는 코나미의 횡스크롤 슈팅 게임인 스크램블의 또 다른 버전이다. 해킹 버전은 아니고, 코나미의 정식 넘버링 작품이다. 비행기 대신 헬기로 바뀐 작품이라 게임성은 비슷하다. 개인적으로는 슈퍼 코브라가 더 어려웠다는 기억이 있다. 필자의 착각이려니 생각하지만.

워프 앤 워프

개발사 : 남코(1981년)

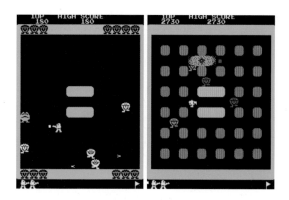

워프 앤 워프는 남코의 대표작 중 하나로, 필자가 정말 재밌게 즐겼던 게임이다. 게임은 크게 슈팅 스테이지와 부비트랩 스테이지로 나뉜다. 특히 부비트랩 스테이지는 봄버맨과 똑 닮은 게임성으로 사실상 봄버맨의 탄생에 크게 영향을 줬다. 필자는 오락실에서 보이기만 하면 한 판씩 꼭 하곤 했다. 국내 오락실에서 흔히 붙여났던 이름은 워프맨 혹은 워프 워프였다.

스크램블

개발사 : 코나미(1981년)

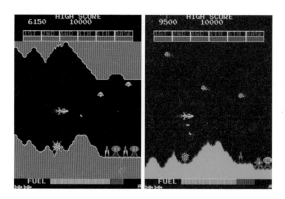

코나미표 횡스크롤 슈팅 게임의 지평을 열어준 대히트작! 만약 스크램블이 없었다면 과연 코나미 횡스크롤 슈팅의 걸작인 '그라디우스'가 나올 수 있었을까? 그만큼 횡스크롤 슈팅 게임의 기본을 닦아준 게임이다. 당시 스크램블에 빠진 친구들은 학교에서 종이와 펜, 교과서로 게임을 흉내 내며 놀았다. 종이에 장애물을 그리고 책으로 가린 후, 짝꿍에게 펜을 들게 했다. 그다음 책을 서서히 움직여서 펜이 장애물을 피해 가도록 한 것이다.

뱅가드

개발사 : SNK(1981년)

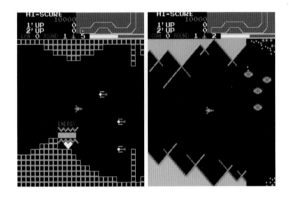

흔히 오락실에서 뱀가드 또는 방가드라는 이름으로 불렸던 뱅가드는 슈팅 게임의 지평을 넓혀준 SNK의 명작이다. 특이하고도 실험적인 시도를 많이 한 슈팅 게임으로, 이후의 슈팅 게임에 많은 영향을 준 작품이라고 생각한다. 횡스크롤, 종스크롤, 대각선 스크롤 등 다양한 스크롤 방식을 선보였던 게임이며, 마지막 보스전이 재미있었다. 당시 오락실에서 동네 형, 아저씨들이 돈을 쌓아놓고 너도나도 플레이했던 기억이 있을 정도로 인기가 많았다.

문 패트롤

개발사 : 아이렘(1982년)

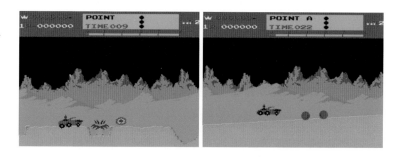

오락실에서 한동안 인기가 많았던 게임이다. 아이렘이라는 회사를 세상에 각인시킨 작품이기도 하다. (당시만 해도 아이렘이라는 회사는 거의 알려진 바가 없었다. 필자도 나중에 나이가 들어 문 패트롤의 제작사가 아이렘이라는 사실을 알고는 깜짝 놀랐다.) 차로 장애물을 뛰어넘거나 총알을 쏴서 파괴하는 게임인데, 최근 유행하는 모바일 러닝 게임류의 시초라고 생각한다. 필자는 이 게임 역시 너무 어려워서 자주 안 했는데, 반사신경을 꽤 요구하는 데다가 뒤로 갈수록 어려워져서 너무 무서웠다.

미스터 도

개발사 : 유니버설(1982년)

한동안 동네 오락실을 평정했던 게임이다. 아기자기하고 다양한 게임성으로 롱런한 땅굴 파기의 귀재! '도 씨'다. 도 씨가 자칫 잘못하면 디그더그의 아류작처럼 보일 수 있었음에도 차별화된 게임성으로 극복했다. 제작은 유니버설에서 했지만, 종종 타이토에서 퍼블리싱한 제품도 있었던 걸로 기억한다. 몇 판 깨고 나면 우리가 잘 알고 있는 친숙한 BGM(아톰 주제곡)이 나오곤 해서 더 기억에 남았다. 가끔 사과가 떨어질 때 깨지면서 무작위 확률로 다이아몬드가 나오는데, 그걸 먹으면 코인 한 개가 더 채워진다. 보너스 1대가 아니라 자그마치 코인이 하나 더 늘어나는 정말 놀라운 비기다.

폰포코

개발사 : 세이부 전자(1982년)

말이 필요 없는 장수 게임. 한국에서는 일명 너구리로 통한다. 거의 모든 오락실의 필수 게임이었다. 지금도 가끔 오래된 오락실에는 존재한다. 너구리가 발판과 압정 위를 뛰어넘으며 각종 과일을 먹고, 벌레들을 피해서 사다리를 오르내리는 전설의 플랫폼 점프 액션 게임이다. 개발사는 훗날 '라이덴'이라는 슈팅 게임으로 유명해진 세이부 전자. 배급사인 시그마라는 회사는 예나 지금이나 유명하지 않지만, 이 게임만큼은 사람들 머릿속에 각인됐다. 타이틀 화면에서 너구리 7마리가 좌우로 몸을 흔들며 노래를 부르는데, 이 노래의 정체는 일본 동요다. 어느 날, 필자의 어머니가 노래를 부르시는데 멜로디가 어디서 많이 들어본 것이었다. 놀란 마음에 다시 들어보니 너구리 게임에서 나온 멜로디였다. 가사가 좀 망측하긴 하다. "넝, 넝, 너구리의 X알은~♪ 바람이 안 불어도 털렁털렁~♬"

디그더그

개발사 : 남코(1982년)

말할 필요가 없을 정도로 유명한 게임이다. 남코의 대표작이자, 이후 후속작에서 세계관까지 정립한 베스트 넘버. 국내 인기도 상당해서 거의 웬만한 오락실에는 다 있었다. 땅을 파고 돌아다니며 적들을 공기펌프로 터뜨려 죽인다는 설정 자체가 재밌다. 필자는 역시 쫓기는 게임에 젬병이라 많이 깨지는 못했다. 이후 후속작이 나왔지만, 아무래도 1편만 못했다.

동키콩 주니어

개발사 : 닌텐도(1982년)

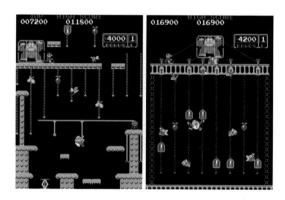

동키콩과 더불어 인기 꽤나 끈 게임으로, 마리오가 악당으로 등장한다. 선과 악이 바뀔 수도 있다는 점을 보여주며 고정관념을 깨준 게임. 개인적으로는 동키콩보다 더 재밌어서 자주 했다. 게임 제작자가 천재가 아닐까 싶을 정도로 게임 구성이 절묘하다. 당시에는 이런 완성도 높은 게임이 많지 않았다. 닌텐도의 인기 게임이다 보니 게임 & 워치로도 나온 적이 있다.

펭고

개발사 : 코어랜드(1982년)

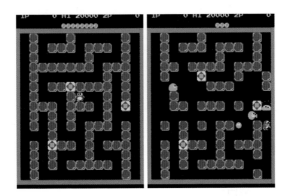

반프레스토의 전신인 코어랜드가 개발하고 세가가 배급한 인기 게임이다. 적을 회피하는 장르치고는 꽤 아기자기하면서 다양하게 즐길 수 있었다. 얼음을 밀어서 적들을 전부 없애는 게임인데, 가운데에 있는 블록 3개를 맞춰도 보너스 점수를 크게 받으며 스테이지를 클리어할 수 있었다. 나중에 펭고를 오마주한(오마주로 믿고 싶다.) 아이렘의 미궁도와 캡콤의 쓰리 원더스(3 wonders)에 들어 있던 돈풀(don't full)이라는 게임도 있었다. 어린 시절 치과 치료를 받으러 조금 먼 병원을 오갔는데, 병원 옆에 있는 대형 오락실에서 자주 하곤 했다. (당시 인기 있던 갤러그, 자이루스 등도 함께 있었는데, 인기가 많아서인지 여러 대 있었다.)

푸얀

개발사 : 코나미(1982년)

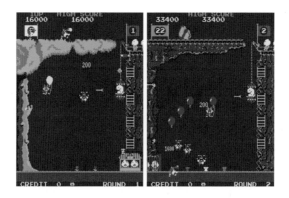

늑대에게 잡혀간 자식들을 구하려는 어머니의 모성애를 느낄 수 있는 슈팅 게임. 도르래를 이용해서 엄마 돼지를 아래로 움직이면, 엄마 돼지는 열심히 활을 쏴서 못된 늑대들을 쏴 죽인다. 필자는 마치 전래동화를 읽는 느낌으로 정말 즐겁게 게임을 했던 기억이 있다. 지금 생각해도 익숙한 멜로디가 귓가에 맴돈다.

엑세리온

개발사 : 자레코(1983년)

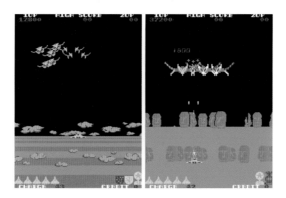

'자레코'라는 회사를 사람들에게 확실히 각인시킨 슈팅 게임. 지금 해봐도 독창적인 움직임과 게임성에 감탄사가 나온다. 특히 조종하기 힘들 만큼 미끄러지는 듯한 기체의 움직임에 묘미가 있었다. 적 기체의 디자인도 특이했고, 멀리 보이는 3D 같은 배경들도 눈길을 사로잡았다. 오락실에서는 '엑스리온'이라고 불렸다.

타임 파일럿

개발사 : 코나미(1982년)

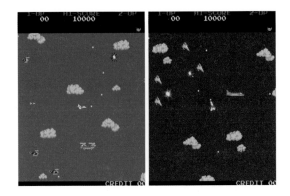

필자가 오래 할 수 있었던 몇 안 되는 게임이다. 당시 흔치 않은 전방향 스크롤 슈팅 게임이었는데(보스코니안이 먼저였지만, 타임 파일럿보다 뭔가 재미가 덜하다.) 타임머신을 이용해서 과거, 현재, 미래를 오갈 수 있다는 설정이 좋았다. 아직 보스전 개념이 거의 없던 때라 보스전을 할 수 있어 더욱 좋았다. 코나미의 저력이 느껴지는 게임이라고 생각한다.

제비우스

개발사 : 남코(1983년)

1980년대 초, 오락실을 주름잡던 슈팅 게임의 끝판왕이다. 빼어난 그래픽의 비행선이 적들을 격추하고 지상에 조준 폭격을 가하면서 진행하는 종스크롤 슈팅 게임의 전설! 이 작품을 시작으로 게임 그래픽에 혁명이 일어났다고 할 수 있다. 지금 보면 2D 도트 그래픽일 뿐이지만, 이 게임 때문에 다른 제작사도 사실감 넘치는 도트 그래픽을 디자이너에게 요구했을 것이다. 이 덕분에 게임 그래픽이 진일보할 수 있었다고 본다.

자이루스

개발사 : 코나미(1983년)

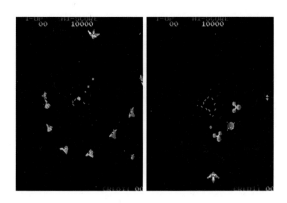

갤러그와 더불어 오락실 사장님 주머니를 두둑하게 만들어준 효자 같은 게임. 갤러그, 갤럭시안, 인베이더 같은 슈팅 게임의 아류작으로 남을 뻔했으나, 기체가 360도로 돌아간다는 설정 덕분에 독창성을 인정받았다. 이후로도 비슷한 설정이 나타난 적이 없을 정도로 독보적인 게임이다. BGM은 바흐의 토카타와 푸가 D단조. 그 시절에는 게임 배경음악에 클래식이 자주 사용됐다.

엘리베이터 액션

개발사 : 타이토(1983년)

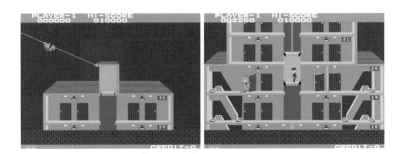

방과 후, 필자를 오락실에 뻔질나게 드나들게 했던 게임. 만화 같고 코믹한 분위기 때문에 필자는 이 게임을 매우 좋아했다. 건물에 내려와서 정탐할 때 나오는 BGM이 너무 좋았고(007 분위기를 느낄 수 있음) 여러 설정이 매우 흥미로웠다. 예를 들어 전등을 쏴서 떨어뜨려 적을 맞히는 설정, 건물 전체가 잠시 어두워지는 설정, 엘리베이터로 적을 깔아뭉갤 수 있다는 설정 등이 독특했다. 심지어 엘리베이터에 플레이어도 깔려서 죽을 수 있다. 하나같이 재밌고 아기자기한 설정이 돋보이는 첩보 액션이다. 아직도 귀에 BGM이 선하다면 한 판 해보기를 권한다. 그 시절로 바로 돌아갈 수 있다.

뱅크 패닉

개발사 : 산리츠 전기(1984년)

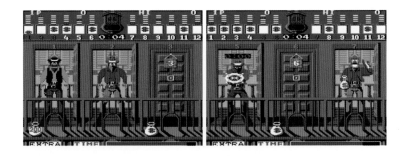

산리츠 전기에서 제작하고 세가가 발매한 희대의 역작이다. 정말 많은 사람이 뱅크 패닉 때문에 오락실을 들락거렸다고 생각한다. 그만큼 진짜 잘 만든 게임이다. 난도 높은 조작이 특별히 필요하지 않지만, 버튼 3개로 등장하는 은행강도를 쏴야 하므로 순발력과 동체시력이 좋아야 했다. 보통 혼자 플레이하지만 아마 둘이서 나눠가며 플레이해본 사람도 있을 것이다. 버튼 하나씩 맡으면 3인용도 가능하다. 물론 친구랑 박 터지게 싸운 적도 있을 테지만. 뒤로 갈수록 등장하는 네임드 갱들이 흥미를 더해간다. "손은 눈보다 빠르다!"

1942

개발사 : 캡콤(1984년)

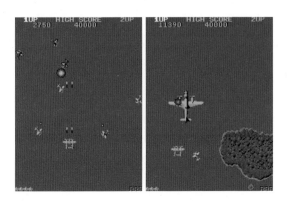

1942는 캡콤에서 제작한 슈팅 게임으로 2차 세계대전을 소재로 했다. 일본에서 만든 게임임에도 미국 전투기로 일본군 함대와 전투기를 물리치는 매우 아이러니한 내용이다. 워낙 인기가 있어서인지 후속 시리즈가 이후 줄기차게 나왔다. 국내 오락실에서도 상당히 오래 살아남았으며 오락실마다 적어도 한 대 정도는 돌아갈 정도로 스테디셀러였다. 게임 시스템이 그다지 복잡하지 않았는데, 단순히 버튼을 눌러서 적기를 격추하기만 하면 되는 단순한 게임성 덕분에 남녀노소 누구나 즐길 수 있었다. 다만 필자는 그다지 좋아하지 않았다. 게임 패턴이 반복적이라 지루했고, 기체 파워업이 빈약해서 마음에 들지 않았다. 필살기에 해당하는 기술도 기체의 공중회전을 사용한 긴급회피가 전부였다.

미스터 도의 캐슬

개발사 : 유니버설(1983년)

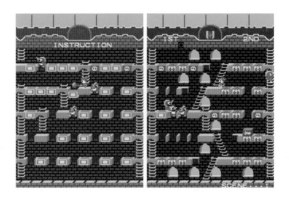

전작 '미스터 도'의 콘셉트를 완전히 뒤엎어버린 새로운 스타일의 게임이다. 유명 게임인 로드러너처럼 적을 블록 밑에 빠뜨린 후에 망치로 쳐서 떨어뜨린다거나 없앤다는 설정이 재미있다. 해외에서는 '미스터 도 VS 유니콘'이라고 부르기도 했다. 시간을 끌면 적들이 점점 분열해서 더 무시무시한 캐릭터로 변했는데, 필자는 이 모습이 무서워서 자주 하진 않았다. 변신한 적은 속도가 2배가 된다.(후덜덜)

로큰로프

개발사 : 코나미(1983년)

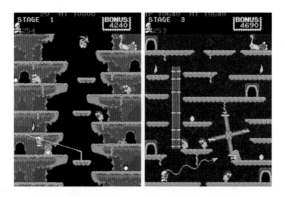

국내 오락실에서는 '로프맨'이라고 불린 게임. 당시에 이미 히트 메이커 반열에 올라선 코나미가 만든 작품으로 아기자기한 면이 느껴진다. 예를 들어 게임 내 캐릭터가 로프를 이용해서 위로 올라가야 한다거나 원시인이나 공룡의 눈을 잠시 라이트로 비춰서

눈을 안 보이게 한다는 점이 귀엽고 코믹했다. 그런데 화면 맨 위에 있는 새가 데즈카 오사무의 불새를 닮았다고 생각하는 건 비단 필자만의 생각일까?

봄잭

개발사 : 테칸(1984년)

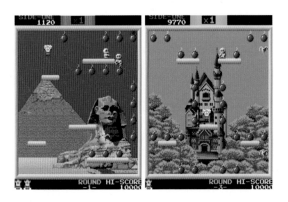

봄잭은 테칸(테크모의 전신)에서 제작한 오락실용 게임이다. 경쾌한 사운드와 캐쥬얼한 게임성으로 오락실에서 오랜 기간 많은 사랑을 받았다. 주인공 캐릭터가 아톰과 일본 만화인 퍼맨을 닮아서 같은 캐릭터가 아닌가 의문이 들었던 기억이 있다. 봄잭은 전형적인 스테이지 클리어형 플랫폼 액션 게임으로 스테이지에 존재하는 모든 폭탄을 먹어야 한다. 생각해 보면 상당히 단순하지만 시간이 흐를수록 적들이 미친 듯이 나타나기 때문에 이들을 잘 피해야 하는 것이 관건! 진짜 고수들은 폭탄을 먹을 때 심지가 타는 순서대로 먹었지만, 필자는 적을 피하기 급급해서 아무렇게나 먹기 바빴다. 은근히 아저씨들에게도 인기가 있어서 주야장천 봄잭에 매달렸던 아저씨도 종종 보곤 했다.

차이니즈 히어로

개발사 : 니혼 게임(1984년)

차이니즈 히어로는 컬처 브레인의 전신인 니혼 게임에서 제작한 오락실 게임으로 보통 국내 오락실에서는 '히어로'라는 이름을 써놓곤 했다. 귀여운 3등신 쿵후 보이가 마당에서 적들을 각종 무술로 쓰러트리는 액션 게임이다. 고정된 화면에서 진행하며 적들을 물리치면 다음 스테이지로 넘어간다. 동시 2인용도 가능해서 당시 많은 오락실에서 인기를 얻었는데, 이후 컬처 브레인이 가정용 시리즈인 슈퍼 차이니즈로 리메이크해서 판매한 바 있다. 스테이지 도중에 거대한 고릴라가 등장하기도 해서 '킹콩(고릴라) 쿵후'라는 이름으로 불리기도 했다.

플릭키

개발사 : 세가(1984년)

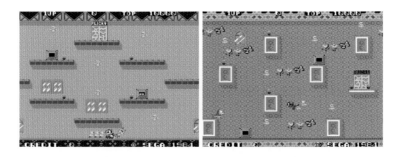

플릭키는 세가에서 제작한 병아리 액션 게임으로 세가만의 색깔이 물씬 난다. 파란 어미 새가 귀여운 아기 병아리를 전부 모아서 무사히 출구로 탈출시키는 게임! 당시 세가의 플랫폼 액션 게임들이 항상 그렇듯 화면이 좌우로 무한 루프되면서 스크롤되기 때

문에 어느 쪽으로 진행해도 원래 자리로 다시 돌아온다는 점이 꽤 인상적이었다. 귀에 쏙쏙 박히는 BGM과 귀여운 병아리들의 움직임이 매력적! 어미 새의 움직임에 적용된 관성의 법칙 탓에 게임이 수월하지만은 않았다. 당시 세가의 액션 게임은 귀여운 면이 있어서 아이와 여성들도 좋아했다.

서커스 찰리

개발사 : 코나미(1984년)

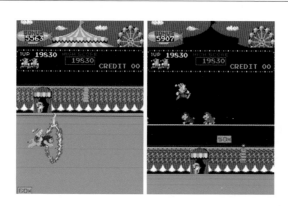

서커스 찰리는 코나미에서 제작한 오락실용 게임으로 흔치 않게 서커스를 소재로 했다. 국내 오락실에서는 그냥 서커스라고 불렀다. 친숙한 BGM과 더불어 단순하면서도 중독성 있는 게임성이 특징이며, 이 덕분에 코나미의 올림픽 게임 시리즈처럼 초보 게이머들에게 좋은 반응을 얻었다. 이 게임이 꾸준하게 사랑받은 이유도 여기에 있다고 하겠다. 단지 타이밍에 맞춰 버튼을 눌러서 장애물을 뛰어넘는 것만으로도 이렇게 꿀잼이라니! 처음 시작하자마자 레버를 왼쪽에 두고 제자리 뛰기를 3번 하면 다음에 보너스 찰리를 먹을 수 있으니 잊지 말자.

하이퍼 올림픽

개발사 : 코나미(1983년)

코나미의 역대급 히트작으로 올림픽을 소재로 만든 스포츠 게임이다. 당시 승리를 위해 각종 자, 줄톱, 플라스틱 뚜껑, 볼펜 등을 게임에 총동원해야 했다. 이 도구들을 사용하면 오락실 주인아저씨가 정말 싫어했던 기억이 있다. 다들 도구를 이용해서 미친 듯이 버튼을 두들기는 바람에 게임기가 성할 날이 없었다. 게임 출시 다음 해가 LA 올림픽이라서 1984년까지도 흥행이 문제없었다고 한다. 엔딩 크레딧 음악이 영화 〈불의 전차〉의 OST였던 걸로 유명하다.

하이퍼 올림픽 84

개발사 : 코나미(1984년)

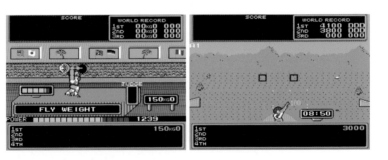

코나미의 초히트작 하이퍼 올림픽의 84년도 버전이다. 당시 LA 올림픽이 붐이었기 때문에 시기에 딱 맞춰서 출시한 덕도 꽤 보지 않았을까 싶다. 이미 전년도에 출시한 하이퍼 올림픽 덕분에 버튼 브레이커 게임으로도 널리 알려져 있었기 때문에 플레이어들에게 꽤 익숙했다. 하지만 그래서인지 전작처럼 무식하게 버튼을 연타하는 종목보다는 타이밍에 맞춰서 버튼을 누르는 방식의 경기들이 주로 나온다. 코나미도 해당 게임기의 버튼 주변이 너덜너덜해지는 것을 인지했던 모양이다. 필자가 좋아한 종목은 역시 사격과 양궁이었는데 타이밍에 맞춰서 버튼을 눌러 표적을 맞히는 재미가 아주 쏠쏠했다.

바스타

개발사 : 세서미 재팬(1983년)

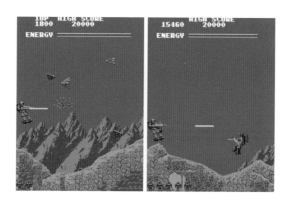

1983년에 나온 게임이 맞나 싶을 정도로 그래픽의 신기원을 보여준 게임. 지금도 학교 동창 친구를 만나면 시대를 앞서간 게임이라고 입을 모아 칭찬하곤 한다. 건담이나 자쿠를 연상케 하는 기동 병기가 멋지게 빔 라이플을 쏘며 입체감 넘치는 스테이지에서 적들과 싸운다. 가끔 등장하는 괴수들도 존재감이 남다르다. 에너지가 떨어지면 비행기로 변신하는 점도 특이점이다. 필자는 당시 이 게임을 하기 위해 오락실을 갔을 정도로 다른 게임이 눈에 차지 않았다. 당시 게임치곤 흔치 않게도 방패가 존재해서 적탄을 막을 수 있었다.

포메이션Z

개발사 : 자레코(1984년)

포메이션Z는 자레코에서 제작한 오락실용 슈팅 게임이다. 로봇이 달려가다가 전투기로 변신하는 모습이 인상적이다. 변신 로봇이 보여주는 독특한 게임성 때문에 항상 눈에 띄는 게임이었다. 당시 일본에서 공전의 히트를 기록한 애니메이션 '초시공요새 마크로스'의 영향을 받지 않았나 싶다. 다만 게임 난도가 상당히 높은 편이라서 오락실에 가면 플레이를 꺼리던 게임 중 하나였다. 이 게임은 훗날 가정용 게임기로 이식된 바 있다.

가라테

개발사 : 테크노스 재팬(1984년)

가라테(공수도)는 테크노스 재팬에서 제작하고 데이터 이스트에서 유통한 액션 게임으로 대전 격투 게임의 시조새 같은 존재다. 레버 2개로 역동적인 가라테 동작을 다양하게 시전할 수 있다는 점은 정말 획기적인 발상이었는데, 출시 당시엔 사람들이 동전을 쌓아두고 뒤에 줄을 서서 플레이하던 초히트 게임이었다. 필자 역시 어찌나 많이 했는지 지금도 스틱을 어떻게 움직이면 어떤 기술이 나가는지 기억할 정도다. 일부 스테이지까지는 컴퓨터에게 무조건 통하는 기술 패턴이 존재하지만, 단수가 올라가면 난이도도 올라가기 때문에 나중에는 통하지 않는다. 극진 공수도의 최배달 선생이 게임 모티브이기 때문에 게임 도중에 황소를 때려잡는 미니 게임도 등장한다.

▌ 타이센 가라테

개발사 : 테크노스 재팬(1984년)

테크노스 재팬의 역작, 대전 공수도라 불리던 게임으로 2인 대전이 가능해서 가라테를 더욱 개념작으로 만들어준 작품이다. 지금 생각해 봐도 2인 대전은 시대를 앞선 개념이었다. 물론 체력바 개념이 있었던 것은 아니어서 단판 승부였지만, 그 덕분에 오히려 스릴감이 있었다. 서로 노리다가 한 방에 승부를 가르는 게임, 역시 남자는 한 방이다. 좋아하는 여자를 차지하기 위해 싸운다는 게임 내용이 다소 마초적이지만, 시대 정황과 남자의 게임(?)인 점을 감안해서 넘어가자.

신입사원 토오루 군

개발사 : 코나미(1984년)

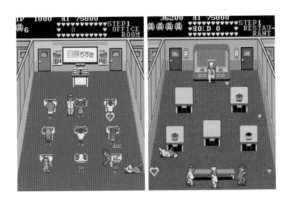

코나미에서 제작한 오락실 액션 게임. 회사 업무를 보는 도중에 뛰쳐나가서 회사를 쑥 대밭으로 만들어놓는 진상 청년 토오루 군의 험난한 모험기가 펼쳐진다. 마지막에 자 신을 잡으러 오는 경찰을 박치기로 때려눕히는 진정한 공무집행 방해 정신을 발휘하 며, 여친을 만나서는 오픈카로 도주하는 사이코패스 같은 모습을 보여준다. 알고 보면 미친 센스의 게임. 국내 오락실에서는 '신입사원 석돌이'라고 불렸는데, 박치기를 잘하 는 주인공에게는 적절한 이름이었다. 처음 석돌이라고 이름 붙인 분이 누군지 궁금할 정도다. 북미 버전인 마이키 버전도 있는데 당시 오락실에선 거의 접해보지 못했다. 북 미 버전에서는 주인공이 수업 시간에 교실을 뛰쳐나가는 대학생 마이키로 바뀌었다.

카게의 전설

개발사 : 타이토(1985년)

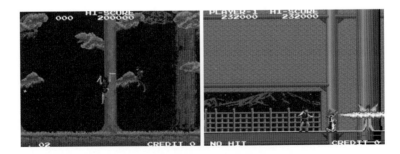

국내 오락실에서는 '영의 전설'이란 이름으로 더 유명한 게임. 타이토에서 만든 닌자 활 극의 역작이다. 당시엔 사람이 매우 높게 점프한다는 점이 상당히 참신했다. 덕분에 애니메이션이나 무협 영화에서 볼 수 있는 고공 점프 활극이 게임에서 가능했기에 재미 있었다. 어린 필자에게 게임이 쉽지만은 않았다. 허공에 떠 있을 때 수리검이나 닌자들 이 공격해 오면 속절없이 맞을 수밖에 없었다. 방어하기 위해 끊임없이 단검(쿠나이)을 휘둘러야 했는데 이게 생각처럼 쉽지 않았다. 게임 분위기가 왜색이 짙었지만, 일본 게 임이 여과 없이 들어오던 시절이라 알게 모르게 당시 아이들에게 영향을 줬을 것이다.

▌손손
개발사 : 캡콤(1984년)

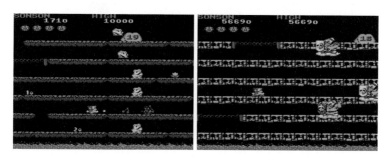

캡콤에서 서유기를 소재로 제작한 횡스크롤 슈팅 게임이다. 동시 2인용도 가능하지만 손오공 외에 저팔계만 플레이할 수 있으며 나머지 캐릭터는 선택할 수 없다. 슈팅 게임 임에도 플랫폼 개념의 층이 여럿 존재해서 위아래로 오르락거리며 적들과 싸운다. 이 후 이 시스템은 SNK에서 제작한 사이코솔저에서 재활용했다. 특정 지역까지 도달하 면 관문에서 적들이 등장하며, 곳곳에 숨겨진 점수 아이템이 존재하기 때문에 잘 찾아 내면 고득점을 노릴 수 있다. 복잡하지 않은 시스템 덕분에 오랜 기간 오락실에서 사랑 을 받았다.

스파르탄X

개발사 : 아이렘(1984년)

스파르탄X는 아이렘에서 제작한 오락실용 액션 게임이다. 제목만 보면 성룡이 등장하는 영화 스파르탄X와 동일하지만, 게임 내용은 이소룡의 영화 사망유희에서 모티브를 따왔다. 탑을 한 층씩 올라가서 적들과 싸우고, 각 층 끝에 있는 보스와 일대일로 겨룬다는 설정이다. 여담으로 스파르탄X의 국내 제목은 쾌찬차, 영화를 보고 게임을 해본 사람이라면 알겠지만 쾌찬차와 이 게임은 연관성이 전혀 없다. 게임의 해외판 제목은 쿵후 마스터라서 이 제목으로 알고 있는 사람도 많을 것이다. 그래봤자 당시 오락실 주인아저씨는 게임기에 이소룡이라고 당당하게 제목을 붙여놓았지만 말이다. 물론 지금 생각해 보면 주인아저씨의 눈썰미가 정확했다.

아르고스의 전사

개발사 : 테크모(1986년)

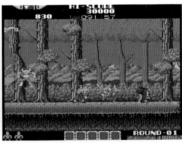

1986년 테크모에서 발매한 오락실용 액션 게임으로 해외판 제목은 '라이가'다. 당시 국내 오락실에서 엄청나게 인기를 얻었던 초히트 게임. 이 게임이 없는 오락실은 본 적이 없을 정도였으며 몇 년 후에도 살아남은 인기작이었다. 완성도 높은 그래픽으로 유명한 테크모답게 미려한 도트 그래픽이 돋보였고 BGM 역시 중독성 있었다. 당시 오락실에서 이 게임을 접한 분이라면 듣는 순간 머릿속에 딱 떠오르는 반복적인 멜로디다. 주인공 캐릭터는 방패처럼 생긴 요요 하나 달랑 들고 각종 괴물과 사투를 벌인다. '디스크 아머'라 불리는 거대 요요를 던져서 적을 맞히거나 회전시켜서 싸운다. 나중에 파워업 아이템을 먹으면 패턴이 살짝 바뀌기도 한다. 디스크 아머에 맞은 적들은 폭탄에 맞은 것처럼 말 그대로 뼈와 살이 분리되며 폭사한다. 당시 필자는 요요의 성능이 가공할 만하다고 생각했다.

그린베레

개발사 : 코나미(1985년)

그린베레는 1985년 코나미에서 출시한 오락실용 횡스크롤 액션 게임이다. 북미 버전 제목은 러시 앤 어택. 포로를 구출하기 위해 단검 한 자루 달랑 들고 적진에 잠입해서 다양한 적들을 상대해야 하는 본격 잠입 액션 게임이다. 잠입 액션을 내세우지만 사실 말뿐이고, 주인공이 대낮에 대놓고 혼자서 적진으로 뛰어든 모습을 보니 제정신은 아니다. 어찌 보면 코나미 잠입 액션의 대표 캐릭터인 메탈기어 솔리드도 여기서 모티브를 얻지 않았을까 싶다. 맨손으로 들어가서 컴뱃나이프 하나로 적들을 쑤시고 다니는데, 대부분 적은 마치 빨려 들어가듯 나이프의 희생양이 되며, 심지어 각종 무기도 보급해 주니 이게 적인지 아군인지 모를 지경이다. 적들이 토해내는 무기에는 화염방사기부터 로켓포, 수류탄 등이 있는데 관통 속성이나 피탄 범위가 상당히 넓어서 화면 전체를 커버하는 고성능이었다.

사이코솔저

개발사 : SNK(1987년)

1987년에 등장한 SNK의 횡스크롤 액션 슈팅 게임. SNK의 초인기 격투 게임 시리즈
인 킹 오브 파이터즈에 단골로 등장하는 중국팀은 여기서 비롯했다. 더불어 아케이드
게임 최초로 배경음악에 보컬이 출력되는 놀라운 점 덕분에 당시 많은 아이에게 충격
을 줬다. 게임은 강제 횡스크롤로 진행되며, 4층으로 구성된 화면의 아래위를 이동하
며 적을 쏴야 한다는 점이 캡콤의 손을 베낀 듯한 모습이다. 여주인공 아테나의 무기
인 사이코 소드, 시그니처 기술인 사이코 볼을 모아서 사용하는 필살기 등 킹 오브 파이
터즈 시리즈에 등장하는 기술의 모태를 엿볼 수 있다. 블록을 격파하면 가끔 등장하는
알에서 아이템을 획득한다. 이 아이템을 먹으면 아테나는 봉황, 켄수는 용으로 변신한
다. 동시 2인 플레이를 하는 중에 1명이 변신한 동료의 등에 올라탈 수도 있다. 하지만
괜히 올라탔다가 친구가 실수하면 둘 다 죽을 수도 있어서 주의해야 했다.

겟스타

개발사 : 토아플랜(1986년)

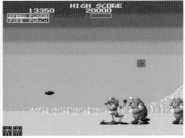

겟스타는 1986년에 토아플랜이 개발하고 타이토가 출시한 게임이다. 1980년대에는
타이토가 토아플랜의 게임을 자주 유통했다. 로봇이 행성을 돌아다니며 등장하는 적들

을 물리치고, 스테이지 끝에서 보스를 해치우는 횡스크롤 액션 게임이다. 어떻게 보면 스파르탄X처럼 한두 대만 쳐도 적들을 쉽게 해치울 수 있는 격투 액션 게임이지만, 스크롤이 강제로 진행되며 앉아 있을 때만 스크롤이 멈추는 독특한 시스템이다. 스테이지가 끝날 무렵에 보스가 등장해서 일대일 대전이 시작되는데, 보스의 패턴을 잘 파악해서 공략하면 쉽지만 성질 급하게 덤벼들면 바로 게임 오버. 이 때문에 보스의 공격 패턴을 암기할 필요가 있다.

황금의 성

개발사 : 세타(1986년)

1986년 세타에서 개발하고 타이토에서 유통한 오락실용 검투사 액션 게임. 해외판 제목은 글래디에이터였다. 중세시대를 그린 진행형 검투사 액션이지만 약간 판타지 성격도 있었다. 캐릭터 크기가 당시 오락실 게임치고는 상당히 큰 편이라 큼직하고 파격적인 액션 동작을 선보였다. 게다가 갑옷의 각부가 섬세하게 부서지는 연출 덕분에 검투 대전 액션을 상당히 리얼하게 즐길 수 있었다. 상중하로 나눠지는 공격과 해당 부분에 존재하는 갑옷이 공격당하면 부서지는 연출이 현실감을 더해줬다. 사실, 이 게임의 핵심은 바로 상대방의 갑옷을 벗길 수 있다는 점이다. 갑옷이 벗겨진 부위를 공격하면 한 방에 적을 쓰러뜨릴 수도 있는데, 가끔은 상대방을 농락하려는 목적으로 갑옷만 노리는 플레이어도 존재했다. 특히 등장하는 적 중 유일한 여기사인 아이린이라는 적은 많은 플레이어가 탈의를 노렸다는 소문(?)이 있다. 물론 필자는 실력이 미천해서 그런 짓을 생각도 안 했다. (험험)

플래시갈

개발사 : 큐고무역(1985년)

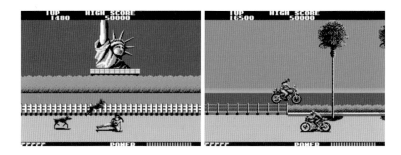

플래시갈은 1985년에 세가에서 발매한 오락실용 횡스크롤 액션 게임으로 국내 오락실에서는 보통 원더우먼이라는 이름으로 불렸다. 그럴 수밖에 없는 것이 주인공 캐릭터의 생김새가 원더우먼을 모티브로 제작됐기 때문이다. 도중에 얻은 칼이나 총을 사용하기도 해서 원더우먼이 총과 칼을 쓴다는 생각에 이질감이 느껴지기도 했다. 기본 공격인 펀치와 킥이 주무기인 플래시갈은 강제 횡스크롤로 진행되는 액션 게임이며, 스테이지 끝에서 보스를 해치우면 해당 스테이지가 클리어된다. 다만 스테이지마다 상단으로 미사일을 쏘는 오토바이 또는 제트스키를 조종하는 슈팅 스테이지가 존재하며, 헬기를 타고 진행하는 횡스크롤 슈팅 스테이지도 있는 등 게임 구성이 버라이어티했다.

원더보이 몬스터 랜드

개발사 : 웨스톤 비트 엔터테인먼트(1986년)

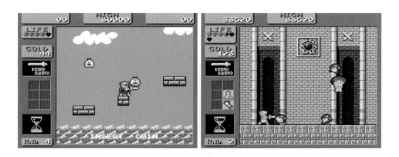

흔히 '원더보이 2'라고 불리는 이 게임은 세가에서 1986년에 발매했다. 전작인 원더보이가 횡스크롤 점프 액션이었던 반면 장르를 바꿔서 액션 RPG가 됐다. 보통 오락실용 아케이드 게임에는 RPG 개념이 탑재된 액션 게임이 거의 없었는데, 이 게임은 전작의 콘셉트를 완전히 뒤집어엎고 상당한 볼륨을 가진 액션 RPG로 변신했다. 이 덕분에 오락실에서 꾸준하게 사랑을 받았다. 그래픽도 당시로서는 훌륭했으며 여러 설정 면에서 신경을 쓴 부분이 많았다. 예를 들어 다양한 배경의 스테이지와 개성 있는 보스 캐릭터, 적을 쓰러뜨려 돈을 벌고 상점에서 장비를 사서 점점 업그레이드하는 주인공 캐릭터, 심지어 장비에 따라 주인공의 겉모습이 바뀌는 면이 눈에 띈다. 액션 연출과 퍼포먼스도 완성도가 뛰어나서 명작으로 이름난 작품이다. 이후 비슷한 콘셉트를 표방한 액션 RPG 게임들이 등장했지만 이만큼 대중의 사랑을 받은 게임은 원더보이 몬스터 랜드가 유일하다. 게임 안에는 구석구석 숨은 요소도 많아서 게임을 거듭하게 했다. 돈이 튀어나오는 비밀 장소, 레버를 마구 흔들면 입수하는 돈의 액수가 커지는 묘수, 색다른 보스 공략법 등이 매력적이었다. 친구나 지인의 입을 거쳐 공략법이 전달되거나 오락실에서 잘하는 형들 뒤에서 구경하면서 패턴을 파악하는 등 게임 하나로 대동단결하는 멋진 게임이 몬스터 랜드였다.

너클조

개발사 : 세이부 개발(1985년)

1985년 세이부에서 제작한 아케이드 액션 게임. 게임이 세기말 분위기를 풍기는 데다 폭주족과 혈혈단신으로 싸운다는 설정이 만화 북두의 권처럼 보여서 아예 대놓고 이 게임을 북두권이라고 부르기도 했다. 주인공의 기술은 딱히 이렇다 할 게 없다. 펀치와 킥 버튼이 전부. 서서 공격, 앉아서 공격, 점프해서 공격. 이게 전부다. 그 흔한 필살기도 없다. 다만, 이 게임이 특이했던 점은 바로 주인공의 공격이 내가 누르는 속도만큼 빠르게 연타가 가능했다는 것이다. 이 탓에 너클조 게임기의 버튼은 마치 코나미 하이퍼 올림픽 게임기의 버튼만큼이나 너덜너덜했다. 대부분 손으로 연타를 먹이기가 힘들어 병뚜껑 같은 물건을 들고 와서 마구 긁어댄 기억이 있다. 사실 필자 같은 경우, 이 게임 덕분에 손가락 연타를 연습할 수 있어서 나중에 스트리트 파이터 같은 격투 게임을 할 때 나름 도움을 받았다.

3장

가정용 게임기의 태동

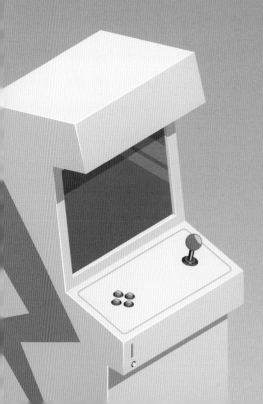

재믹스, 콘솔 게임기 시장을 열다

    닌텐도 게임 & 워치와 LSI 게임들이 국내에서 인기를 끌긴 했지만, 당시에도 유행이 지나면 인기가 떨어지는 완구 같은 취급을 받았습니다. 그러던 중 1985년 대우에서 '재믹스'라는 게임기를 발매했습니다. 재믹스는 TV에 연결해서 게임을 할 수 있는 가정용 게임기의 일종입니다. 카트리지 형태의 게임 소프트를 이용해 다른 게임을 즐길 수도 있었는데, 그때는 비디오와 비슷하다고 생각해서 비디오 게임기라는 이름으로 부르곤 했죠.

    사실 재믹스는 8비트 컴퓨터인 MSX를 기반으로 만든 게임기였습니다. MSX는 원래 일본 아스키에서 만든 8비트 컴퓨터 규격입니다. 요즘 널리 쓰이는 라즈베리파이나 아두이노 같은 개방형 아키텍처를 지칭하는데, 1980년대에 일본과 한국의 많은 회사가 이 규격을 이용해 컴퓨터

대우전자에서 MSX를 기반으로 만든 재믹스

를 만들었습니다. 즉 MSX 규격으로 만든 컴퓨터를 MSX라고 부른 거죠.

이런 규격이 나온 이유는 당시에 여러 컴퓨터 회사가 각자 규격으로 컴퓨터를 만들다 보니 호환성이 엉망이었기 때문입니다. 그런데 통일된 규격대로 컴퓨터를 만들면 제조사가 달라도 여러 소프트웨어와 확장 액세서리를 쓸 수 있으니 유용성이 높아지는 겁니다. 이런 효용성이 있어서 MSX는 1990년에 단종되기까지 꽤 많은 인기를 누렸습니다.

MSX는 분명 컴퓨터지만, 롬 카트리지를 삽입할 수 있어서 뜻하지 않게 게임기로 많이 활용됐습니다. 이 덕분에 수많은 MSX 게임 명작이 탄생했죠. 이런 사정이 일본은 물론이고 한국도 비슷했습니다. 앞서 말했듯 재믹스는 이런 연유로 탄생한 기기입니다.

결국 재믹스는 MSX 컴퓨터를 강제로 게임기로 만든 것입니다. 이런 태생적 한계 탓에 모든 게임이 호환되지는 않았죠. 키보드가 필요한 일부 게임은 정상적인 진행이 불가능했습니다. 사실상 호환성이 매우 안 좋은 반쪽짜리 게임기였습니다. 그래도 1980년대 중반 국내에서는 경쟁 콘솔 게임기가 적었고, 홍보도 대대적으로 진행해서인지 상당히 선전했습니다. 판매량이 꽤 높았던 걸로 기억합니다.

재믹스가 나름 선전하며 유행하던 시절에도, 제 부모님은 절대 게임기를 사주지 않았기 때문에 유일하게 재믹스를 즐길 수 있었던 장소는 바로 친구네 집이었습니다. 중학생 시절, 친구네 집 다락방에서 했던 재믹스 게임은 잊지 못할 추억이었죠. 오락실에 비치된 MSX 개조 캐비닛에서나 할 수 있던 게임들, 즉 이얼 쿵후, 마성전설, 양배추 인형, 요술 나무 같은 게임을 집에서도 할 수 있다는 사실에 너무 신나서 친구들이랑 재밌게 즐겼던 기억이 나는군요. 하지만 매번 놀러 갈 수도 없는 노릇이고, 제 물건이 아니다 보니 그저 게임기를 보유한 친구들이 부러울 뿐이었습니다.

이얼 쿵후

개발사 : 코나미(1985년)

 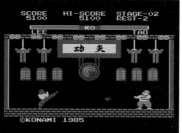

쿵후 게임 하면 가장 먼저 떠오르는 코나미의 대표작. 패미컴 버전도 있지만 조작감이 미묘하게 다르다. 오락실에서도 해볼 수 있었는데(MSX 개조 캐비닛) 아케이드 이얼 쿵후를 이식한 듯하지만 사실상 전혀 다른 게임이 탄생했다. 버튼과 레버 조작만으로 상단·중단·하단의 다양한 공격 동작을 취해서 적의 체력을 조금씩 깎아나간다는 기본 개념 덕분에 '역시 코나미!'라는 소리가 나올만한 수작 대전 액션 게임이 됐다.

마성전설

개발사 : 코나미(1986년)

전설의 슈팅 게임! 재믹스 사대천왕 중 넘버원이라 불릴만한 게임이다. MSX 슈팅 게임계의 황태자라고 불러도 부족함이 없다. 당시 8비트 콘솔 또는 레트로 게임을 꼽으면 항상 등장하는 게임이 마성전설이다. 코나미의 히어로 '포포론'이 최초로 등장한 게임이며, 기체가 아닌 사람이 직접 전투를 벌이는 종스크롤 슈팅 게임에 많은 영향을 끼친 게임이기도 하다. 정말 많은 이가 이 게임 때문에 재믹스를 사달라고 부모님을 조르고, 삼촌을 조르고, 아르바이트를 하고, 심부름 값을 슬쩍한 기억이 있을 것이라 믿는다. BGM 역시 잊지 못한다. 고전 게이머들에게 분명 '내 청춘의 아르카디아'임에 틀림

없다. 지금은 요술 나무, 양배추 인형, 빵공장 등이 고가 레어템이지만, 최고의 MSX 게임은 단연코 마성전설이라고 생각한다.

요술 나무

개발사 : 코나미(1984년)

MSX 게임 사대천왕 중 하나이며 전설의 게임 타이틀로 불린다. 나무를 무작정 높이 높이 올라가는 게 주요 포인트. 나무가 높다 하되 하늘 아래 나무라, 오르고 또 오르면 못 오를 리 없건만, 정말 피 터지게 올라가도 다 못 올라갔던 게임이다. 엔딩 본 분은 용자 인정. 최종 목적지는 2,004미터고, 그곳에 주인공인 아파치 군의 집이 있다.

빵공장

개발사 : 코나미(1984년)

원제는 너구리 빵(폰포코 빵)이지만, 국내에서는 빵공장이라는 이름으로 불렸다. 원제보다 국내명이 게임 콘셉트에 맞는다고 생각한다. 빵공장의 요리장이 너구리들의 방해를 피해 빵을 납품한다는 단순하지만 스릴 있는 게임이다. 당시 재믹스 판매에 큰 공을 세운 게임이지만 현재는 중고로라도 게임을 구하기가 쉽지 않다.

양배추 인형 : 캐비지 패치 키즈

개발사 : 코나미(1984년)

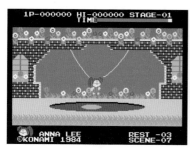

코나미에서 제작한 바로 그 전설의 게임. 재믹스 판매에 혁혁한 공을 세운 사대천왕 중 하나다. 재믹스를 모르는 사람이라도 이 게임은 알고 있을 정도로 히트를 쳤다. 당시 MSX를 개조한 오락기를 설치해 놓은 오락실이 가끔 있었는데, 그런 곳에서 필자가 즐겨 했던 게임이기도 하다. 게임 자체는 전형적인 플랫포머 게임이지만, 점프 액션 게임의 거의 모든 기본 공식이 이 게임 안에 정립돼 있다고 해도 과언이 아니다. 가장 놀라운 사실은 당시에 벌써 캐릭터 커스터마이징이라는 개념을 도입했다는 점이다. 똑같은 캐릭터로 플레이하지 않고 자신만의 캐릭터를 만들어서 게임을 즐길 수 있었다.

결국 남극 대모험

개발사 : 코나미(1983년)

펭귄이 남극의 각 포인트를 돌면서 여행을 한다는 내용의 게임으로 국내에서는 남극 탐험으로 알려졌다. MSX에 흔치 않은 3D(?) 스타일의 레이스 게임이다. 패미컴 버전도 있지만 역시 국내에서는 재믹스로 이 게임을 접한 사람이 많다. 이후 걸출한 후속작인 몽대륙을 있게 한 작품이다. 게임 자체는 몽대륙에 비해 훨씬 단출하다. 오로지 장애물을 피해서 국가별 포인트를 찍고 순회하는 게 전부다. BGM이 클래식의 고전인 스케이터 왈츠였다. BGM을 듣고 있으면 아련한 느낌이 찾아온다.

몽대륙 어드벤처

개발사 : 코나미(1986년)

마성전설과 쌍벽을 이루며 MSX 게임계를 견인했던 펭귄! 남극 대모험의 지루하고 반복되는 플레이에서 탈피하고자 개발자들이 노고를 아끼지 않았고, 그 덕택에 우리는 펭순이를 구하는 여정을 펭돌이와 함께할 수 있었다. 늦지 않게 달리려고 열심히 점프하고, 물고기를 먹고, 무기를 사 모았던 우리의 추억이 떠오르지 않는가. 메가롬 게임답게 내용이 방대해지고 재미도 2배가 된 이 게임을 즐겨보지 않고서는 MSX 게임을 논할 수 없다. 그만큼 몽대륙은 전설의 게임이다. 비록 3D는 아니지만, 요즘 나오는 3D 슈팅 게임보다 재미있다고 자신 있게 말할 수 있다. 오늘 밤에 펭돌이와 함께 달려보시길.

워로이드

개발사 : 아스키(1985년)

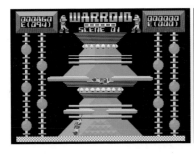

재믹스 시절 최고의 우정 파괴 게임이라 불렸다. 2인용이 가능한 대전 슈팅 게임으로 MSX에서는 흔치 않은 대전 장르라 나름 친구와 피 터지게 싸웠던 기억이 난다. 당시

MSX를 소장한 친구한테 몇 가지 팩을 빌려줬는데, 그 친구는 다른 게임이 다 재미없다면서 이 게임만 줄곧 했다. 단순하지만 정말 알차게 만든 게임성 덕분에 지금 해봐도 촌스럽지 않다.

왕가의 계곡

개발사 : 코나미(1985년)

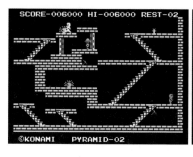

코나미 액션 퍼즐 시리즈의 진짜 시작을 알린 게임이다. 쫓아오는 미라를 피해서 왕가의 유적 안에 있는 보물을 득템하는 게 목표. 기존 로드러너식 퍼즐 액션과의 차별점으로 도구(드릴, 곡괭이)와 점프를 활용한다는 점을 내세웠다. 후속작으로 출시된 '엘 기자의 봉인' 역시 많은 사랑을 받았다. 익숙한 BGM도 매력이다.

피폴스

개발사 : 코나미(1985년)

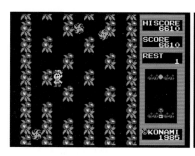

좌우 라인을 이동하는 종스크롤 슈팅 게임이다. 단순하지만 중독성 있는 게임성으로 유명하다. 다만 자칫 지루해질 수 있어서 여타 코나미 게임에 비하면 조금 재미가 부족하다고 생각한다. 비슷한 이름의 피트폴과 헷갈리면 안 된다.

근육맨 콜로세움 데스매치

개발사 : 반다이(1985년)

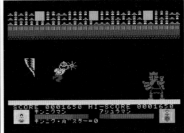

당시 필자가 오락실에서 개조된 MSX 캐비닛으로 즐겼던 터라 나름 추억이 많은 대전 게임이다. 패미컴판과 다르게 사이드뷰로 진행되며, 다양한 기술을 선보이지만 안타 깝게도 등장하는 적이 3명밖에 없어서 아쉬운 점이 있다. 오페라하우스가 개발한 알파 로이드와 이 게임을 헷갈린 적이 있다. 기억에 오류가 생긴 것인데, 고전 오락을 전문으로 찾아주는 필자도 간혹 왜곡된 기억 속 오류는 어쩔 수 없을 때가 있다.

로드 파이터

개발사 : 코나미(1985년)

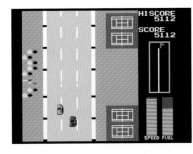

로드 파이터는 1984년 코나미에서 제작한 오락실용 레이싱 게임인데, 1985년에 MSX로 이식됐다. 당시 한창 유행하던 톱뷰 시점의 레이싱 게임이며, 장애물과 지나 가는 자동차를 잘 피해서 목적지까지 도달하면 된다. 다만 도중에 연료가 떨어지면 게임 오버다. 중간중간 존재하는 하트를 먹어야 연료 충당이 가능하고, 도중에 충돌해서 파괴되면 연료가 약간 줄어든다. 어째서 차가 파괴됐는데 연료만 살짝 깎이고 다시 주행이 가능한지는 모르겠지만, 당시 대다수 레이싱 게임에 흔히 존재하는 설정이니 무시하자. 단순한 게임성에 비해 속도가 꽤 빠른 편이므로 동체시력이 요구되며, 오락실

보다 충돌 판정이 사악해서 죽기 십상이니 재빠른 컨트롤이 필요하다.

모아이의 비보

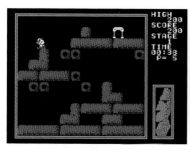 

친구에게 MSX 게임을 여럿 빌려줬는데, 그 친구는 필자가 추천한 게임을 하나도 안하고 이 게임만 들입다 팠다. 친구가 머리 쓰는 게임을 좋아하기도 했지만, 모아이의 비보가 제공하는 적절한 난이도의 퍼즐은 지금 즐겨도 충분히 재미있을 만큼 완성도가 있었다. 액션보다는 미리 머리로 계산할 수 있는 게임인지라 브레인 퍼즐을 좋아하는 분들에게 추천하는 게임이다.

구니스

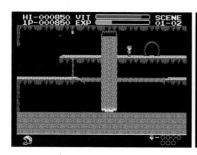 

동명 영화를 원작으로 한 게임으로 코나미의 명작 시리즈 중 인지도 면에서 갑을 차지한다. 패미컴 버전도 존재하지만, 역시 한국 사람에게는 MSX 버전이 유명하다. 패미컴 버전이 도저히 넘볼 수 없는 특유의 맛이 있다. 당시 코나미는 이렇듯 다른 기종에는 완전 다른 게임을 제작해 주는 장인 정신을 발휘하곤 했다. 이때는 돈나미가 아니었다는 사실. 그 시절의 코나미가 그립다. 이 게임은 아기자기한 게임성과 지루하지 않은 레벨 디자인이 인상적이었고, 적으로 등장하는 추격자와 각종 기믹들이 즐거움을 안겨줬다. BGM은 영화 OST에 기반하지만, 필자가 주로 추억하는 구니스 음악은 신디 로퍼가 부른 노래(The Goonies 'R' Good Enough)가 아니라 이 게임의 BGM이다.

▌요괴의 집
개발사 : 카시오(1986년)

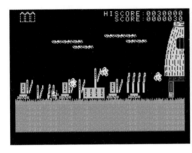 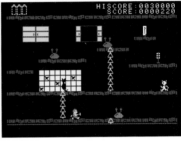

카시오 게임 중 가장 인기 있었던 유명 게임이다. 같은 이름의 게임이 패미컴 디스크판으로도 존재하지만, 그래픽이나 내용은 전혀 다르다. 필자는 MSX 버전이 더욱 정겹고 재미난 게임이라고 생각한다. 당시로선 흔치 않은 요괴를 소재로 삼았고, 게임 분위기도 잘 살린 편이다. 게다가 무기는 플래시! 요괴의 집은 이처럼 아이디어도 알찼다. 약간 구니스를 닮은 점이 기억에 남는다.

▌테그저
개발사 : 게임아츠(1986년)

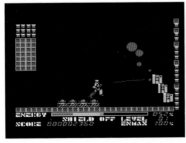 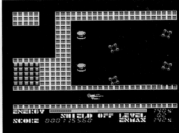

고전 게이머라면 이름만 들어도 알만한 전설의 게임. 영어 이름은 덱스더(Thexder)인

데 일본어는 '테구자'라고 적었다.(게임 설정상 미래에서는 Thexder를 테그저로 읽는 다고 함) 아무튼 태구자(太狗子. 큰 개자식) 녀석의 파란만장한 모험을 그린 변신 로봇 게 임이다. 오락실의 포메이션Z와 더불어 변신 로봇 게임계의 양대 산맥으로 자리매김했 던 테그저는 패미컴 버전도 있지만, 진정한 레이저를 원한다면 MSX 버전이 진리 다.(패미컴 하드웨어의 한계로 레이저 빔을 표현할 수 없다.) 이후 PC로도 이식된 바 있 다. 당시 인기 애니메이션인 초시공요새 마크로스의 영향을 받았는지, 숨겨진 캐릭터 로 린 민메이 인형도 나온다.

그라디우스

개발사 : 코나미(1986년)

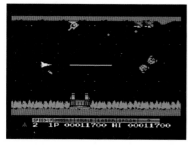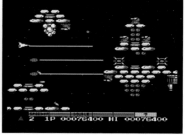

아케이드 게임이 원작인 그라디우스는 다양한 기종으로 이식된 바 있다. 하지만 가정 용 콘솔로 이식된 그라디우스는 크게 두 가지로 나뉜다. MSX 버전과 그 외 버전. 그만 큼 MSX는 코나미에게 특별한 존재였다. 그라디우스의 타임라인도 MSX 버전만큼은 다르다. 시리즈 자체가 다르다는 말이다. 그라디우스의 시작을 알리는 이 작품 역시 패 미컴 버전과는 미묘하게 달랐다. (일단 첫판 보스부터 다르다.)

컴퓨터의 탈을 쓴 게임기 MSX

고등학교를 들어가고 얼마 되지 않았을 무렵, 어느 날 집에 오니 검은색 키보드가 달린 물건이 책상 위에 올려져 있더군요. 그것은 바로 대우에서 만든 MSX 호환 기종 8비트 개인용 컴퓨터인 아이큐2000! 전용 RGB 모니터와 함께 갑자기 나타난 새 컴퓨터는 멋진 자태와 함께 위용을 뽐내고 있었습니다. 제 동생은 이미 그 컴퓨터로 게임을 하고 있었던 걸로 기억합니다. (비켜봐 동생아, 나도 해보자!)

아이큐2000으로 처음 해본 게임은 알카노이드와 이카리. MSX2 기종이던 아이큐2000에 걸맞게 MSX2 전용 게임이 디스켓에 들어 있었죠. 옆에는 검은색 철제 박스가 있었는데 알고 보니 디스크 드라이브라는 물건이었습니다. 지금 생각하면 디스켓에 불법 복제된 게임이 담겨 있었고, 컴퓨터의 카트리지 슬롯에는 바이오 카드(재미나에서 만든 블랙박스와 비슷한 물건)라고 불리는 확장 램팩이 꽂혀 있었습니다.(당시 재미나에서 만든 물건으로 알고 있습니다.) 디스켓에서 게임 데이터를 불러들이면 확장 램팩에 저장되고, 이를 한동안 팩처럼 쓸 수 있었죠. 당시에는 듣도 보도 못한 신박한 물건이었습니다.

네, 그렇습니다. 그렇게 게임기 사달라고 졸라도 눈 하나 깜박하지 않으시던 부모님이 어느 날 조르지도 않았는데 게임기로 쓸 수 있는 개인용 컴퓨터를 구매해 주신 거죠. 어머니 지인분의 친척이 게임 매장을 운영한 걸로 기억하는데, 그 매장은 앞으로 제가 언급할 운명의 게임숍 파파상사입니다. 일단 파파상사 이야기는 나중에 하죠.

한마디로 오락실 말고는 제대로 된 게임기나 게임을 접해본 적도 없는 제가 지금처럼 게임을 취미로 삼게 된 계기가 바로 아이큐2000인 셈입니다. (어머니, 감사합니다. 절 원망하지 마세요. 겜돌이가 된 건 모두 어머니 때문이니까요.) 학창 시절에 게임만 한다고 혼났던 저였는데, 겜돌이 생활의 시발점을 생각해 보면 참 아이러니합니다.

앞서 알카노이드와 이카리가 아이큐2000으로 처음 즐긴 게임이라고 말했는데요, 구매 당시에 받은 3.5인치 디스켓 한 장에는 이 게임들을 포함해 게임 세 가지가 기본으로 들어 있었습니다. 나머지 게임은 바로 사령전선입니다. 알카노이드, 이카리, 사령전선. 정말 재미있게 즐긴 게임입니다만, 디스켓 안에 게임이 달랑 이 세 가지만 들어 있었기 때문에 어느 정도 하다 보니 금방 질리더군요.

얼마 지나지 않아 동생과 저는 새로운 게임이 필요해졌습니다. 그런데 컴퓨터를 설치하고 가신 분이 새로운 게임이 하고 싶으면 찾아오라고 게임숍 장소를 알려줬다 하더군요. 동생이 가게 위치를 알았기 때문에 직접 해당 게임숍을 다녀왔습니다. 그렇게 돈을 주고 복사해 온 첫 번째 게임이 바로 T&E 소프트에서 제작한 MSX2용 게임 '아쉬기네 : 허

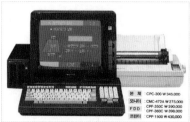

아이큐2000은 컴퓨터였지만, 게임기로 많이 활용됐다.

공의 아성'이었습니다. (당연하게도 불법 복제였는데, 당시에는 저작권 개념이 희박해서 불법 복제를 한다는 인식 자체가 없었습니다.)

게임이 재미없었다면, 그날 이후 게임에 빠지는 일은 없었을 텐데 하필 아쉬기네(아슈기네)는 갓게임이었죠. MSX2 기종에서 구현 가능한 최고 수준의 그래픽을 보여주며, 게임 내용도 매우 알찼습니다.

워낙 재밌게 아쉬기네를 플레이했기에 저는 곧 MSX2라는 게임기(?)에 기대를 품게 되더군요. '이렇게 재밌는 게임이 더 있지 않을까?' 이런 생각을 한 저는 동생에게 해당 게임숍의 위치를 물어보고 직접 찾아갑니다. 그 가게의 이름은 파파상사. 고속 터미널 상가 반포쇼핑타운 7동 1층에 위치한 게임숍이었는데, 당시 일본에서 게임기와 게임팩을 수입해 판매하던 가게였습니다. MSX 게임을 디스켓에 복사해서 판매하던 곳이기도 했죠.

처음 가게에 들어섰을 때의 모습을 어렴풋이 기억해 보면, 왁자지껄한 동네 아이들이 게임을 사러 오느라 정신없었으며, 주인아저씨는 가게 안쪽에서 뭔가 열심히 납땜하고 있었습니다. 게임 판매는 주인아주머니의 몫이었고, 아르바이트하던 누나가 한 명 있었죠. MSX 게임을 디스켓에 복사해 주는 일은 그 누나가 담당했던 걸로 기억합니다.

파파상사 주인 내외에게는 아이가 2명 있었는데, 첫째는 아들로 저보다 몇 살 어린 동생이었습니다. 제 기억에 따르면 막내딸의 이름이 바로 파파였습니다. 그렇습니다. 파파상사라는 상호는 바로 그 집 막내딸의 이름에서 따온 것입니다. 제가 기억하는 파파는 앞니가 막 빠졌고, 엄청나게 까불대던 시끄러운 꼬마 여자애였습니다.

저는 당시에 그 집 아들이 부러웠는데, 최신 게임기가 가게에 들어오면 마치 자기 것처럼 재밌게 즐기는 모습이 너무 부러웠던 거죠. 아직도 기억나는 장면이 있습니다. PC엔진이라는 게임기가 처음 국내에 들어왔을 무렵일 겁니다. 그때에는 CD를 매체로 쓰는 게임기의 가격이 워낙 비싸서 엄두도 못 냈는데, 파파상사 첫째 아들은 가게 안에서 CD롬 드라이브가 달린 PC엔진으로 파이팅 스트리트(스트리트 파이터 1편의 이식작)를 재밌게 즐기더군요. 당시에는 어떤 기종에도 이식된 적이 없었던 스트리트 파이터를 TV에서 직접 해볼 수 있다니! 그야말로 꿈 같은 장면이 아닐 수 없었습니다.

이후로도 저는 파파상사를 줄기차게 들락거리며 MSX 게임을 구했습니다. 무언가에 한번 빠지면 끝장을 보는 성격이기도 했지만, 무엇보다 처음 소유한 게임기의 매력에 완전히 홀려 있었다고 해야겠죠. 물론 MSX 컴퓨터로 할 수 있는 일이 게임 외에도 많았지만, 사실 주 기능은 게임이었기 때문에 게임기의 본분에 충실한 녀석이었다고 생각합니다.

아이큐2000과 관련한 추억을 떠올리고 있자니 초등학생 시절에 재믹스 이전의 MSX 기종을 처음 만났던 일이 기억나는군요. 바로 컴퓨터 학원에서였죠. 당시 주산 학원과 더불어 학원 열풍의 주역은 컴퓨터 학원이었습니다. 저도 친구들과 함께 컴퓨터 학원을 다녔는데, 제가 사용한 컴퓨터는 바로 삼성에서 제조한 SPC1000이라는 기종이었습니다.

'데이터 레코더'라고 해서 테이프에 데이터를 로딩하거나 저장하는

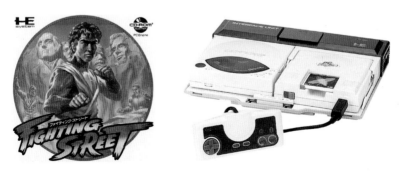

스트리트 파이터의 PC엔진 이식작인 파이팅 스트리트와 PC엔진 본체

기기가 내장된 모델이었는데, 게임도 할 수
있었습니다. 하지만 투박한 SPC 시리즈
보다 제 눈을 사로잡은 모델은 바
로 학원 로비에 전시된 MSX1
기종이었죠. 굉장히 세련된 모
습의 키보드와 방향키가 매우
인상적이었습니다. 게다가 초록색 화면만 나
오던 SPC와 다르게 MSX1은 컬러모니터에서 화려한 게임 화면을 출력
하고 있었죠. 그 모습에 전 반할 수밖에 없었습니다. 지금 생각해 보면
그 모델은 아마 대우에서 만든 아이큐1000 모델이지 않을까 추측해 봅
니다. 물론 친구네 집에서 해본 재믹스 게임이 이 기종에서 호환되는 줄
은 모르고 있었죠.

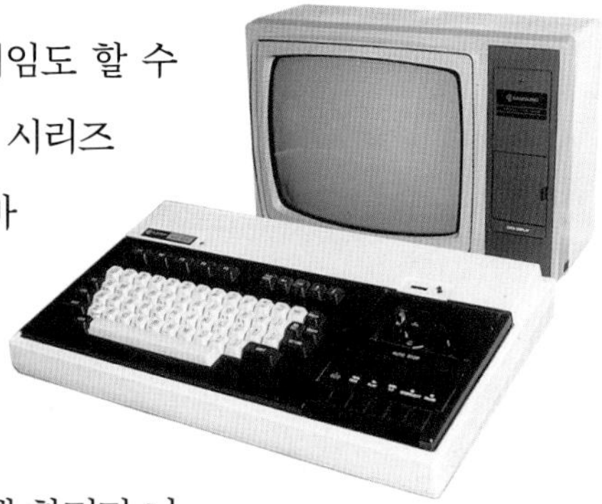

알카노이드 2

개발사 : 타이토(1986년)

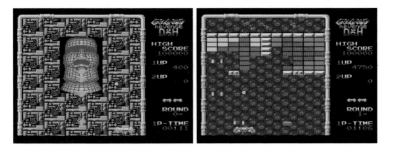

아이큐2000은 MSX2 기종이므로 당시 필자가 하던 알카노이드는 사실 알카노이드 2다. 타이토에서 개발한 벽돌 깨기의 대명사인데, 1편과 다르게 2편은 게임성이 확 달라졌고 에디트(edit) 모드까지 지원해서 즐길 거리를 다양하게 제공했다. 아이큐 2000을 구매할 때 처음 받은 게임인지라 필자에겐 최초의 소장 게임이 되겠다. 비록 키보드로 플레이했지만, 일본판에는 전용 컨트롤러가 존재한다. 에디트 모드로 나만의 스테이지도 만들 수 있었는데, 역시 알카노이드의 백미는 다양한 아이템들이었다.

람보 지옥의 히어로! 격투 구출 작전

개발사 : 팩 인 비디오(1985년)

메탈기어 이전에 존재한 잠입 액션 게임의 원조다. 게임 그래픽은 졸라맨 수준이지만 게임성은 상당했다. 게임의 전체 플레이 타임은 상당히 짧은편이지만, 적진을 돌아다니며 무기와 아이템을 먹고 처음에 통과하지 못한 지역에 들어가서 요인을 구출한 후 탈출하는 것이 임무인 액션 어드벤쳐 게임! 요인을 구출하지 못해도 상관은 없지만 배드 엔딩을 맛보게 된다. 많은 분이 람보 게임에 설레며 MSX를 즐겼을 것이다. 당시 MSX 게임에 몇 안 되는 효자 같은 존재라고 생각한다.

이카리

개발사 : SNK(1986년)

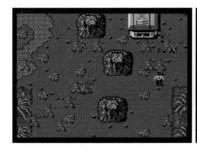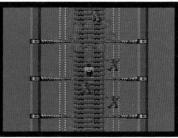

역시 아이큐2000을 구매할 당시에 받은 디스켓에 들어 있던 이카리. 이카리는 1986년에 발매된 톱뷰 방식의 슈팅 게임이다. SNK에서 만들었으며 SNK의 또 다른 게임인 '킹 오브 파이터즈'에 등장하는 랄프와 클락이 주인공이다. 아케이드 원작 슈팅 게임임에도 MSX만의 독특한 분위기를(독특이라 쓰고 괴랄이라 읽는다.) 구현하며 전혀 다른 게임을 하는 듯한 착각을 안겨줬다. 필자에게는 처음으로 플레이해 본 가정용 비디오 게임이어서 추억이 남다르지만, 게임 자체는 엉망진창이다. 그냥 앞으로 쭉쭉 진행하면 마구 죽으면서도 엔딩을 볼 수 있는 게임이었기 때문이다. 보너스가 미친 듯이 쏟아져서 게임상에서 죽으려야 죽을 수가 없는 게임이다. MSX에서 이카리를 할 수 있음에 그저 감사한 마음으로 즐겨야 했다.

테세우스

개발사 : 아스키(1984년)

테세우스는 1984년 아스키에서 제작한 MSX용 플랫폼 액션 게임으로, 국내에서는 소년 탐정이라는 이름으로 불법 복사 제품이 팔리곤 했다. 테세우스는 사실 그리스 신화에 등장하는 인물로 크레타섬 미궁 안에서 미노타우로스를 피해 공주를 구출해서 탈

출한 영웅이다. 테세우스라는 이름답게 게임에서 플레이어는 미로를 돌아다니며 여자를 구해야 하고 또한 프러포즈를 위한 자동차 열쇠와 반지도 구해야 한다.

당시 이 게임에 등장한 주인공의 세밀한 움직임과 MSX 기종에서 불가능하다고 여겨진 부드러운 전방향 스크롤에 깜짝 놀랐다. 처음 주인공의 체력 수치는 600이고 적들이나 함정과 닿으면 수치가 줄어든다. 주인공은 어떠한 높이도 가볍게 뛰어오르는 엄청난 경공술의 달인! 아스키의 또 다른 게임인 '더 캐슬'에 등장하는 주인공의 강시 점프는 우스울 정도의 실력이다. 하지만 평화주의자인지 공격 수단은 전무하며 오로지 적을 피해 다니며 문제를 해결한다.

라이즈 아웃
개발사 : 아스키(1984년)

라이즈 아웃은 1984년 아스키에서 제작한 MSX용 게임으로 화면 속 미로를 돌아다니는 모습이 유명 게임인 로드러너를 연상케 한다. 국내에서는 '위로 위로'라는 이름으로 발매했다. 익숙한 BGM과 더불어 은근히 머리를 써야 하는 점이 매력이다. 게임 특성상 꽤 오래 가지고 놀 수 있었으며, 이런 특징 때문인지 인기를 끌었다.

로드러너처럼 보이지만 게임 방식은 전혀 달랐다. 쫓아오는 적을 피해서 보물을 먹고 탈출구로 빠져나가는 점은 비슷하지만, 땅을 팔 순 없으며 대신에 총을 쏴서 옆의 벽을 부술 수 있었다. 쫓아오는 적을 도중에 막는 방법은 없고, 적들을 유인해서 물속에 빠뜨려 죽일 순 있었다. 하지만 적이 다시 나타나기 때문에 그동안 보물을 먹어야 한다.

필자가 컴퓨터 학원에 다닐 때, 이 게임팩이 꽂힌 MSX1 기종을 학원 로비에서 본 적이 있다. 수업을 마친 많은 학원생이 게임을 하려고 혈안이 돼서 집에도 안 간 채 플레이하곤 했다. 개인적으로는 로드러너보다 먼저 접했던 게임이며 지금 해봐도 여전히 재밌다.

트윈비

개발사 : 코나미(1986년)

트윈비(Twinbee)는 원래 1985년 코나미에서 발매한 오락실용 게임이다. 1986년에 MSX와 패미컴으로 이식된 바 있다. 코나미 특유의 캐주얼한 분위기를 잘 살린 종스 크롤 슈팅 게임으로 많은 사람에게 사랑받았다.

다만 MSX 버전은 패미컴 버전에 비해 일부 캐릭터가 단색 스프라이트로 출력되고, 스크롤이 부드럽지 못한 데다가 전체적인 퍼포먼스와 그래픽 퀄리티 및 게임 완성도가 다소 떨어졌다. 이 탓에 개인적으로는 아쉬움이 좀 있다. 그럴 수밖에 없는 것이 MSX1 기종은 슈팅 게임을 이식하기에는 동시 발색 수가 적고, 하드웨어가 스크롤을 지원하지 않는 등 무리수가 있었다. 물론 비슷한 시기에 발매된 다른 MSX용 게임에 비하면 재미있다는 점은 보장한다.

더 캐슬

개발사 : 아스키(1986년)

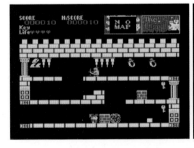
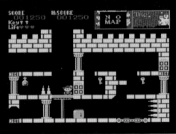

더 캐슬(The Castle)은 본래 일본 내수용 PC로 개발된 게임으로 아스키에서 발매했다. 아스키 소프트웨어 콘테스트에서 그랑프리를 수상한 개인 작품이었는데 이후 MSX로 이식됐다. 게임 목표는 성에 붙잡힌 마가리타 공주를 구출하는 것인데, 성은 방 100개로 구성돼 있고, 각 방에는 다양한 적과 장치가 있다.

　얼핏 보면 단순한 진행이지만, 알고 보면 한참 고심해야 하는 전형적인 미로 게임이다. 방대한 전체 지도를 보고 있자면 코피가 터질 지경이다. 당시 느낌으론 도중에 저장도 안 되는 이 게임을 클리어한 사람이 있을까 싶었는데, 주변 지인 중에는 지도를 일일이 모눈종이에 그려서 게임을 플레이했던 사람도 있었다. 한번 빠지면 중독되는 게임이었다. 여기에 더해 반복적인 배경음악도 중독성에 한몫했다. 더 캐슬에 등장하는 주인공의 점프가 특이해서 사람들은 이를 강시 점프라고 부르기도 했다.

사령전선

개발사 : 펀 팩토리(1987년)

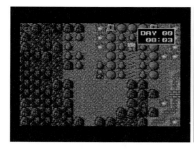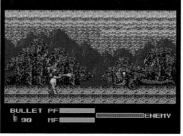

SF 호러 장르의 액션 슈팅 RPG다. 필드에서 적과 만나면 게임 화면이 액션 게임으로 진행된다. 이 게임 역시 필자의 디스켓에 기본으로 들어 있던 게임 중 하나. 이카리와 알카노이드 2는 오락실에서 접해봤기에 무슨 게임인지 알았는데, 이 게임만큼은 매번 플레이할 때마다 목적을 알 수 없어 절망했던 기억이 있다.

　장르 또한 생소해서(당시 RPG가 뭔지도 모르던 시절) 무척 당황했다. 필드만 나가면 바로 적과 만나버리니 섣불리 나가지도 못하고, 성당에만 있자니 게임 진행은 안 되는 진퇴양난이었는데, 장르까지 생소해서 손가락만 빨았던 게임이다. 처음에 들어갈 수 있는 건물은 성당인데, 이곳에서 나오는 BGM이 알고 보니 실제 성가라서 나중에 놀랐던 기억이 있다. 바로 가톨릭 성가 116번 "주 예수 바라보라."인데, 게임 BGM과 비교해 보면 재밌다. 게임 난도는 지금 해봐도 상당하다. 필드에서 적과 조우하는 RPG는 많지만, 제자리에 가만히 서 있어도 만나는 게임은 개인적으로 이 게임이 처음이었다.

다카하시 명인의 모험도

개발사 : 허드슨(1986년)

 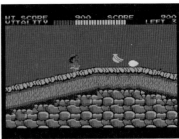

"MSX에도 원더보이가 있어!"라고 주장할 때 꺼내 드는 게임. 그런데 허드슨에서 개발한 매체인 비카드(beecard)로만 발매했다.(PC엔진의 휴카드를 닮았다.) 이 사실을 한국 사람들은 전혀 몰랐다. 왜냐하면 국내에서는 전부 불법 복제팩으로 판매했기 때문이다. 허드슨은 왜 비카드로 만든 건지 모르겠다. 비카드 판매를 촉진하려고 그랬던 것일까? 패미컴 버전보다 현저히 떨어지는 그래픽에도 불구하고 꽤 잘 만든 이식작이다.

악마성 드라큘라

개발사 : 코나미(1986년)

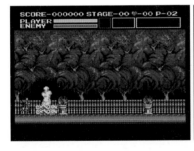 

MSX 게임계의 효자라 부를 수 있는 코나미에서 제작한 악마성 시리즈의 시초! 물론 패미컴 버전이 먼저지만 MSX2 버전은 내용이 전혀 다르다는 점에 주목하자. 더 깔끔하고 더 알찬(극악의 난도) 내용으로 플레이어를 괴롭혔다. 패미컴 버전을 즐긴 사람이 많겠지만, 필자에게 악마성은 예나 지금이나 MSX2 버전이 시작이다. (MSX2용이기에 재믹스에선 안 돌아갔던 귀하신 몸)

알파로이드

개발사 : 포니 캐년(1986년)

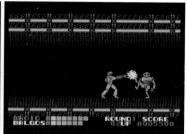

슈팅 게임과 대전 게임 모두를 즐길 수 있는 복합 장르 게임이다. 메가롬도 아닌 MSX1 게임임에도 다양한 게임성을 보여준 실험작. 대전에서 승리할 때마다 얻게 되는 보너스로 자신의 기체를 업그레이드할 수 있다. 아는 분들은 다 아는 명작 게임이다. 개인적으로 매우 추천한다.

마법사 위즈

개발사 : 세이부 개발(1986년)

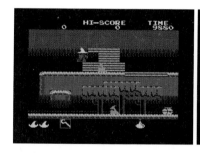
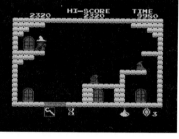

1985년 세이부에서 개발한 아케이드 게임을 소니가 1986년에 MSX 버전으로 발매했다. 마법사 위즈 역시 MSX 버전은 뭔가 다르다. 가장 큰 차이점은 게임 구성이다. 무조건 횡으로 진행되는 아케이드 슈팅 게임에 미로 개념을 접목한 것이다. 게임 진행 중에 가끔 등장하는 차원의 문을 통과하면, 성 같은 모습의 미로가 나타난다. 이 같은 변화 덕분에 MSX 버전만의 오리지널리티를 확립할 수 있었다. 게임의 그래픽과 완성도는 원작을 도저히 뛰어넘을 수 없었지만, MSX 버전에만 등장하는 스테이지 때문에라도 이 게임은 할만하다.

자낙

개발사 : 컴파일(1986년)

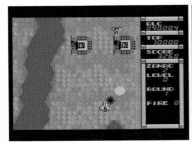 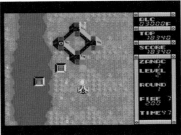

자낙(Zanac)은 1986년 컴파일이 제작하고 포니 캐년에서 발매한 종스크롤 슈팅 게임이다. 8비트 주제에 무려 인공지능(?)이 탑재된 슈팅 게임이라서 플레이어가 잘하면 잘할수록 게임도 덩달아 어려워진다. 이를 두고 오토 레벨 컨트롤 시스템이라고 부르던데, 한마디로 말하면 플레이어가 게임을 진행할수록 이에 맞게 난이도가 설정된다. 말이 필요 없는 게임성을 지닌 명작 슈팅 게임으로 당시에 마성전설과 더불어 MSX1 기종 종스크롤 슈팅 게임의 양대 산맥이라 할만하다. 파워업 아이템을 먹으면 계속해서 진화하는 주무기뿐 아니라 다양한 효과를 지닌 보조 무기를 바꿔가며 플레이하는 재미가 있다. 보너스를 타면 컴파일을 대표하는 특유의 멜로디가 흘러나오는데, 이 멜로디는 컴파일 게임마다 들어가는 시그니처의 일종이다.

자낙 EX

개발사 : 컴파일(1987년)

 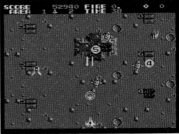

국내에서는 자낙 엑셀런트라는 이름으로 불렸지만, 자낙 EX의 EX는 결코 엑셀런트가 아니다. 독특하게도 패미컴 디스크 게임 버전의 자낙을 MSX로 다시 이식한 메가롬 게임이다. MSX2용이기 때문에 일반 재믹스에서는 당연히 안 돌아갔고, 패미컴 버전의 이식작이라지만 상당히 많은 부분이 달랐다. 게임의 난도는 자낙보다 낮았는데, 그 덕에 많은 이가 손쉽게 엔딩을 보곤 했다.

▌아쉬기네 : 허공의 아성

개발사 : T&E 소프트(1987년)

파파상사에서 필자가 두 번째로 가져온(복사해 온) 액션 게임. 사실 필자가 카피해 온 것은 아니고 가게에서 추천한 게임을 동생이 그냥 가져온 것이다. 물론 이 일이 화근이 될 줄은 몰랐다. 아쉬기네가 엄청나게 재미있어서 당시 필자는 MSX 게임이 전부 재 밌는 줄 알았다. 그래픽, BGM, 게임성 등 모든 것이 훌륭하며 가히 MSX계의 캡콤이 라 부를만한 T&E 소프트의 역작이다. 필자가 꼽는 MSX 명작 게임 TOP 5 안에 들어 갈 정도다.

　게임 내용을 간략히 설명하자면 가족을 잃은 도마뱀 외계인이 분연히 일어나 무기를 들고 복수하는 이야기다. 슈팅 스타일임에도 슈팅이 아닌 근접 타격 개념을 살린 게임 이다. 즉 칼을 들고 적을 찌르는 슈팅 게임이다. 베지 않고 찌른다는 점이 참 특이하다. 이 게임은 반드시 터보패드로 해야 한다. 연사 기능이 존재한다면 완전히 다른 게임이 되기 때문이다. 칼이 아니라 전동드릴을 들고 다니는 것처럼 게임성이 달라진다. 누르 는 속도만큼 칼로 찌른다. 연사 스틱만 있다면 보스조차 순식간에 녹아나는 것을 볼 수 있다. 물론 게임이 쉽다는 말은 아니다. 연사 기능을 기본으로 갖추지 않으면 그만큼 게 임이 어렵다.

레릭스

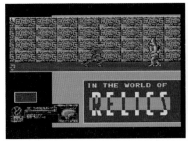

신비로운 분위기를 풍기는 게임 레릭스(Relics). 적을 죽이면 그 적에게 옮겨갈 수 있다. 더 강한 적을 죽여서 몸을 빼앗아라! 영혼이 신체에 강신한다는 시스템이 독특했고, 함부로 살생하면 진(짜)엔딩을 볼 수 없는 멀티 엔딩 및 분기점 시스템, 카르마 개념 등이 인상적이었다. 그래픽은 칙칙해 보여도 너무나 부드럽게 움직이는 캐릭터들의 동작을 보면 페르시아 왕자나 가라테카 같은 북미 게임을 보는 듯하다. 지금 해봐도 재미를 보장하는 진지한 게임이다. 필자가 꼽는 MSX 게임 TOP 10 안에 들어간다. 이후 PC용으로 후속작도 제작돼 정식 발매됐으며, 시스템과 세계관이 독특하기로 유명하다.

우샤스

코나미에서 MSX2로 출시한 액션 게임 중 최고라고 생각한다. 그만큼 재미있고, 그래픽이 아기자기하면서도 레벨 디자인이 적당하다. 유적 탐사 액션을 다룬 게임이라 소재 자체가 꽤 흥미로웠다.(마치 인디애나 존스가 된 듯한 느낌!) 희로애락 무기 시스템 역시 신선했다. 완전 다른 특징을 지닌 캐릭터가 둘이라서 재미를 더해준다. BGM이 너

무 좋아서 당시 오락실용 국산 헥사 게임의 배경음악으로도 쓰였다. 물론 저작권 협약
은 없었다. 필자가 지금도 심심할 때마다 한 번씩 즐기는 게임이다. 참고로 멘붕이 올
정도의 반전이 엔딩에 존재한다.

▎재규어 5

개발사 : 컴파일(1987년)

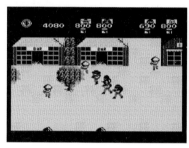 

컴파일에서 제작한 RPG 스타일의 액션 슈팅 게임. 그래픽은 괴작이라고 말할 수 있을
만큼 독특했지만, 게임성은 놀랍다. 다양한 장르와 스토리를 시도했으며, BGM 역시
컴파일답게 주옥같은 멜로디를 선보였다. 지금도 이 게임을 시작하면 무조건 사운드테
스트부터 한다.(그 시절에 BGM을 테이프에 녹음해서 들었다.) 당시에는 재미나에서 발
간하던 잡지 〈MSX와의 만남〉에 있는 공략을 보고 클리어했다.(나중에 알고 보니 공략
을 투고한 사람이 필자가 성인이 된 후 만난 지인이었다.) 각 스테이지마다 다른 스토리가
존재하며, 그때마다 활약하는 주인공이 달랐던 점도 좋았다. 중간에 주인공 중 한 명이
라도 죽으면 다시는 등장하지 않으며, 게임 엔딩에서는 살아남은 주인공들만 헬기를
타러 달려가는 장면을 볼 수 있다. MSX1 게임 중 TOP 10으로 인정!

힘내라 고에몽
개발사 : 코나미(1987년)

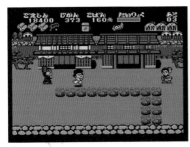

고에몽은 패미컴에도 있는 게임이지만, 역시 화사한 느낌의 MSX 버전이 갑이다. 색감 자체가 더 화사하다 보니 고에몽 특유의 왜색도 짙어졌다.(나쁜 뜻은 아니고, 일본 느낌이 물씬 난다는 의미) 당시 이 게임을 즐겼을 때 참 독특한 게임이라고 생각했다. 디자인, 색감, 게임 내용, 사극이 배경이라는 점까지 그때는 참 쇼킹했다고 할까? 게다가 엔카풍의 배경음악! 엔카를 배경음악으로 사용한 게임이 당시 몇 안 되는데(오락실용 게임인 아임 쏘리, 잇키 정도가 있다.) 이 게임도 그중 하나다. 재미는 다소 없었지만, 특유의 분위기가 한몫한 게임.

퀸플
개발사 : BIT2(1988년)

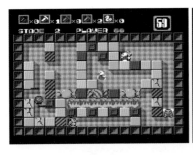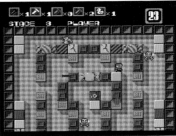

MSX2 최고의 2인용 퍼즐 액션 게임이다. 누구와도 함께 흥겹게 즐길 수 있었던 명작이다. 필자가 고등학생이던 시절, 당시 친구들이랑 이 게임을 하느라 시간 가는 줄 몰랐던 기억이 있다. 개발사는 MSX에서 꽤 인상적인 명작 게임을 남기고 표연히 사라져버린 BIT2인데, 이 회사가 다른 기종으로도 게임을 개발했는지는 알 수가 없다. 디스켓 버전과 롬팩 버전 두 가지가 있지만, 모두 게임은 같다.

불새 봉황편

개발사 : 코나미(1987년)

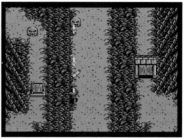

마성전설 이후 인간형 슈팅 게임에 목마른 자를 위해서 코나미가 하사하신 축복 같은 슈팅 게임! 진행 스타일은 마성전설과 동일한 종스크롤 슈팅이지만, 자그마치 점프가 추가됐으며, 파워업은 상점 개념을 도입해서 깃털을 모아 파워업한다. 각 스테이지의 보스를 만나려면 여기저기 설치된 미로의 문을 열어야 하며, 문을 열기 전까지는 한 스테이지를 계속해서 루핑한다. 난도가 적당하고 게임도 재밌어서 정말 눈에 불을 켜고 하게 만든 명작이다. 필자가 생각한 MSX TOP 10 중 하나! BGM도 감동인데, 특히 타이틀에서 나오는 원작 애니메이션 불새의 OST를 기반으로 만든 멜로디를 듣고 있자면 눈물이 날 정도. 참고로 불새를 쉽게 즐기려면 홈버튼을 누른 채 "불새를 사랑한다."라고 치면 된다.(무슨 뜻인지 알만한 사람은 알 듯)

메탈기어

개발사 : 코나미(1987년)

매번 등장할 때마다 어마어마한 그래픽으로 해당 콘솔의 성능을 극한으로 시험하는 게임으로 유명하지만, 사실 이 게임은 MSX에서 시작했다는 사실! 이런 타이틀이 있기에 오늘날 같은 게임이 존재하는 것이 아닌지? 메탈기어는 바로 아우터헤븐에서 시작

한다. 사이보그 닌자로 등장하는 그레이폭스는 스네이크가 구출하는 동료일 뿐이다. 잠입 액션 장르를 당시 일본 게임에서 최초로 시도한 코지마 히데오의 아이디어는 위대했다. 액션 RPG라는 장르에 밀리터리 장르와 SF를 접목한 시도도 참신했다. 제아무리 최신 그래픽으로 무장한 메탈기어 시리즈가 나온다 해도 필자가 생각하는 최고의 메탈기어는 MSX 버전이라고 생각한다. 솔리드 스네이크여 영원하라! (배가 고프면 F1 키를 누르고 isolation을 입력)

이스 2

개발사 : 팔콤(1987년)

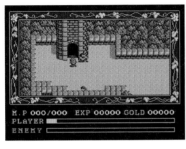 

두말하면 잔소리. 더 무슨 말이 필요할까? 여성 편력을 자랑하는 빨간 머리 그놈(?)이 이번에는 또 어떤 여자를 만나러 갈까 하는 궁금증이 생겨서 후속작을 기대한다는 바로 그 게임, 이스 시리즈의 2번째 작품이다. 수많은 콘솔 기기에 이식됐지만, 필자의 마음속 이스 2는 오로지 MSX2 버전이다. 수많은 버전의 리리아들이 게임 화면 밖의 필자를 돌아봤지만, 추억 속의 빨간 머리는 MSX2 버전뿐. 황금빛 벽화 위에 이스라는 글씨가 떠오르는 타이틀 화면이 등장하고, 특유의 경쾌한 BGM이 울려 퍼지면 필자는 항상 멍하니 오프닝을 바라봤다. 사실 지루하기 짝이 없는 오프닝을 다 본 이유는 역시 리리아 때문이었다.

몸통 박치기라는 개념을 본격적으로 액션 RPG에 도입한 게임이었으며, 코시로 유조가 작곡한 BGM 또한 걸작이다. 이후 이스 시리즈는 리메이크작이 여럿 등장했는데, 필자는 리메이크된 게임을 보고 또 한 번 소름이 돋는 자신을 발견했다. 특히 이스 이터널의 오프닝을 보면서 소름이 돋았던 기억이 생생하다.

원더러스 프롬 이스

개발사 : 팔콤(1989년)

'이스 3'라고 불리는 게임. 기존 이스 시리즈와 완전히 다른 시스템(횡스크롤 액션
RPG)을 도입해서 많은 팬의 원성을 자아냈다. 하지만 필자는 꽤 재밌게 즐겼다. 횡스
크롤 액션과 MSX에 흔치 않은 액션 RPG가 잘 어울렸다. 필자가 재수생 신분으로 암
울한 겨울을 보낸 시기에 잠시 짬 내서 즐긴 터라 더욱 재밌게 했던 기억이 있다. (아무
래도 하드웨어의 한계 때문에 액션 퍼포먼스가 많이 느리다.) 팔콤 특유의 미려한 도트 그
래픽은 여전했으며 BGM 역시 실망스럽지 않았다. 게다가 아돌의 여성 편력 역시 건
재(?)했다.

펭귄군 워즈 2

개발사 : 아스키(1988년))

오락실 이식작이었던 펭귄군 워즈의 후속작이자 MSX만의 오리지널 작품이다. 개그
센스가 팡팡 터지는, 한마디로 빵 터지는 게임이었다. 원작을 능가하는 게임성과 등장
캐릭터, 코믹한 설정까지 정말 MSX 게임 중 손가락에 꼽히는 명작으로 인정한다. 당
시 이 게임을 제대로 플레이하려면 연사 기능이 달린 조이스틱은 기본이었다.
　사실 이 때문에 펭귄군에게 모으기라는 필살 기술이 있다는 사실을 몰랐던 필자의 어두운 과거가 생각나기도 한다. 알고 보면 펭귄군은 버튼을 누르고 있는 동안 기를 축적해서 한 번에 강한 파워볼을 발사할 수 있었다. 물론 너무 오래 기를 모으면 뒤로 자빠진다. 연사하면 절대 이 기능을 쓸 수 없다. 1편에 등장하는 추억의 스테이지도 존재하며, 곤충나라 보스인 지네는 격파하기가 너무 어려웠다는 기억이 있다. 또한 BGM도 매우 아기자기하고 귀엽다.

▌패미클 파로딕

개발사 : BIT2(1988년)

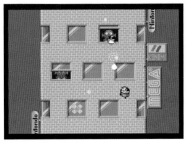 

MSX의 명작 슈팅 게임인 패미클 파로딕은 BIT2가 제작한 게임이다. 많은 게이머가 2편의 그래픽이 더 좋다고 기억하지만, 막상 해보면 1편의 게임성을 결코 따라갈 수 없을 정도로 완성도는 1편이 더 굉장했다. 게임 자체도 흥미롭지만, 무엇보다도 이 게임이 유명한 이유는 코나미의 파로디우스와 같은 패러디 요소에 있다. 그런데 자사 게임이 아닌 타사 게임의 여러 요소를 패러디하고 있다는 점이 게임 마니아들을 즐겁게 만들었다.

예를 들어 2 스테이지의 건물에 붙어 있는 게임 회사 로고 패러디라든가(Konomi, Ramco, Mega, Nintondo 등) 첫판 보스인 코스모스 가브리엘이 제비우스의 보스 안도아 제네시스를 패러디했다는 점을 들 수 있다. 2 스테이지의 보스인 짠포이와는 가위바위보로 대결해야 하는데, 이는 세가의 간판 게임 알렉스키드의 독특한 대전 형식을 패러디한 것이기도 하다. 이 밖에도 판타지 존의 보스라든가, 마리오의 스테이지를 연상케 하는 배경 등 그야말로 괜히 파로딕(parodic)이 아니라는 생각이 들게 하는 게임이다.

엘 기자의 봉인

개발사 : 코나미(1988년)

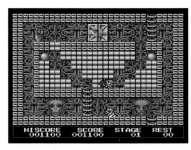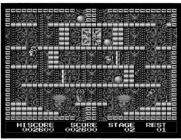

MSX1으로 출시했던 '왕가의 계곡' 후속작이다. 화려하고 미려한 그래픽으로 일신한 게임인데, 게임성조차 탄탄해서 오래도록 사랑받았던 퍼즐 액션 게임. 당시 〈컴퓨터 학습〉 잡지에 실린 인기 게임 순위에도 항상 이스와 더불어 상위권에 있었다. 필자가 MSX를 가진 후, '이건 꼭 해봐야지.'라고 다짐했던 게임이기도 하다. (이스, 엘 기자의 봉인, 하이드라이드 등은 이름이 너무 멋져서 무슨 게임인지도 모른 채 호감만 잔뜩 먹었다.)

게임 자체는 1편에 비해서 캐주얼해진 느낌이다. 뒤로 갈수록 난도가 상당하지만, 초반에는 꽤 쉽게 접근할 수 있다. 에디트 모드에 빠져서 자신만의 스테이지를 만들어보느라 꽤 머리를 썼던 기억도 있다. 패스워드를 외워두면 다시 해당 스테이지로 갈 수 있었고, BGM도 매우 이집트 분위기를 풍겨서 귀에 쏙쏙 들어왔다.

스내처

개발사 : 코나미(1988년)

말이 필요 없는 명작 어드벤처 게임이다. 코나미가 만든 사이버 펑크물 중에서 한 획을 그었던 작품이다. 발매 당시에는 블레이드 러너를 그대로 베꼈다고 욕을 좀 먹었던 것으로 안다. 사실 주인공의 직업이나 타고 다니는 비행기 디자인 등 상당 부분 콘셉트를 그대로 사용하긴 했다. 메탈기어와도 살짝 세계관이 겹치는 부분이 있다는 점에서 역시 코나미 월드라는 생각을 들게 한다. MSX 버전은 스토리가 완결되지 않고 SD 스내처로 연계되기에 완전판이라고 할 수는 없다. 이후 PC엔진 버전에서는 스토리가 완벽하게 진행되는 것으로 알고 있다.

사이코 월드

개발사 : 헤르츠(1988년)

감히 MSX2 횡스크롤 액션 게임 중 최고봉이라 칭송할만한 게임인 사이코 월드. MSX2에서 기술적으로 불가능했던 횡스크롤을 소프트웨어로 완벽하게 처리했다는 점에서 눈이 휘둥그레진다. (초당 60프레임이라고 한다. 시대를 생각하면 놀라운 처리 능력이다.) 다양한 초능력을 활용해서 주변 환경을 극복한다는 점과 곳곳에 알맞게 배치된 기믹들이 재미를 배가해 준다. 그래픽은 깔끔한 편이며, 각 스테이지의 보스도 개성이 넘치고 크기가 커서인지 박력 있게 생겼다.

당시 필자는 이런 게임이 어떻게 MSX에 존재할 수 있나 하는 생각을 할 정도로 깊은 인상을 받았고(더불어 왜 그동안 이런 게임이 없었나 하는 의문도 생겼다.) 곧 이 게임에 크게 매료됐다. 특이한 점은 헤르츠라는 제작사가 이 게임 이후로는 히트작을 내지 못한 채 사라졌다는 사실이다. 이 또한 미스터리다.

게임 설정은 다소 억지스럽다. 무슨 연구를 하고 있었는지는 모르겠지만, 연구소에서 탈출한 괴물에게 끌려간 동생 세실을 구하기 위해 언니 루시아가 초능력 증폭 장치를 장착하고 출동한다는 스토리다. 하지만 당시에는 게임을 하는 동안 간단하게 이 설정을 수긍해버렸다. 그만큼 게임이 재미있었던 것이다. 여담이지만, 당시 디스켓 전용 게임의 존재를 늦게 알아버린 본인으로서는 이 게임이 발매된 지 한참 후에야 접했다는 안타까운 사연이 있다. 디스켓 전용 게임이 4메가짜리 롬 게임인 줄 알았던 것. MSX의 램팩이 2메가라서 게임을 할 수 없다고 생각했고, 이스도 같은 이유로 나중에 플레이해 봤다.

아칸베 드래곤

개발사 : 윙키 소프트(1988년)

 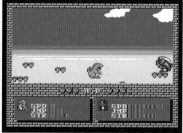

MSX에 몇 안 되는 액션 전략 게임의 수작. 기본 콘셉트는 장기지만 이미 우리에게 익숙한 전략 게임 규칙을 따른다. 적과 만나면 일대일 대전을 펼치는데, 'SD건담 가챠폰 전사'와 콘셉트가 같다. 각 캐릭터마다 특성이 전혀 달라서 캐릭터와 지형과의 상성을 잘 이용해야 이길 수 있다. 숨은 아이템이 지도 곳곳에 있어서 남는 캐릭터로 이 아이템들을 잘 찾아다녀야 한다. (슈퍼로봇대전에도 존재하던 시스템, 다만 탐색 같은 정신기가 없는 게 아쉽다.) 우리 편 보스 캐릭터인 아칸베 드래곤이 가장 강하지만, 적들도 무조건 아칸베를 먼저 공격하기 때문에 잘 피해 다니면서 해치워야 한다. 필자는 물속으로 유인해서 해룡으로 해치우는 방법을 자주 사용했다. 물속에서 해룡을 따를 자는 없다. 아이템은 대부분 해당 캐릭터의 능력치를 지속적으로 올려주기 때문에 초반에 하나라도 놓치면 후반 스테이지에서 매우 아쉽다.

알레스터

개발사 : 컴파일(1988년)

 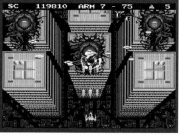

자낙의 정통 후계자였던 자낙 EX. 하지만 그들에게 서자가 있었으니, 컴파일이 아들을 아들이라 부르지 못했던 설움을 씻고자 제대로 만들었던 정통 슈팅 게임, 알레스터

다. 비록 서자 취급이지만 결국은 자낙과 한배에서 태어난 녀석이다. 시스템과 그래픽 스타일을 그대로 물려받았다. 스테이지 도입부 초반 고속 스크롤 부분은 당시 MSX 슈팅'게임을 접한 유저에게 충격으로 다가왔다. 다만 생각보다 평범한 게임 플레이는 자낙 이후 크게 바뀐 게 없어서 약간 실망스러웠다. 오히려 알레스터 2에서 보여준 다양한 시도(거대 보스)가 이슈가 됐으며, 아직도 많은 게이머는 2편을 가장 재밌는 MSX2 종스크롤 슈팅 게임이라고 생각한다. 이는 필자도 마찬가지다. 알레스터는 플레이보다 오프닝이 인상적이었다고 기억한다. BGM도 FM 음원판으로 들으면 들어줄만하다. 역시 컴파일답다.

유령군

개발사 : 시스템 사콤(1989년)

MSX에 흔치 않은 캐주얼 액션 게임! 귀여운 주인공과 다양한 몬스터의 등장으로 유쾌한 플레이가 가능하다. 난도는 은근히 높아서 엔딩 보기는 쉽지 않다. 플레이는 전체적으로 쾌적한 편이지만, 미스터 헬리 같은 게임에서 가져온 듯한 아이디어도 은근 있다고 생각한다. 게임 자체의 가치보다도 중고 게임 소프트 구하기가 워낙 힘들어서 악명이 높은 놈이다. 아무튼 사콤이라는 듣보 회사의 존재를 각인시키기에는 충분한 게임. BGM은 수작이라 녹음해서 듣기까지 했던 기억이 있다. 주인공의 정체가 염라대왕의 아들이라는 사실은 비밀.

엑자일

개발사 : 텔리넷 재팬(1988년)

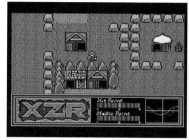 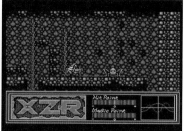

마약을 아이템으로 활용한 것으로 유명한 액션 RPG 게임이다. 어새신이라는 이슬람 암살자 집단을 다룬 세계관이 독특하지만, 게임 플레이가 '몽환 전사 바리스'와 비슷해서 게임성 자체는 평범하다. 특히 액션 부분의 완성도가 떨어지는데, 그래픽 처리가 어설프고 퍼포먼스가 쾌적하지 못한 편이다. 독특한 설정 말고는 별다를 게 없는 게임이라고 생각한다.

엑자일 2

개발사 : 텔리넷 재팬(1989년)

 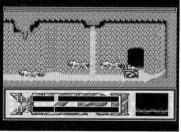

엑자일 2는 1편에 비해서 많은 부분 발전한 모습을 보여줬다. 특히 액션 부분이 많이 강화됐는데, 그럼에도 여전히 MSX의 한계를 뛰어넘지는 못했다. 이 점에서 제작진의 실력 부족이 여실히 드러났다고 생각한다. 하지만 깔끔하게 그래픽을 잘 구현했고, 횡스크롤 액션 RPG라는 독특한 장르를 선택한 덕분에 입소문이 나서 꽤 많은 유저의 사랑을 받기도 했다. 시나리오가 1편보다 나아졌다는 평가를 들었으며 BGM 역시 인상 깊었다.

피드백

개발사 : 테크노 소프트(1988년)

다른 게임에서는 그다지 인상적인 모습을 보여주지 못했던 테크노 소프트가 개발한 회심의 역작! 피드백은 '스페이스 해리어'와 유사한 3D 슈팅 게임에 목말라 있던 MSX 게이머들을 만족시켜준 수작 슈팅 게임으로, 이 게임 덕분에 테크노 소프트의 존재가 세상에 알려졌다. 메카닉 오프닝과 BGM이 인상적이었고, 그래픽이 깔끔하면서도 나름 괜찮은 재미까지 갖추면서 MSX 게임 중 할만한 게임으로 자리매김했다. 사실 지금 보면 어설프기 짝이 없는 게임성과 그래픽이 향수를 불러일으키는 게 아닐까 한다. 필자는 이 게임을 그다지 즐기지 않았고, 항상 뮤직 모드에 들어가서 피드백의 멋진 BGM을 녹음해서 듣곤 했다.

시공의 신부

개발사 : 코가도 스튜디오(1988년)

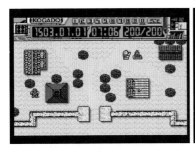 

모 컴퓨터 잡지에서 공략을 게재한 이후로 상당히 입소문이 나버린 캐주얼 RPG. MSX에 흔치 않은 제대로 된 RPG 장르인데다가, 시간여행이라는 흥미로운 소재를 다뤘다는 점에서 꽤 재밌게 플레이했던 게임이다. 전체적으로 화사한 그래픽을 선보이며 게이머들을 유혹했다. (필드 그래픽은 발로 그리고, 이벤트와 오프닝 원화는 제대로 그렸다.) 당시 국내 유통사가 게임의 카피 방지 프로텍터를 풀면서 중요한 부분을 잘못 건드리는 바람에 특정 스테이지를 못 넘어가는 버그가 생겼다고 기억한다. 개발사는 코가도(공화당)인데, 가끔 포텐을 터뜨리는 문제의 회사다. 알고 보니 디자인 회사였는데, 그래서 그림이 예뻤던 걸까?

언데드 라인

개발사 : T&E 소프트(1989년)

필자가 캡콤만큼이나 숭앙하는 게임 개발사 T&E 소프트에서 제작한 정통 종스크롤 액션 슈팅 게임. 마성전설의 향취가 물씬 난다. 마성전설 같은 슈팅 게임이 더 발전된 그래픽과 게임성으로 우리에게 찾아와 주었으면 하는 욕구를 제대로 충족시켜준 MSX 액션 슈팅 게임의 최고봉!

속성이 조금씩 다른 캐릭터 3명이 등장하는 언데드 라인은 그래픽에 있어서는 MSX2 게임 중에서 최고 수준을 자랑한다고 해도 과언이 아닌 도트 미장센을 보여준다. 물론 MSX2 유저들은 아쉬기네 2 시절부터 T&E가 게임을 제대로 만든다는 사실을 알고 있었다. 게임을 플레이하고 난 뒤에야 디스켓 한 장 구성이라는 사실을 알아챘는데, 눈앞의 현실을 믿을 수 없었던 기억이 있다. (알레스터 2만큼은 아니지만 충격이었다.) 이후 메가드라이브로 이식됐지만 이상하게도 플레이가 가능한 캐릭터를 1명으로 줄여버려서 매우 마음에 안 든다. (게다가 메가드라이브의 뛰어난 하드웨어 성능에 비해 게임은 제자리걸음인 것 같은 느낌을 지울 수가 없다.) 포스트 마성전설을 기대한다면 오늘은 이 게임을 해보자.

몽환전사 바리스 2

개발사 : 울프팀(1989년)

MSX와 패미컴에 등장했던 전편에 비해 그래픽을 일신한 작품. 사실 일신했다고는 하지만 여전히 MSX 버전은 프레임이 너무 떨어져서 게임이라고 하기에도 민망한 수준이었다. 오로지 이벤트 장면과 BGM 때문에 즐겼다고 해도 과언이 아니다. 사실상 PC 버전 중 가장 뛰어난 바리스 2는 X68K 버전이라 할 수 있다.(PC엔진 제외) 타이틀 화면에서 F5키를 누르면 뮤직 모드로 들어간다. 필자가 BGM 중 가장 좋아한 곡은 Sentimental Soldier.

스페이스 맨보우

개발사 : 코나미(1989년)

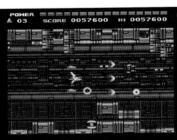

MSX 횡스크롤 슈팅 게임계의 황제! 부드러운 횡스크롤에 거대한 스프라이트를 자랑하는 적들이 눈길을 사로잡은 게임이다. 깜빡임이 심하지 않고 게임 진행이 쾌적했다. 감히 칭하건대 무서운 개복치라 불러주마! 우주 개복치! 사실 이 게임은 코나미의 아케이드 슈팅 게임인 '썬더 크로스'를 MSX에 이식하려다 만든 게임이라는 후문이 있다. 그만큼 썬더 크로스와 많이 닮았으며, 썬더 크로스를 이식할 정도의 야심이 있었다면 '뭐, 이 정도 게임쯤이야.'라는 마음으로 납득해 버린 면도 있었다.

MSX2+도 지원하는 게임이기에 2+에서 플레이하면 보다 부드러운 화면 스크롤을 보여준다. 실제로 MSX2에서도 무리 없이 구현한 화면 스크롤 기술은 사실 헤르츠에서 만든 사이코 월드, 하이디포스 등에서 쓰인 기술과 같다고 한다. (물론 헤르츠에서 만든 게임들은 초당 60프레임, 맨보우는 초당 30프레임) 코나미의 신10배 카트리지와 함께 사용하면 스테이지 및 플레이 대수를 선택할 수 있다. BGM은 '코나미 구형파 구락부'가 제작했다.

▌메탈기어 2 솔리드 스네이크

개발사 : 코나미(1990년)

메탈기어 시리즈에 날개를 달아준 작품이다. 4메가비트라는 방대한(?) 용량 때문에 그 시절에는 손가락만 빨면서 만트라에서 수입해서 파는 정품 팩을 바라만 봤다. 게임숍에서 오프닝을 계속 틀어놨는데, 메탈기어의 위용 넘치는 모습에 반해서 한동안 넋을 놓고 바라봤다. (당시 SCC 음원은 MSX의 성능을 초월한 듯한 음악을 들려줬다.) 이후 MSX 에뮬이 나올 때마다 시도해 봤지만 컴퓨터와 에뮬의 성능이 딸려서 이 게임만큼은 제대로 시뮬레이션된 게 그리 오래전 일이 아니다. 물론 지금은 정품으로 소장하고 있다. 정말 돈이 아깝지 않은 명작 잠입 액션 게임으로서 독보적인 존재라고 생각한다. 플스에서 시작된 3D 메탈기어 시리즈에 상당히 큰 영향을 미친 작품이다. 고찌라 스네이크! 담배는 러키스트라이크?

SD 스내처

개발사 : 코나미(1990년)

MSX 게임인 스내처는 후반부가 미완이다. 이를 완결 짓기 위해 코나미는 완전히 다른 장르와 콘셉트로 무장한 모험작을 만들었다. 자그마치 어드벤처 장르를 RPG로 바꿔버린 것이다. 게다가 진지하기 짝이 없는 게임을 SD화해서 귀엽게 만들었다. '제정신이야?'라고 생각할 법하지만, 막상 게임을 해보면 진지하기 짝이 없는 데다가 정말 재밌다. 전투 시스템이 독특한데, 적의 특정 부위를 타격할 수 있어서 적의 약점이나 미리 공격해야 하는 부분 등을 골라서 공격하는 전략 요소가 존재한다. 이 게임은 MSX를 제외하면 어디에도 이식된 바 없어서 게임의 오리지널리티가 살아 있다고 평가받는다.

파이널 판타지

개발사 : 스퀘어(1989년)

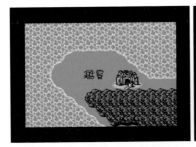
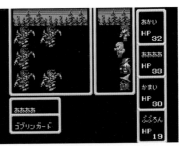

MSX에서도 파이널 판타지를 발매했다는 사실 말고는 의의가 없다. 특유의 밝은 색감 외에 패미컴 버전보다 별다른 장점이 없었기 때문. 디스켓 게임이라 로딩이 있다는 것도 단점이다. 단, BGM은 FM 음원이라 패미컴 버전보다 월등히 낫다고 볼 수 있겠다. 지금은 꽤 희귀해서 가격이 넘사벽이라는 점도 아쉽다.

아줌마, 저 팩은 여기서 안 되나요?

어느 날, 평소와 다름없이 파파상사에 게임을 카피하러 디스켓을 한 장 사 들고 갔습니다. 고속 터미널이라는 곳이 집에서는 꽤 먼 곳에 있었고, 평소 제 동선과는 전혀 상관이 없는 위치이기 때문에 한 번 가려면 수고를 마다하지 않아야 했죠. 하지만 언제나 게임 가게에 들르는 시간에는 약간 흥분 상태가 됩니다. 오늘은 또 무슨 게임을 만날 수 있을까 하는 생각에 미지의 세계를 탐험하는 마음으로 가곤 했죠.

가게에서는 알바 누나가 게임을 카피해 주고 있었는데, 그 앞에는 불법 복사용 게임 리스트가 적힌 노트가 있었습니다. 지금 생각하면 참

파파상사가 있던 고속 터미널 상가

부끄러운 일이었는데, 당시엔 너무나도 당연한 일이어서 누구나 오면 돈을 내고 디스켓에 게임을 카피해서 가져가곤 했습니다. 디스켓은 내가 들고 가도 되지만, 디스켓이 없다면 그곳에서 공디스켓을 직접 구매해서 카피할 수 있었죠.

게임 리스트는 빼곡했지만, 그림도 없이 제목만 손글씨로 적혀 있었습니다. 게다가 대부분 일본어 제목을 그대로 음독해서 적어놓은 상태라 당최 무슨 게임인지 알 수가 없었죠. 오로지 직접 게임을 구동해봐야 이게 무슨 게임인지 파악할 수 있는데, 저는 그냥 대충 제목만 보고 카피해 갔습니다. 정확히 기억나진 않는데, 아마 파파상사에서 일일이 게임을 확인해 주지 않았던지 아니면 게임 내용을 확인해 달라고 제가 초반에 말을 제대로 못했던지 했을 겁니다.

시간이 조금 지난 후에는 〈컴퓨터 학습〉이나 〈마이컴〉 같은 잡지에서 MSX 게임 소개 글이나 공략을 보고, 해보고 싶은 게임의 이름을 알아낼 수 있었습니다. 게임 잡지나 컴퓨터 잡지는 당시 반드시 구매해야 하는 유일한 정보의 원천이었죠. 인터넷이 없던 시절이니 게임 정보를 알 수 있는 길은 오로지 도서나 잡지뿐이었습니다.

그때 게임을 카피하러 다니면서 문득 옆에서 주인아주머니가 뭔가 다른 게임팩도 같이 팔고 계신 모습을 봤습니다. 처음엔 그 게임팩이 MSX에서도 되는 줄 알았습니다. 알고 보니 전혀 다른 게임기 팩이더군요.

"아줌마, 저 게임팩은 제 컴퓨터에서 안 되나요?"

직접 물어봤지만 안 된다는 말을 들었습니다. 해당 게임팩은 바로 닌텐도에서 개발한 게임기, 패밀리 컴퓨터의 전용 팩. 처음으로 MSX 기종 외에 또 다른 콘솔 기기가 있다는 사실을 알게 된 계기였죠.

사실 초등학교 5학년 무렵에 패밀리 컴퓨터, 통칭 패미컴을 지면상에서 본 적이 있긴 합니다. 그 당시 길을 걷다가 갑자기 무슨 바람이 불었는지 외국 도서 서점에 들러서 태어나 처음으로 일본 어린이 잡지를 사본 적이 있습니다. 그 책에는 일본에서 파는 각종 완구와 특촬물 관련 이야기들이 잔뜩 실려 있었죠. 일본의 게임, 완구, 취미 문화를 동경하던 때라 잡지 내용이 신기하고 부러워서 별생각 없이 잡지를 봤는데, 그 잡지에서 본 게임기가 바로 패밀리 컴퓨터였습니다.

물론 게임기의 정확한 이름과 실체는 앞서 밝혔듯이 파파상사에서 처음 알았습니다. 일본 잡지 뒤쪽에 캡콤이 만든 게임인 마계촌의 공략이 실려 있었는데, 당시만 해도 오락실 게임 공략인 줄 알았거든요. 잡지에 실린 스크린숏의 그래픽이 약간 떨어진다는 사실 덕분에(?) 가정용 게임기의 이식작이라는 사실을 나중에 알아챘죠.

패미컴이 제가 가진 MSX랑 전혀 호환되지 않는 새로운 기기라는 사실을 알게 된 후로는 계속 해당 게임기가 눈에 아른거렸습니다. 파파상사에서는 판매하는 게임기를 TV에 물려서 플레이 화면을 틀어놓곤 했는데, 게임팩을 교환하거나 게임을 카피하러 가면 항상 게임 화면을 봤죠. 게임 종류가 MSX보다 훨씬 다양했고, 아케이드 게임 이식작도 많

1983년에 출시된 닌텐도 패밀리 컴퓨터

았기 때문에 알면 알수록 '너무 부럽다. 사고 싶다.'라는 생각이 강하게 들었습니다. 그러던 어느 날, 패미컴 게임을 MSX 기기에서 할 수 있는 방법을 알아냈습니다. 바로 당시 국내 게임 회사인 재미나에서 개발한 패밀리 카드의 존재를 잡지 기사 덕분에 알게 된 거죠. 패밀리 카드란 MSX 기기에 팩처럼 꽂아 사용하는 일종의 컨버터였습니다. 이 팩을 이용하면 패미컴 게임을 MSX에서 즐길 수 있었습니다. 가격이 패미컴보다 저렴해서 여러모로 탐나는 물건이었죠. 결국 저는 그동안 모아둔 세뱃돈이 담긴 통장을 정리해서 패밀리 카드를 사 옵니다.

그러나 아뿔싸! 패밀리 카드의 괴상망측함과 불편함을 진작 알았더라면 절대 구매하지 않았을 겁니다. 구매한 당일 집에 가져와서 시연해 보고는 좌절하지 않을 수 없었습니다. 일단 해당 컨버터는 RGB 출력이 되지 않고, 오로지 AV 단자(컴포지트 단자)만을 지원하기에 MSX 모니터에서는 출력이 불가능했죠. 그래서 어쩔 수 없이 TV가 있는 거실까지 본체를 들고 나가야 연결할 수 있었는데, 이런 불편함은 당시 집에서 대

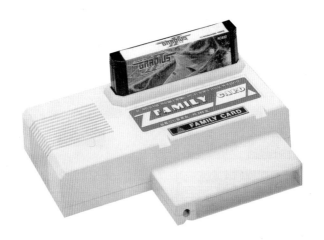

패밀리 카드는 패밀리 게임팩을 실행하는 컨버터다.

당시 필자가 소장했던 대만제 패미컴 호환기

놓고 게임을 하면 눈치가 보이던 제가 감당할 수 있는 부분이 아니었습니다.

지금 생각해 보면 TV 연결선은 온통 팩에다 꽂아야 하고, MSX 본체에서는 오로지 전력만 끌어다 쓰는 이런 괴이하고 바보 같은 물건을 내가 왜 샀나 싶지만, 당시에는 패미컴 게임이 하고 싶어서 저처럼 낚인 학생들이 많았을 거라는 생각도 듭니다.

훗날 대만에서 만든 패미컴 호환기(패미클론)가 시중에 풀리면서 게임기 가격이 급락했고, 저도 대만제 호환기를 구매했습니다. 물론 그때만 해도 패미컴 호환기가 닌텐도의 정품이랑 전혀 다른 물건이라는 사실을 몰랐죠. 닌텐도 정품 패미컴의 경우 AV 컴포지트 단자를 지원하지 않고 오로지 RF 단자만을 지원하던 물건이었는데, 호환기는 정말 편하게도 AV 단자를 같이 지원해 주는 신박한 물건이었습니다. 이 때문에 너도나도 가격이 저렴하면서도 AV 단자도 지원하는 호환기를 구매한 것이죠.

덕 헌트

개발사 : 닌텐도(1984년)

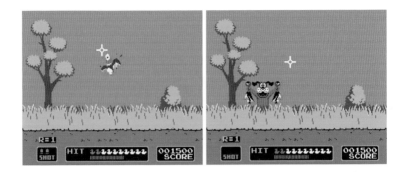

덕 헌트는 1984년 닌텐도에서 발매한 패미컴용 건슈팅 게임이다. 패미컴 전용 주변기기인 광선총을 활용한 건슈팅 게임으로 발매와 동시에 어마어마한 인기를 누리며 전 세계적으로 수천만 장이 팔린 바 있다. 이후 광선총을 활용하는 다양한 게임이 나온 계기가 됐고, 가정용 건슈팅 게임의 패러다임을 바꾼다.

덕 헌트의 게임 방식은 상당히 단순하다. 게임을 시작하면 강아지가 풀숲으로 들어가서 오리를 쫓아내는데 이때 날아오르는 오리를 광선총으로 겨냥해서 맞히면 된다. 오리를 1마리만 잡는 모드와 2마리를 한꺼번에 잡는 모드가 존재하며 오리를 제대로 맞히면 강아지가 죽은 오리를 들어 올리는 장면이 나온다. 1마리도 못 맞히면 강아지가 히죽거리면서 플레이어를 비웃는다.

필자는 오락실에 설치해 놓은 덕 헌트를 플레이해 봤는데, 매번 놓칠 때마다 강아지가 비웃는 모습이 꼴 보기 싫어서 강아지를 마구 총으로 쏘곤 했다. 나중에 알게 된 사실이지만 오리의 움직임을 패드로 조종할 수 있어서 2인용이 가능했다. 1명이 오리를 직접 조종해 도망 다니고, 다른 1명은 광선총으로 쏠 수 있다는 말. 클레이 사격을 즐길 수 있는 클레이 슈팅 모드도 존재한다.

어반 챔피언

개발사 : 닌텐도(1984년)

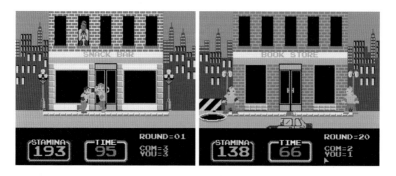

1984년 닌텐도에서 발매한 대전 격투 액션 게임. 초창기 닌텐도의 전략은 게임을 온 가족이 함께 즐긴다는 것이었기 때문에 당시엔 둘이서 함께 즐기는 게임이 은근히 많았다. 이 게임 역시 그런 콘셉트에 충실한 게임이었다. 게다가 둘이서 대전을 즐기는 액션 게임이라는 점에서 스트리트 파이터가 연상되는데, 이는 확실히 시대를 앞선 개념이었다. 다만 게임 자체는 지극히 단순해서 오로지 펀치 하나만으로 상대방과 공방을 펼친다. 플레이어는 거리에서 상대편 플레이어와 대결하는데, 서로 펀치를 내밀어서 상대방을 때리고 얻어맞은 쪽은 계속 뒤로 밀리다가 결국 한 블록 뒤쪽으로 물러난다. 이런 식으로 스테이지를 2번 거쳐서 물러나면 마지막 스테이지의 끝에는 맨홀이 존재한다. 계속 밀려나간 맨홀에 빠져서 지게 된다. 펀치에는 약한 펀치와 강한 펀치가 있다. 약한 펀치는 잽처럼 빠르게 나가는 대신 상대편에게 피해를 크게 주진 못하며, 강한 펀치는 발동 속도가 느리지만 상대방을 맞히면 상대가 한 발짝 뒤로 물러나서 한 발짝 앞으로 다가설 수 있다.

익사이트 바이크

개발사 : 닌텐도(1984년)

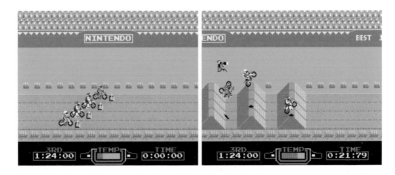

상당히 단순한 시스템으로 각종 스턴트 묘기를 부릴 수 있는 바이크 레이싱 액션 게임
이다. 직관적인 게임 조작과 균형 잡힌 게임성 덕분에 게이머들에게 인기였다. 게임은
횡스크롤로 진행되는데 오토바이를 가속하는 버튼이 2개다. 하나는 엔진이 과열되지
않게 가속하지만, 다른 하나는 그딴 거 신경 쓰지 않고 밟아버리므로 적당히 엔진 과열
게이지를 살펴야 한다. 바닥에 있는 화살표 게이지를 밟아주면 과열된 엔진을 식힐 수
있으며, 각종 점프대를 만나면 공중으로 점프한다. 공중에 떴을 때 방향키를 앞뒤로 조
작해서 바이크 몸체를 조절해야 착지할 때 넘어지지 않는다. 바닥에는 가끔 진흙 구덩
이 같은 곳이 있어서 이곳을 지나치면 속도가 줄어들기 때문에 피해야 한다. 한번 넘어
지면 바이커가 헐레벌떡 오토바이까지 걸어가는 모습이 상당히 귀엽다. 허공에서 균형
을 잘 잡아 유지하는 게 이 게임의 관건이며, 셀렉션 B로 경기를 하면 CPU가 조종하
는 바이크들과 실시간으로 경쟁할 수도 있다. 이후 게임보이 어드밴스용 패미컴 미니
시리즈로 발매된 바 있다.

벌룬 파이트

개발사 : 닌텐도(1985년)

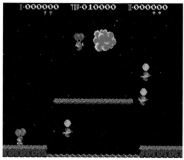 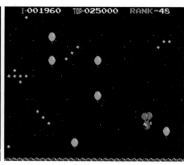

이 게임은 가정용보다 아케이드 전용 기기인 VS 패미컴으로 먼저 발매됐다. 이후에 몇 가지 모드가 추가돼서 가정용 패미컴으로 발매됐다. 아이스 클라이머와 더불어 패미컴 합팩 구성에 빠지지 않는 게임 중 하나로 주인공이 풍선을 타고 날아다니면서 적들이 탄 풍선을 터트려 제거하면 스테이지 클리어. 적들은 풍선만 터트린다고 바로 제거되는 것이 아니고 낙하산을 타고 땅으로 내려앉기 때문에 낙하산을 재차 공격하거나 땅에 내려앉아서 풍선을 다시 불고 있을 때 건드리면 무방비 상태로 제거할 수 있다. 이 게임에서 절묘한 것은 바로 벌룬 파이트를 조종할 때 느껴지는 관성이다. 움직이려면 버튼을 연타해서 하늘로 날아 올라가야 하는데, 이때부터 관성이 붙어서 가속하거나 감속할 때 조종이 쉽지 않다. 이 관성을 잘 파악해서 조종하는 것이 관건. 게임을 시작하자마자 날아오르면 미처 풍선을 다 불지 못해서 바닥에 붙어 있는 적들을 빠른 시간 안에 제거할 수 있다. 이를 잘 이용하면 쉽게 게임을 이끌어갈 수 있다.

슈퍼 마리오 브라더스

개발사 : 닌텐도(1985년)

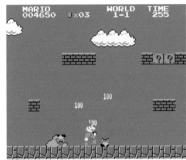 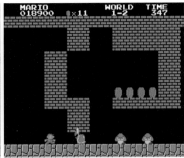

말이 필요 없다. 아케이드 원작이 판을 치던 패미컴 초창기에 오리지널 게임으로 슈퍼 울트라초히트작을 냈으니, 바로 슈퍼 마리오 브라더스다. 닌텐도가 당시 게임계에 한 방 제대로 날린 셈이다. 드럼통 넘고 킹콩이나 잡던 이탈리아 배관공이 거북이와 버섯 이 난무하는 판타지 세계에서 공주를 구출하며 일약 스타덤에 올랐으니, 그 전설의 시 작은 여기서 시작된 것이다. 슈퍼 마리오 브라더스는 횡스크롤 플랫폼 액션 게임으로 닌텐도가 자사의 게임기인 패미컴을 띄우기 위해 야심 차게 만든 작품이다. 적절한 레 벨 구성과 캐릭터의 물리적인 움직임을 기가 막히게 구현한 덕에 공전의 히트를 친 전 설의 게임이다. 다양한 기믹과 미묘한 점프 밸런스 등으로 횡스크롤 플랫폼 게임계에 역사적인 발자취를 남겼다. 이후 수많은 게임이 영향을 받았으며 심지어 할리우드에서 실사 영화로 제작됐다. 오늘도 전 세계 수많은 마리오들이 주먹으로 벽돌을 부수며 거 북이를 짓밟는 만행을 저지르고 있을 것이다.

아이스 클라이머

개발사 : 닌텐도(1985년)

거의 모든 합팩에 빠지지 않는 필수 게임. 어린 시절 패미컴 유저였다면 반드시 한 번쯤
해봤을 게임이다. 2인용도 가능해서 보통 가족이나 친구들이랑 같이 즐길 수 있는 멀
티플레이의 대명사였다. 다만 겉모습으로는 협동을 하는 것처럼 보이지만 경우에 따라
서는 얼마든지 팀킬을 할 수 있기 때문에 보통 우정 파괴 게임이라고도 알려졌다. 발매
당시 초히트한 게임이며 오락실용 VS 시스템 및 디스크 시스템용으로도 개발된 바 있
다. 플레이어는 이누이트족인 포포와 나나 둘 중 1명을 직접 조종해서 위로 계속 올라
가야 한다. 각 층마다 블록이 존재하는데 점프를 해서 망치로 블록을 깨고 올라가야 한
다. 올라가다 보면 더는 파괴되지 않는 블록들이 존재하며 여기서부터는 보너스 스테
이지 개념으로 점프만으로 잘 올라가야 한다. 중간중간 구름 모양의 발판이 좌우로 지
나다니므로 떨어지지 않게 해당 발판을 이용해서 최상부로 올라가야 한다. 최상부에는
익룡처럼 생긴 새가 하늘을 날아다니는데, 점프해서 이 새에 닿으면 스테이지 클리어!

배틀시티

개발사 : 남코(1985년)

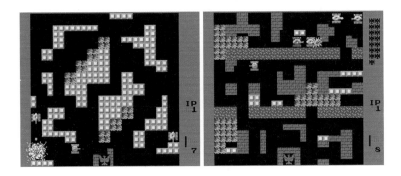

1980년에 오락실용으로 발매했던 탱크 바탈리온의 패미컴 버전 후속작이다. 게임성은 거의 같아서 하단부에 존재하는 사령부를 지키면서 적 탱크들을 제거해야 하며, 사령부가 파괴되면 잔여 대수가 몇 대가 남아 있든 무조건 게임 오버되는 잔인한 설정이존재한다. 다만, 전작과는 다른 스테이지 구성과 각종 파워업 아이템으로 좀 더 게임성이 업그레이드됐으며 동시 2인용도 가능해서 초기 패미컴 게임 중 몇 안 되는 꿀잼 2인용 게임으로도 유명하다. 그래서 킬로바이트 합팩 구성에는 반드시 빠지지 않고 들어가는 필수 게임이었다.

게임상에는 다양한 아이템들이 존재하는데, 적 탱크 중 빨간색 탱크를 해치우면 랜덤한 위치에 랜덤한 아이템이 등장한다. 별을 먹으면 플레이어의 탱크가 강화되고, 수류탄을 먹으면 화면상의 적 탱크들을 전부 파괴하며, 삽을 먹으면 사령부 주변 벽이 강화되고, 시계를 먹으면 잠시 적들이 움직임을 멈춘다. 그리고 헬멧을 먹으면 플레이어의 탱크를 보호하는 보호막이 생긴다. 별 아이템을 한 번씩 먹을 때마다 플레이어 탱크가 한 단계씩 파워업하기 때문에 반드시 먹어서 유지를 해줘야 한다. 죽으면 파워업이사라진다.

비윙스

개발사 : 데이터 이스트(1986년)

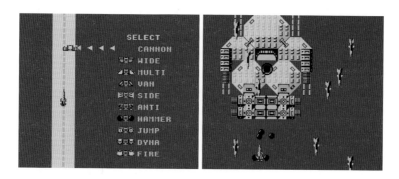

비윙스는 1984년 데이터 이스트에서 개발한 오락실용 슈팅 게임을 1986년에 패미컴으로 이식한 게임이다. 보통은 원작만 한 이식작이 없기 마련인데, 이 작품은 오히려 원작보다 더 좋은 평가를 받은 몇 안 되는 게임이다. 일단 아케이드 원작과 다르게 게임을 처음 시작하면 기체에 장착 가능한 날개들을 골라서 게임을 진행할 수 있다. 날개마다 개성 있는 무기를 사용할 수 있기에 어떤 날개를 선택하느냐가 관건. 워낙에 날개 종류가 많아서 한 번씩 사용해 보는 재미도 쏠쏠하다. 스테이지 중간에 날개를 교체할 수 있기에 다양한 무기를 사용해 볼 수 있지만, 역시나 어린 플레이어들이 가장 선호한 날개는 바로 해머라는 무기로 검은 쇠구슬이 기체 주변을 빙글빙글 돌며 방어와 공격을 동시에 해준다. 게임을 시작하면 두말할 것 없이 해머를 고르는 게이머들이 많았다.(요상하게 생겼지만) 사실 파워는 다른 무기가 더 강하지만, 플레이어를 보호하는 역할을 겸했기에 이 무기의 인기가 많았다.

마이크 타이슨의 펀치아웃

개발사 : 닌텐도(1987년)

80년대에 인기 있던 복서인 마이크 타이슨의 이름을 본떠 부제로 삼은 펀치아웃 시리즈의 한 게임. 본래 1984년에 발매된 닌텐도의 아케이드 원작을 이식한 작품이다. 다만 오락실 원작하고는 느낌 자체가 전혀 다르다. 보다 캐주얼해지고 난도가 낮아져서 대중에게 큰 사랑을 받지 않았나 싶은 작품이다. 타이밍과 적의 패턴만 알면 끝판왕인 마이크 타이슨까지 갈 수 있으니 말이다. 마이크 타이슨은 일본 내수 버전인 패미컴 버전에만 존재하며, 해외 버전 및 아케이드 버전에는 등장하지 않는다. 심판이 마리오라는 점도 깨알 재미.

근육맨 머슬 태그 매치

개발사 : 반다이(1985년)

1985년 반다이가 처음 만든 패미컴용 게임으로 장르는 대전 액션이다. 만화 근육맨을 원작으로 제작한 게임이지만, 패미컴에서는 귀여운 SD 디자인의 캐릭터들이 나와서 서로 태그 매치를 펼친다. 그래픽이 단순해 보여도 2인 대전이 가능하기에 서로 피 튀기는 싸움을 할 수 있다. 2인용 모드가 아닐 때는 CPU측 캐릭터를 물리치며 한 스테이지씩 클리어하는 방식으로 진행한다. 대전 액션이라는 개념조차 없던 시절이지만 동시 2인용 게임 플레이에 나름 초점을 맞추고 있던 패미컴에 활력을 불어넣은 게임 중하나다. 그렇기에 이후 합팩 구성에 항상 들어가는 꿀잼 게임.

게임을 시작하면 초인 8명 중 2명을 골라서 태그팀을 구성하고 펀치와 킥, 드롭킥 등을 구사해서 상대편과 싸운다. 가끔 링 바깥쪽에서 날아오는 번쩍이는 구슬을 먹으면 한동안 파워업해서 각 캐릭터 고유의 필살기를 사용할 수 있다. 그래서 서로 구슬을 먹겠다고 쟁탈전을 펼치다가 1명이 먹게 되면 다른 쪽은 도망 다니는 패턴이 돼버리곤했다. 통상기 중에는 단순히 타격기만 존재하는 것이 아니라 가까이 붙으면 백드롭 같은 잡아 던지는 기술도 존재하고, 링 반동을 활용해서 적을 공격할 수도 있어서 링을 얼마나 잘 활용하느냐가 관건이다. 체력이 떨어지면 구석으로 가서 다른 캐릭터와 태그를 해야 오래 살아남을 수 있다.

록맨 2
개발사 : 캡콤(1988년)

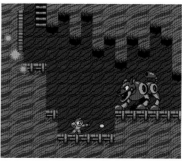

개인적으로 가장 추억이 많은 록맨 시리즈. 그 시절 록맨은 BGM이 친숙하고, 다양한 적 보스의 디자인이 멋져서 반하기도 했다. 전작보다 늘어난 보스(6명에서 8명으로)에 닥터 와이리 스테이지에서는 보스 러시까지 있다. 스테이지 공략 외에도 보스를 깨는 또 다른 묘미가 있었던 덕분에 캡콤의 사골 게임 중 하나인 지금의 록맨 시리즈를 있게 했다. 다만, 이 작품은 이후 록맨 시리즈에 관심이 떨어지게 만든 원인이라서 필자에게는 애증의 물건이기도 하다. 정말이지 반복적인 패턴 게임은 질색이다. 패드를 부숴버리고 싶은 적이 한두 번이 아니다. 이후 시리즈는 난도가 많이 하락했지만 1, 2편의 난도는 정말 지옥 그 자체.

스타워즈

개발사 : 남코(1987년)

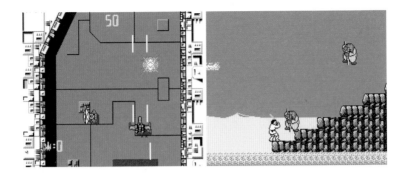

1987년에 나온 스타워즈 게임은 남코의 금은 카트리지 시리즈 중 미려한 은빛 카트리지를 자랑하는 게임이다. 어찌나 팩이 이쁜지 가끔 전시용으로 쓰이는 것도 봤다. 예전에 아이돌 그룹인 2NE1의 산다라 박이 패션아이템으로 허리띠에 차고 방송에 나온 적이 있다. (당시 아무도 이를 알아본 사람이 없었다.) 게임 내용은 정말 생뚱맞다. 도대체 남코 제작진이 스타워즈를 보기는 한 것인지 의심스러울 정도로 원작을 훼손했다. 루크 스카이워커가 시작하자마자 라이트 세이버를 들고 다니고, 뜬금없이 다스베이더를 만났는데 해치우면 원래 모습인 사소리(전갈)베이더로 돌아가는 둥 어딘지 모르게 괴작 느낌이 물씬 난다. 게임 난도도 꽤 높은 편이라서 그다지 즐겁게 플레이하진 못했던 기억이 트라우마처럼 남아 있다. 그래서인지 이후에 등장한 패미컴의 모든 스타워즈 게임들은 루카스아츠(당시 이름은 루카스 필름 게임즈)의 손길이 닿은 게임만 남았다. 원작을 함부로 훼손하면 남코라도 별수 없다.

와이와이 월드 2

개발사 : 코나미(1991년)

와이와이 월드의 속편. 코나미 게임에 등장하는 영웅들이 주인공이며, 자사 게임을 패러디한 미니 게임으로 가득하다. 전작과 달라진 점은 아기자기함을 더하고, 난도를 낮추는 등 게임 대상 연령대를 대폭 내렸다는 것이다. 이 덕분에 대중적인 게임으로 남을 수 있었다. 아마 전작보다 이 게임을 접해본 사람이 더 많을 듯. (숱한 대만제 복사팩에도 이 게임은 꼭 들어갔다.)

전편과 다르게 슈퍼로봇인 리클이 주인공이다. 게임을 시작할 때 코나미 캐릭터 셋 중 하나를 고른다. 게임 도중 해당 캐릭터로 변신할 수 있다. 변신 시간은 한정돼 있으며 변신할 때 데미지를 입으면 HP 대신 시간이 줄어든다. 리클은 이단 점프가 가능해서 여유롭게 게임을 진행할 수 있다. 변신 가능한 캐릭터는 고에몽(간바레 고에몽의 주인공), 우파(보쿠테 우파의 주인공 아기), 시몬(악마성의 주인공), 빌(콘트라 주인공 2명 중 하나), 후우마(월풍마전의 주인공) 등이며 각자의 장점을 활용해서 게임을 쉽게 풀어갈 수 있다. 예를 들면 빌은 유일하게 원거리 사격이 가능하고, 우파의 기본 공격에 맞으면 적들이 구름으로 변해서 올라탈 수 있다.

중간중간 등장하는 미니 게임 스테이지는 주로 코나미의 다른 게임을 패러디하는데, 대표적으로 트윈비나 그라디우스를 패러디한 스테이지가 기억에 남는다. 그 밖에 일반 스테이지도 고에몽, 콘트라, 악마성 등을 패러디해서 재미를 준다. 낮아진 난도 덕분에 누구나 엔딩을 볼 수 있다는 점에서 다소 실망하는 유저도 있었다. (중간에 한 가지 루트를 고르면 다른 루트를 경험해 볼 수 없어서 모든 스테이지를 경험하려면 한 번 더 플레이해야 했다.)

드래곤 퀘스트 4

개발사 : 에닉스(1990년)

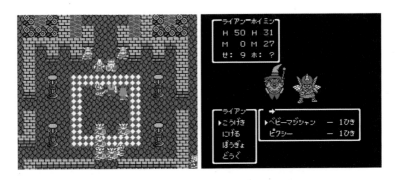

패미컴으로 출시된 마지막 드래곤 퀘스트이며 패미컴으로 나온 시리즈 중 가장 큰 용량(4Mb)을 자랑한다. 전작과 다르게 옴니버스 방식의 시나리오를 채택해 총 5장으로 구성된 시나리오마다 주인공이 다르다. (유저가 직접 이름 붙인 용사는 마지막 5장에 등장) 이전 드래곤 퀘스트의 벽을 넘기 위해 다양한 시스템을 도입했다. AI를 활용한 자동 전투 시스템이 등장했고, 파티원 정원이 4명 이상이라 마차에서 쉬고 있는 파티원을 전투 중 교체할 수 있었다. 이 밖에도 카지노 및 메달 컬렉션 같은 부가적인 요소들이 재미를 올려줬다. 자동 전투의 경우, 미리 작전을 짜서 상황에 맞게 지시를 내릴 수 있었다. (작전에 따르지 않고 독자적으로 움직이는 NPC도 존재) 3장의 주인공인 무기 상인 톨네코는 나중에 '톨네코의 대모험'이라는 외전의 주인공으로 발탁되기도 했다. 여러모로 이후 출시된 드래곤 퀘스트 시리즈에 크게 영향을 미친 게임이다.

파이널 판타지 3

개발사 : 스퀘어(1990년)

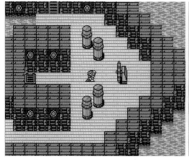

누군가의 인생 게임으로 자주 언급되는 게임 파이널 판타지. 필자의 인생 게임은 역시 파이널 판타지 3다. 7편부터 시작된 3D 파판은 필자에게 더는 파판이 아니다. 그만큼 투박한 패미컴 버전의 파판에 큰 추억을 갖고 있다. 파판 3편은 1, 2편과 크게 달라진 직업 체인지 시스템을 채택했다. 이 시스템은 이름 모를 주인공 4명으로 하여금 다양한 직종을 경험해 볼 수 있도록 한다. (그래봤자 최종 선택지는 닌자, 현자가 보편적이지만) 이 덕분에 RPG 특유의 레벨 노가다조차 즐겁다는 인식을 준 게임이기도 하다.

처음 게임을 시작하면 보잘것없는 양파 검사(다마네기 켄시)로 시작하지만, 숨겨진 양파 검사 전용 무기와 방어구를 구하면, 이 또한 최강의 직업으로 바뀐다는 설정조차 재밌다. 파이널 판타지는 3편 이후 슈퍼패미컴으로 플랫폼을 옮겨 미려한 사운드와 그래픽을 자랑했지만, 3편에 있었던 각종 트릭과 스테이지 내의 숨겨진 요소 및 기믹들이 대부분 사라져서 아쉬운 게임이 돼버렸다.

캡틴 츠바사

개발사 : 테크모(1988년)

동명의 만화가 원작인 패미컴 최초의 축구 전략 시뮬레이션(?) 게임. 간단한 조작만으로 애니메이션에 등장했던 멋진 필살 연출들이 가능했다는 이유로 많은 사랑을 받았던 시리즈의 첫 작품이다. 스포츠물을 싫어했던 필자조차 재밌게 즐겼던 게임이다. 스토리 진행은 대체로 원작을 따라가기에 원작을 안 본 사람도 애니를 보고 싶다고 생각하게 만드는 묘미도 있다. 개인적으로는 왜 이 애니를 국내에서는 방영해 주지 않았을까 하는 의문도 있다. (축구왕 슛돌이 말고 이걸 해줬어야지!)

캡틴 츠바사 2

개발사 : 테크모(1990년)

원작 만화가 아직 연재 중일 때 출시된 바람에 게임 스토리는 오리지널이다. 게임의 오리지널 선수와 필살기도 이때부터 등장했다고 한다. 축구 게임이라기보다는 전략 시뮬레이션 같아서 축구 규칙을 상당히 무시하는 설정이 존재한다. (오프사이드가 없고 하프 타임이 끝나도 진영 변경이 없으며, 반칙을 아무리 해도 경고나 퇴장이 없다.)

근성 수치는 일종의 에너지라서 해당 선수가 볼을 드리블할 때 줄어드는 스태미나 같은 것이다. 너무 많이 사용하면 기술 성공률이 많이 떨어진다. 다만 적들은 근성 수치가 없는 무적 상태. 한 놈이 무한정 공을 끌고 가도 전혀 떨어지지 않는다. 겉모습만 축구지 어찌 보면 판타지 전략 시뮬레이션이다.

슈퍼 마리오 브라더스 3

개발사 : 닌텐도(1988년)

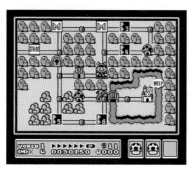 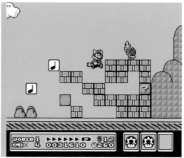

사실상 슈퍼 마리오의 중흥기를 가져온 작품. 슈퍼 마리오 월드라는 걸출한 명작이 슈퍼패미컴에 존재하지만, 슈퍼 마리오 시리즈의 정체성은 3편에서 완성됐다고 해도 과언이 아니다. 시리즈가 앞으로 더 발전하느냐 마느냐 하는 가장 중요한 시기에 멋지게 홈런을 날린 셈이다. 슈퍼 마리오 1편의 대성공으로 패미컴이라는 콘솔이 성공할 수 있었고, 본 게임인 3편으로 굳히기에 들어갔다고 본다. 화사한 색감의 그래픽과 아기자기한 캐릭터, 다양한 기믹. 그야말로 플랫폼 게임의 전형을 보여준다. 이후 일본 게임계뿐 아니라 서구권에도 큰 영향을 미쳤다. 필자가 패미컴 시절 가장 재밌게 그리고 가장 많이 즐긴 액션 게임이다. (같은 이유로 이후의 슈퍼 마리오 시리즈를 안 좋아하게 된 계기라는 점에서 아이러니함이 있다. 이때 슈퍼 마리오를 너무 많이 해서 질렸다고나 할까?) 지금도 BGM을 선명하게 기억한다면, 당신도 연륜 있는 슈퍼 마리오 마니아!

다운타운 열혈 이야기

개발사 : 테크노스 재팬(1989년)

패미컴의 히트 시리즈인 '다운타운 열혈 시리즈'의 본격적인 시작을 알리는 역사적인 게임이다. 본래 아케이드 게임 원작이었던 열혈경파를 가정용에 맞게 리뉴얼해서 SD 형태의 귀여운 캐릭터로 일신, 패미컴에 최적화한 작품이다. 그만큼 제작진의 노고가 느껴지는 작품인데, 덕분에 패미컴에 흔치 않은 횡스크롤 액션 학원물 RPG라는 놀라운 장르가 탄생했다. 과거 작품의 주인공인 쿠니오 군과 적으로 등장했던 '리키'라는 캐릭터를 플레이가 가능한 캐릭터로 만들어서 2인용 게임으로 만들었다는 점도 좋았다. 게임 완성도로 보나 내용으로 보나 다채로운 액션과 적절한 난도, 다양한 즐길 거리 등 무엇 하나 빠지지 않는 명작 게임이다. 이후 일본식 오픈 월드 게임인 쉔무와 '용과 같이' 등에 크게 영향을 준 게임이라고 생각한다. EX라는 타이틀을 걸고 GBA용으로 리메이크한 바 있다. 참고로 '스콧 필그림 VS 더 월드'라는 게임은 이 게임을 오마주했다. 현대적으로 해석한 열혈 시리즈라고나 할까. 열혈 팬이라면 이쪽도 꼭 즐겨보길 권한다.

다운타운 스페셜 시대극이다 전원집합

개발사 : 테크노스 재팬(1991년)

테크노스 재팬의 쿠니오 시리즈 중 가장 독특한 시대극 버전! 배경은 에도 시대이며 시리즈 중 다운타운 시리즈처럼 액션 RPG 요소가 존재해서 적을 쓰러뜨리면 레벨이 오르고, 돈을 모아서 필살기 및 장비 등을 강화하는 재미가 쏠쏠하다. 일본 전국을 돌아다니며 진행하기 때문에 지도를 수시로 봐야 할 정도로 지역이 방대한 것이 특징. 다운타운도 그랬지만 당시 일본 게임에 흔치 않은 오픈월드 비슷한 형식을 채택해서 왠지 사극판 GTA 느낌을 준다. 다만 계속 진행하다 보면 반복되는 지도와 적들 때문에 다소 지루한 감이 있다.

닌자용검전

개발사 : 테크모(1989년)

패미컴 최강의 닌자 액션 게임. 전설의 닌자 '류 하야부사'가 등장하는 시리즈의 원전이라고 할 수 있다. 테크모에서는 원래 같은 주인공이 등장하는 아케이드 게임과 가정용 콘솔 게임, 두 가지 게임을 개발했다. 이후 기술 발전 덕에 우리는 아케이드판 대전 격투 게임인 '데드 오어 얼라이브'와 콘솔 게임으로 발매된 닌자용검전 시리즈에서 류 하야부사를 다시 만나볼 수 있게 됐다. 패미컴 버전의 닌자용검전은 재미도 재미지만, 극악의 난도로 악명이 높다. 숱한 게이머들을 좌절시키고(AVGN 같은 유명 게이머조차 절망) 수많은 패드를 작살 나게 만들었지만, 여전히 명작이라는 칭송은 끝이 없으며, 이후 시리즈도 연이어 성공하는 등 명성이 자자한 게임임은 틀림없다. 필자는 1편을 가장 재밌게 즐겼으며 이후 시리즈로 갈수록 약간 식상한 느낌을 지울 수 없었다. 배경음악도 중독성이 강해서 한번 들으면 귀에 쏙 박히는 명작이다. 같은 게임이 PC엔진 휴카드와 슈퍼패미컴 토모에(1, 2, 3편 합본) 등으로 이식됐다.

▌더블 드래곤 2
개발사 : 테크노스 재팬(1989년)

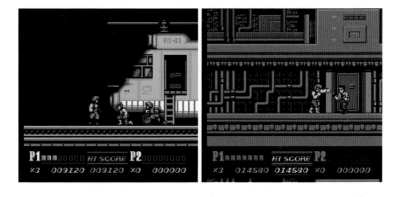

테크노스 재팬이 패미컴에서 보여준 저력은 각종 작품에서 드러난다. 특히나 열혈 시리즈로 패미컴의 안방마님으로 자리매김한 테크노스 재팬이기에 더더욱 믿을만하다. 하지만 뭐니 뭐니 해도 가장 옹골찬 액션 게임을 고르라면 역시 본작을 추천할 것이다. 사실 아케이드 게임 원작과는 사뭇 다르기에 이식을 잘했냐고 묻는다면, 필자는 웃으면서 그딴 건 개나 주라고 말하고 싶다. 게임은 아케이드 원작과 다르지만, 게임성 하나만큼은 훌륭하다. 묵직한 타격감이 패미컴에서 발휘된다면 믿을까 싶다. 이 게임의 타격감은 손에 착착 감긴다. 아니, 버튼에 감긴다고 해야 하나. 아무튼 개인적으로 패미컴이라는 하드웨어에 최적화된 벨트스크롤 액션 게임 중 세 손가락에 꼽는 게임은 더블 드래곤 2다.

드래곤볼Z 2 격신 프리저

개발사 : 반다이(1991년)

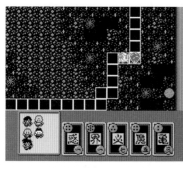
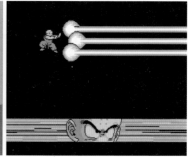

우리가 한창 드래곤볼 콘텐츠에 목말라 있던 그 시절. 불현듯 나타나 수많은 유저를 현혹한 RPG 보드게임 드래곤볼Z 시리즈의 2번째, 격신 프리저! 이 게임은 전편이었던 '강습 사이어인'보다 난도가 낮아져서 더욱 대중적인 모습으로 등장했다. 전편이 드래곤볼Z 시나리오의 맛만 보여주는 수준이었다면, 이 게임에서는 본격적인 Z 시리즈의 묘미를 선보여준다. 프리저와 기뉴 특전대가 등장하는 가장 흥미로운 이야기를 소재로 했다.

오프닝에서 오공과 베지터 사이에 혈투가 있었음을 설명하며 게임이 시작되는데, 플레이어는 오공보다 먼저 출발하는 부르마와 크리링 일행을 조작한다. 규칙 역시 기존 보드게임 시리즈의 규칙대로 랜덤하게 손으로 들어오는 카드를 활용해서 이동하거나 전투를 진행한다. 칸에 도착하면 카드 뽑기로 전투를 할지 아니면 특정 이벤트(특정 아이템을 얻거나 HP나 BE를 채워주는 이벤트)를 겪을지가 결정된다. 보통은 Z 전사들의 레벨업을 위해서 상당한 레벨 노가다를 선호한다. 레벨업을 어느 정도 해놓지 않으면 후반에 등장하는 적을 상대하기 버거워지기 때문이다.

역시 이 게임의 묘미는 전투 장면의 연출! 적들을 상대로 마음껏 날아다니며 두들겨 패는 연출과 코믹스에 등장했던 캐릭터의 필살기를 마음껏 사용할 수 있다는 점만으로도 게임을 해볼 가치가 있다. 특히나 크리링은 일반 Z 전사들 중에서도 사기캐 중 하나인데, 필살기가 다양하고 광역기도 갖추고 있어서 개인적으로 완소캐로 키우곤 했다.

악마성 전설

개발사 : 코나미(1989년)

독특하게도 악마성 시리즈 중 3편에 해당하지만 패미컴에서는 최초의 카트리지 작품이다. 1편인 악마성과 2편인 저주의 봉인이 전부 디스크 시스템용으로 발매되는 바람에 졸지에 악마성 시리즈 최초의 패미컴 카트리지 게임이 됐다. 전편이었던 저주의 봉인에서 액션 RPG로 탈바꿈했던 시스템을 액션 장르로 되돌렸다. 사실상 악마성 전설이 이후의 악마성 시리즈에 가장 기본이 되는 요소를 정립했다고 볼 수 있다.(적 캐릭터 디자인 및 배경 요소, 무기 시스템과 BGM 등) 게다가 시리즈 최초로 플레이 캐릭터를 바꿀 수 있었다.(맨날 채찍만 휘두르는 채찍 바보에서 사이파나 알루카드 같은 멋진 캐릭터들로 체인지!)

개인적으로는 패미컴 최고의 악마성이라고 생각한다. (VRC-6칩이라는 특수 칩 덕분에 패미컴이라 생각하기 힘든 고퀄리티의 BGM을 선보인다.) 참고로 본작의 주인공 랄프 C. 벨몬드는 월하의 야상곡에서 알카드가 회상하는 장면에 등장하는데, 이 게임에 쓰인 스프라이트 그대로 출력된다. 제작진의 개그 센스를 엿볼 수 있는 장면이다.

악마성 스페셜 나는 드라큘라 군

개발사 : 코나미(1990년)

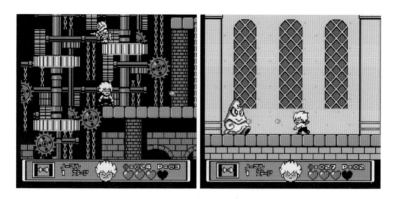

악마성 시리즈의 외전으로 꼬마 드라큘라인 '알루카드'가 주인공이다. 물론 월하의 야
상곡에 등장하는 알루카드가 연상되겠지만 동명이인이라는 설정이다.(아니면 평행세
계) 말이 꼬마지 나이는 1만 9살이다. 기존 악마성 시리즈와는 완전 다르게 만든 캐주얼
플랫폼 게임인지라 점프와 슈팅이 기본 조작 체계다. 요기탄(妖氣彈)이라는 원거리 무
기가 기본인데, 버튼을 누르고 있으면 차지샷(모아 쏘기)이 가능하다. 이후 스테이지를
거듭할수록 호밍탄 및 작렬탄, 냉동탄 등 다양한 무기를 사용할 수 있다. 박쥐로 변신하
거나 천장에 거꾸로 붙는 능력도 생긴다. 중간중간 사다리나 통아저씨, 구슬 룰렛 게임
같은 미니 게임도 즐길 수 있는 아기자기함이 매력 포인트. 당시에 아이들에게 인기 만
점이었던 게임이라서 중고 매물을 구할 때 상태 멀쩡한 놈을 찾기가 은근 힘들다.

칩과 데일의 대작전

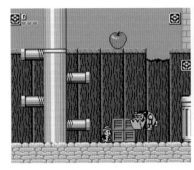
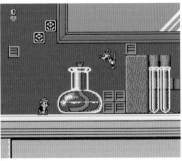

남녀노소 누구나 즐겼던 2인용 다람쥐 게임, 칩과 데일의 대작전. 디즈니 캐릭터의 유명세가 아니더라도 이 게임의 완성도라든가 게임성은 워낙에 뛰어나서 지금 즐겨도 충분히 재밌을 명작이다. 게다가 2인 협력 플레이가 가능한 액션 플랫포머라는 점도 높이 평가되곤 한다. (그래서인지 중고팩 가격이 천정부지로 치솟고 있다.) 이 게임 덕분에 캡콤의 액션 게임이 보다 캐주얼하면서도 누구나 스트레스 없이 즐길 수 있다는 이미지로 거듭날 수 있지 않았나 생각한다. 개인적으로는 경쾌한 BGM도 너무 좋았다. 다만 단점이라면 보스의 행동 패턴이 너무 단조롭다는 점. 어려운 게임을 싫어하는 필자에게는 이 또한 플러스 요소이긴 하다. 아기자기하고 다양한 배경 및 집기를 활용하는 기믹조차 귀여운 쥐돌이들의 모험을 다 함께 즐겨보자.

파자마 히어로 니모

개발사 : 캡콤(1990년)

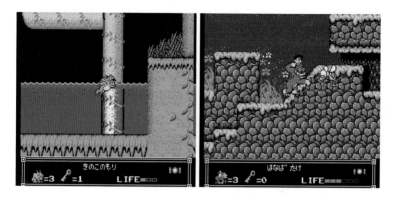

1990년 캡콤에서 제작한 게임으로 애니메이션 원작을 기반으로 개발했다. 북미판 제목은 리틀 니모 드림 마스터. 캡콤에서 애니메이션 파자마 히어로 니모를 소재로 제작한 게임은 아케이드를 포함해서 두 가지였다. 다만 이 게임은 아케이드 게임의 이식작이 아닌 패미컴 오리지널 작품이며 오히려 아케이드 작품보다 개성이 넘치고 참신한 시스템을 갖춘 명작이다. (아케이드 게임은 평범한 횡스크롤 액션 게임이다.)

일단 동물의 특성을 이용해서 스테이지를 풀어나간다는 점이 눈에 띈다. 결국 파자마 입은 꼬마 아이가 사탕에다 수면제를 타서 동물에게 먹이고 동물을 이용하는 (퍽!) 농담이다. 진지해지지 말자. 아기자기한 분위기에 캡콤 특제 그래픽 소스를 치고, 동화 냄새가 물씬 나는 향신료로 마무리해서 썩 괜찮은 게임이 탄생했다. 과연 이 게임은 어떤 맛일까 궁금하다면 꼭 한번 해보시길.

건낙

개발사 : 컴파일(1990년)

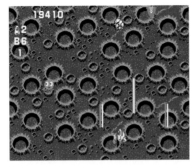
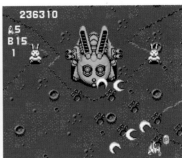

과거 재믹스 시절, 가장 유명한 종스크롤 슈팅 게임 하나를 들어보라고 하면 많은 이가 자낙을 떠올릴 것이다. 자낙은 컴파일이 개발했지만 포니캐년이 외주를 맡긴 게임인지라, 컴파일은 자낙을 자기 작품이라고 부르지도 못했다. 이후 그들은 자신의 이름을 당당하게 걸고 자낙을 복제하다시피 한 '알레스터'라는 슈팅 게임 시리즈를 발매하기도 했다.

비슷한 일이 패미컴 진영에서도 일어났는데, 패미컴 버전의 자낙과 이를 패러디한 슈팅 게임 건낙이 바로 이 이야기의 주인공이다. 패미컴 자낙이 일본에서 패미컴 디스크 시스템으로만 출시돼 생각보다 사람들이 그 존재를 모르던 반면, 건낙은 톤킨하우스의 이름을 내걸고 롬팩으로 출시했던지라 게임을 해본 사람이 적지 않았다. 이렇게 게임을 경험한 사람은 그 재미를 도저히 잊을 수 없었다. 소위 컴파일 버전의 '파로디우스'라 불리는 건낙은 자낙을 보다 유쾌하게 흉내 낸 전형적인 패러디 작품이다. 코나미의 파로디우스가 완성도를 따지면 본가인 그라디우스 못지않았듯이, 건낙의 완성도는 상당했다. 그래픽, 사운드, 게임성, 재미 등 뭐 하나 부족함이 없는, 그야말로 패미컴 최강의 슈팅 게임으로 꼽는 사람이 많이 있을 정도다.

무기 체계 같은 시스템은 자낙과 살짝 다르지만, 무기 아이템이 숫자인 점이나 해당 무기 번호를 계속 누적해서 먹으면 파워업되는 설정, 파워업 아이템을 계속 먹으면 무기가 업그레이드되는 설정 등은 컴파일 슈팅 게임의 특징과 계보를 그대로 잇고 있다. 자낙과 다른 점은 바로 보조 무기와 주무기를 구분하지 않고 같은 무기 체계를 따른다는 점이다. 그리고 아머형 아이템과 전체 폭탄의 유무 정도다. 보너스 기체를 얻었을 때 들리는 컴파일 특유의 "띵디리디링 디리링~"하는 시그니처 멜로디는 여전하다.

그렘린 2

개발사 : 선 소프트(1990년)

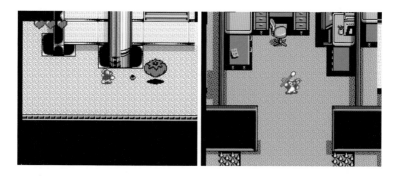

선 소프트가 당시 인기 영화였던 그렘린의 라이선스를 활용해 만든 작품이다. 배트맨 같은 유명 프랜차이즈도 명작 게임으로 재탄생시키는 선 소프트인지라 이 게임에도 기대감이 상당했다. 게다가 패키지가 멋지고 그래픽도 상당히 미려했던 기억이 난다. 다만 막상 게임을 진행해 보면 뭔가 단순하기 짝이 없다는 점을 깨닫는다. 게다가 어중간한 입체 시점이 조작감을 방해한다. 퍼포먼스와 그래픽의 완성도가 그나마 괜찮지만, 결국 장애물을 넘고 적을 피하는 전형적인 점프 게임이라는 사실. (왜 무기가 토마토인지 모르겠다.) 우리의 기즈모는 오늘도 그렘린들과 혈투를 벌인다.

다카하시 명인의 모험도 2

개발사 : 허드슨(1991년)

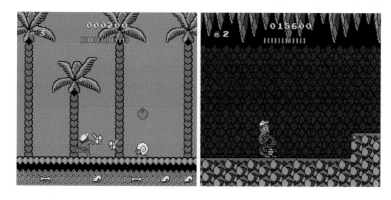

원더보이의 마이너 이식작으로 유명해진 다카하시 명인의 모험도 시리즈 2편. 원더보이 상표권에 얽힌 여러 문제 때문에 게임 제목과 주인공은 교체할 수밖에 없었지만, 그

만큼 당시 일본에서 다카하시 명인의 인기는 상상을 초월했다는 생각이 든다. 이번 편부터는 스케일이 대폭 커져서 스테이지의 구성이 방대해지고 그에 걸맞게 각종 공룡 유닛이 탈것 형태로 새로 등장한다. 모험도 1편이 1986년도라는 패미컴 초창기에 발매된 게임인 반면, 모험도 2는 패미컴 후반기인 1991년에 등장한 게임이다. 섬 8곳에 다양한 스테이지가 존재하고, 그에 걸맞은 적 캐릭터와 보스가 등장한다. 전작에 비하면 복잡한 작품이 됐지만, 발매 시기가 패미컴 시절이 끝나가던 때라 그런지 판매량은 생각보다 저조했던 모양이다.

전작과 모습은 비슷하지만 한 스테이지를 클리어하면 해당 스테이지에서 먹었던 무기와 아이템을 스톡에 저장해 놨다가 스테이지 시작 시에 꺼내서 사용할 수 있다. 이와 비슷한 아이디어가 슈퍼 마리오 3에도 존재했다. 보스전에서 죽으면 보스가 해당 맵의 다른 스테이지로 도망가 버리기 때문에 되도록 한 번에 물리쳐야 한다.

고양이 당인전 테얀데에

개발사 : 테크모(1991년)

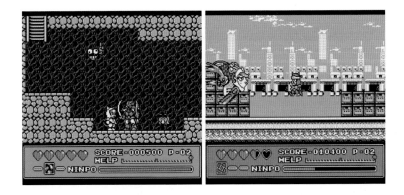

많은 이들이 패미컴 게임 중 최고 인기작으로 꼽는다는 고양이 당인전 테얀데에. 보통 고양이 닌자로 불리는 횡스크롤 액션 게임이며 특이하게도 고양이 전대물을 소재로 했다. 동명의 애니메이션이 원작인 이 게임은 그 시절 어린아이부터 고학년 학생들에게까지 두루두루 인기를 끌었다. 원작 애니메이션은 일본의 타츠노코 프로에서 제작한 TV 애니메이션 시리즈인데, 고양이 전대물이라는 소재에 맞게 귀여운 고양이 캐릭터들이 주인공과 동료로 등장한다.

게임상에서 여러 동료 캐릭터를 그때그때 상황에 맞게 호출해서 사용할 수 있는데, 각 캐릭터는 능력이 매우 개성 있다. 예를 들어 땅속을 파고 다닌다거나 거대한 바위를 부술 수 있다거나 수중과 하늘을 이동할 수 있다거나 하는 능력을 발휘한다. 이런 부분은 마치 록맨 같다고나 할까? 지금 막상 다시 해보면 전체적인 게임의 난도나 구성이 성인용은 아닌 듯한 느낌이지만, 당시엔 원작 만화 캐릭터의 인기와 더불어 아기자기하게 구성된 게임 레벨과 쓰임새에 따라 바꿀 수 있는 닌자 고양이들 덕분에 재미가 보장돼 있었다. 캐릭터도 큼직한데다 동작들이 코믹하고 귀여워서 많은 사랑을 받았다. 특히나 각 스테이지가 끝나고 등장하는 영상들은 마치 TV 애니메이션을 보는 듯이 연출했는데, 영상 내용도 TV 원작에 맞게 충실한 편이다. 닌자용검전을 만든 테크모답게 닌자라는 소재를 게임에서 잘 구현했다.

크라이시스 포스

개발사 : 코나미(1991년)

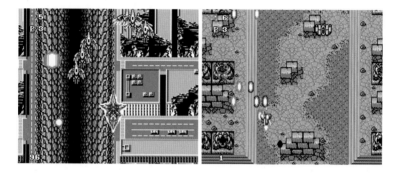

1991년 코나미에서 만든 패미컴용 슈팅 게임으로 상당한 인기를 끌었다. 패미컴이라고는 믿기 힘든 그래픽을 보여준데다, 쾌적한 스피드감과 다양한 무기까지 갖춰 패미컴 슈팅 게임 하면 생각나는 게임이기도 하다. 국내에서는 불법 대만제 복사팩 때문인지 '제국전기'라는 제목으로 알려져 있다. 당시 코나미는 패미컴 하드웨어의 사양을 한계까지 밀어붙여서 이 게임을 개발했다고 한다. VRC4 칩이라는 메모리 관리칩을 게임 카트리지에 추가해서 압도적인 연출과 스크롤, 그래픽을 구현했다.

크라이시스 포스의 스테이지 2를 해보면, 게임 제작에 참여했던 스태프들이 메가드라이브의 명작 슈팅 게임인 '무자 알레스터'의 영향을 크게 받았다는 느낌이 팍 온다. (사실상 스테이지 1의 연출은 무자 알레스터의 스테이지 2를 그대로 베꼈다는 생각이 든다. 바닥 판이 떨어지고 다중스크롤을 활용해 협곡의 높이와 속도감을 표현하는 연출을 그대로 모사했다.) 필자는 이 게임을 항상 패미컴에서 할만한 게임을 찾는 사람에게 추천하거나 그래픽이 좋은 패미컴 게임의 대표적인 예시로 꼽는다. 그만큼 그래픽과 게임성, 퍼포먼스 등을 모두 잡은 명작 슈팅 게임이라고 단언한다.

조인전대 제트맨

개발사 : 나츠메(1991년)

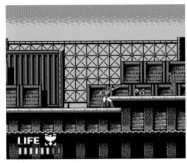 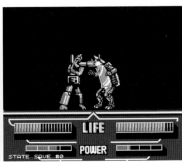

조인전대 제트맨은 1991년에 에인절(엔젤)이라는 회사에서 발매했지만, 사실 나츠메에서 제작한 횡스크롤 액션 게임이다. 파워레인저 시리즈로 불리는 일본의 전대물 시리즈 중 하나인 조인전대 제트맨의 이야기를 다룬다. 게임 구조는 상당히 단순하다. 전대원 중 한 명을 고르고, 그 캐릭터로 적을 해치우며 보스전까지 전진한다. 여기까지는 전형적인 횡스크롤 액션 게임과 같다. 스테이지를 선택하기 직전에 미리 고르는 캐릭터에 따라 근접 공격 캐릭터는 적을 근거리에서 타격할 수 있고, 총기류가 있는 캐릭터는 멀리서 쏠 수 있는 등 캐릭터에 따라 게임 밸런스가 살짝 달라질 수 있다. 적 보스와 만나면 거대 메카닉으로 변신! 갑자기 장르가 대전 격투 게임으로 바뀐다. 로봇 제트 이카루스와 제트 가루다가 합체하면서 거대로봇 그레이트 이카루스가 나타난다.

보스와 싸울 때 쓰는 기술 자체는 상당히 단순하다. 십자키 하단을 누르면 보호막이 생기면서 적의 공격을 방어하고, 펀치와 킥 등으로 반격한다. 적이 연속 공격을 2, 3번 한 후에는 딜레이가 생긴다. 방어하면서 기다렸다가 적이 공격을 멈췄을 때 마구 공격하면 된다. 이 패턴으로 적 보스의 HP가 0이 되면 자동으로 필살기가 발동해서 해당 보스는 파괴된다. 게임 구성은 상당히 단순해서 플레이가 매우 쉽다. 지금 와서 다시 하기엔 하품이 나올 정도지만 당시 어린 나이에 접했던 유저라면 전대물을 향한 아련한 향수와 더불어 경쾌한 BGM과 쾌적한 퍼포먼스, 타격감 덕분에 나츠메 특유의 완성도를 느낄 수 있다!

성령전설 리클

개발사 : 타케루(1992년)

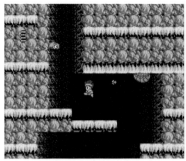 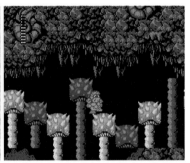

이 게임은 1992년 타케루에서 제작하고 타이토에서 발매한 패미컴 후기의 액션 수작
이다. 해외명은 Little Samson. 지금도 레트로 게임 유저들이 가끔 찾는 추억의 명작
이다. 성령전설은 상당히 귀여운 그래픽의 플랫폼 액션 게임인데, 성스러운 종에 봉인
된 용자 4명이 활약하는 게임으로 캐릭터를 바꿔가며 플레이를 할 수 있는 재미가 있
다. 주인공은 소년 리클이며 나머지 캐릭터는 골렘과 드래곤, 쥐.

리클은 암벽에 매달리고 올라가거나 타고 다닐 수 있는 능력이 있다. 드래곤인 키라
라는 하늘을 날거나 불을 쏠 수 있다. 골렘 간무는 가시밭길을 아무렇지 않게 걸을 수
있고, 사방으로 주먹을 뻗을 수도 있다. 쥐 캐릭터는 공중에 시한폭탄을 설치하거나 다
른 캐릭터가 못 들어가는 좁은 곳을 들어갈 수 있으며, 천장에 매달려 다닐 수도 있다.
지금 해봐도 게임성이 상당한데, 디테일한 배경이나 캐릭터 조작성도 하나같이 마음에
든다. 언뜻 보면 록맨처럼 보이지만 쓸데없이 난도를 높이지 않은 점도 좋다. 주인공과
각 캐릭터의 개성이 강해서 필요할 때마다 교체하며 플레이하는 재미도 쏠쏠하다.

제2차 슈퍼로봇대전

개발사 : 윙키 소프트(1991년)

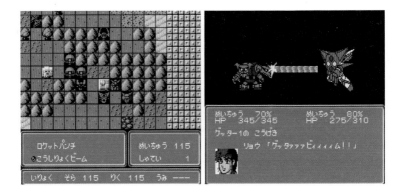

사실상 슈퍼로봇대전의 화려한 시작을 알린 기념비적인 작품이다. 개발사는 윙키 소프
트로 초창기 슈퍼로봇대전의 모든 것을 만들어낸 곳이다. 게임보이로 최초 등장했던
슈퍼로봇대전은 사실 지금의 슈퍼로봇대전과는 사뭇 다른 게임이었다. 파일럿 개념이
없는데다가 정신기도 존재하지 않았다. 게다가 지금의 슈퍼 로봇계와 리얼 로봇계로
구분되는 마징가 팀이나 건담 팀 중 한쪽 진영을 고르면, 나머지 진영 로봇들은 적으로
만 등장하는 등 여러모로 반쪽짜리 슈퍼로봇대전이었다.

  페미컴으로 제작한 제2차 슈퍼로봇대전은 현재까지 존재하는 대부분의 슈로대 시
스템을 정립한 최초의 작품이었으며, 스토리 역시 DC(디바인 크루세이더즈) 세계관으
로 진행했다.(1편에 해당하는 슈퍼로봇대전의 경우 로봇을 의인화한 게임이므로 스토리가
전혀 다름) 그러나 루트나 분기 같은 것은 존재하지 않고 단일 루트로만 진행된다. 등장
하는 로봇들도 지금처럼 화려하진 않았지만 우주세기 건담 진영과 마징가 진영, 전작
에는 나온 바 없는 그렌다이저와 윙키에서 독자적으로 만든 마장기신 사이버스터가 최
초로 등장한다. 마장기신은 단바인이 합류하지 못한 관계로 만들어넣은 오리지널 기체
다. 지금같이 화려한 그래픽은 아니었지만, 당시 패미컴에 메이저 애니메이션 작품의
로봇들이 대거 등장한다는 사실만으로도 충분히 가슴이 두근대던 작품이었음이 틀림
없다.

삼목동자

개발사 : 나츠메(1992년)

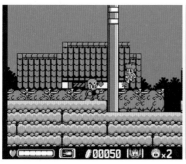 

삼목동자(미츠메가 토오루)는 패미컴의 황혼기인 1992년에 나츠메에서 제작한 횡스크롤 플랫폼 게임이다. 레트로 게임 유저들이 종종 찾는 게임인데, 이 게임의 정체가 궁금해 필자에게 물을 때는 '적이 죽을 때 떨어뜨리는 코인을 계속해서 쏘면 커진다.'라는 말을 많이들 한다. 이 게임의 원작은 삼목동자라는 이름으로 국내에 알려진 데즈카 오사무의 만화다. 굳이 한국말로 해석하자면 '세눈박이가 간다!' 정도랄까? 적을 만나면 제3의 눈에서 발사되는 총알로 적을 쏴서 쓰러뜨리고, 떨어지는 동전을 총알로 계속 맞히면 4번에 한 번씩 액수가 늘어난다. 게임 진행 시 돈의 소중함을 상점에서 무기를 살 때 느낄 수 있다. 무기가 업그레이드되지 않으면 보스전에서 상당히 애를 먹기 때문이다. 돈만 풍부하다면 보스의 공격 패턴을 파악한 후에 순삭할 수 있다! 지금 해봐도 게임성이 빼어난 명작 게임이다. 그래픽이 뛰어나며 사운드나 BGM도 명쾌하다. 게임상에서 얻은 돈으로 상점에서 무기를 사서 업그레이드하는 시스템도 재미있다.

바이오 미라클 나는 우파

개발사 : 코나미(1993년)

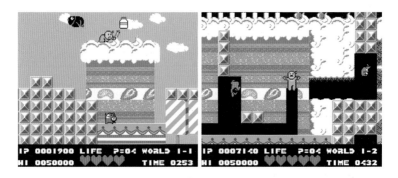

원래 코나미에서 1988년에 제작한 패미컴 디스크 시스템용 게임이다. 꽤 인기를 끌어서 결국 패미컴 황혼기인 1993년에 카트리지로도 발매가 됐으나 패미컴 말기라서 많이 알려지지 않았고, 결국 지금은 고가의 레어 게임이 돼버렸다. 플레이 방식은 꽤 단순하다. 아기 우파가 목적지까지 도달하는 게 게임의 목표다. 적들을 아기가 들고 있는 딸랑이로 때려서 구름으로 바꿔버릴 수 있고, 이 구름을 직접 발판처럼 밟고 올라갈 수도 있다. 또한 발판을 쳐서 적에게 날리면 데미지를 줄 수 있다. 파스텔톤의 동화 같은 화면과 맛있어 보이는 케이크를 파먹으면서 움직이는 점이 귀엽고 아기자기한 분위기를 만들어준다. 이 덕분에 여성 게이머들에게도 인기가 많았다.

별의 커비 꿈의 샘 이야기

개발사 : 닌텐도(1993년)

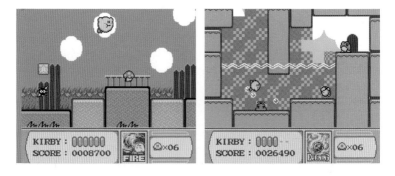

이 게임은 컬러 화면으로 제작된 최초의 커비 시리즈이며, 시리즈가 휴대용 기기에서 TV용 게임기로 옮겨간 계기이기도 하다. 전작이었던 게임보이용 게임이 흑백이었던

반면 좀 더 화사하고 귀여운 파스텔톤으로 채색된 커비는 여성 게이머조차 좋아할만한 그래픽과 아기자기한 게임성으로 사랑을 받았다. 게다가 발매 시기가 패미컴 황혼기인 만큼 놀라운 프로그래밍 실력으로 기기의 성능을 최대치까지 발휘해서 도저히 패미컴 에서 구현이 힘들 것 같은 그래픽과 연출을 보여줬다. 사운드 또한 훌륭했다.

하지만 이 게임이 커비 시리즈에 가장 큰 역할을 한 것은 다름 아닌 카피 능력 아이디 어다. 적을 흡입하고 해당 적의 능력을 카피한다는 아이디어는 전작인 게임보이용 커 비에는 없었다. 한마디로 패미컴부터 스위치에 이르기까지, 커비 시리즈를 관통하는 커비의 시그니처 기술인 카피 능력이 이때 시작된 셈이다.

▌타이니툰 어드벤처스
개발사 : 코나미(1992년)

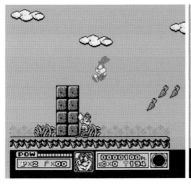

한때 국내 TV에서도 인기 만점이었던 워너브라더스의 인기 애니메이션 타이니툰(국 내명 말괄량이 뱁스)을 소재로 만든 코나미의 횡스크롤 플랫폼 액션 게임. 워너브라더 스의 인기 애니메이션 루니툰 캐릭터를 SD화한 느낌이라 게임 캐릭터로 만들기 안성 맞춤이지 않나 싶다. 게임의 아기자기함과 더불어 적당한 난도가 저연령층에도 제대 로 먹혔는지 닌자 고양이만큼이나 많은 유저가 찾는 게임이다. (토끼가 등장하는 액션 게임이 뭐냐는 질문을 필자에게 많이 한다.) 사실 주인공인 버스터 버니만 조작하는 게 아 니라 다양한 타이니툰 캐릭터들을 조작할 수 있다는 매력이 있다. 게임은 슈퍼 마리오 브라더스 3를 벤치마킹한 듯한 느낌이 강하지만, 경쾌한 BGM과 조작감이 일품이다. 플레이하고 있으면 즐거워지는 그 시절 그 느낌을 제대로 안겨준다!

마이티 파이널 파이트

개발사 : 캡콤(1993년)

마이티 파이널 파이트는 캡콤에서 파이널 파이트를 SD 스타일로 제작한 게임이다. 솔직히 파이널 파이트의 이식작이라고 하기에도 애매하고, 그렇다고 리메이크작이라 하기에도 애매하다. 패미컴이라는 기기의 한계상 파이널 파이트를 제대로 이식하기는 불가능에 가까웠다. 그럼에도 불구하고 캡콤은 캐릭터의 크기를 줄이고 디자인도 귀엽게 바꿔서 나름 파이널 파이트라는 타이틀을 달고 게임을 발매했다. 이 덕분에 당시 유저들의 관심을 끌 수 있었다.

많은 우려가 있었지만, 막상 뚜껑을 열어보니 생각보다 괜찮은 게임이었다. 아기자기한 디자인, 경쾌한 타격감, 캐릭터가 성장하고 각자의 필살기를 얻을 수 있다는 경험치 개념 등이 게임을 매력적으로 만들었다. 가정용 게임을 잘 이해하고 있던 캡콤이 자신들의 역량을 제대로 발휘한 것이다. 결국 마이티 파이널 파이트는 당시 패미컴 게임을 해본 게이머들에게 영원한 명작으로 남을 수 있었다.

1UP
000000

HI SCORE
000000

TIME
000000

2부

1990년대, 비디오와 게임기는 우리의 즐거움

▶ 1 PLAYER
  2 PLAYERS

4장

응답하라 1990

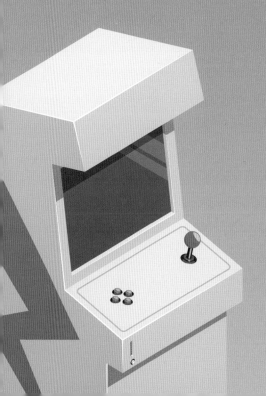

불법 카피와 일본 애니메이션

1980년대 중반부터 1990년대 초반까지, 저를 포함한 꽤 많은 청소년이 그 시절에 즐기던 취미생활은 비디오와 비디오 게임이었죠. 오락실을 돌아다니던 아이들이 드디어 집에서 진득하게 자신만의 취미생활을 즐기게 된 계기가 바로 비디오와 비디오 게임기라고 불리던 콘솔 게임기의 등장일 겁니다.

새로운 문물의 등장은 얼마 지나지 않아 많은 인기를 끌었고, 앞서 말했듯 저를 포함한 많은 이가 집에서 비디오를 빌려보거나 가정용 비디오 게임기를 이용해서 콘솔로 이식된 오락실 게임을 즐겼습니다. 저는 이뿐만 아니라 아직 국내에 정식으로 수입되지 않은 일본의 수많은 애니메이션과 게임들도 먼저 경험하고 있었는데요, 바로 해외 도서를 전문으로 판매하는 수입 서점들 덕분이었죠.

학교 주변이나 수입 상가에는 수입 서점들이 있었습니다. 그곳에서 판매하는 해외 잡지와 책은 당시 해외 문화와 관련한 정보를 얻을 수 있는 유일한 통로였습니다. 또한 일부 비디오 가게에서는 국내에 아직 발매되지 않았던 수많은 영화와 애니메이션을 불법으로 카피해서 판매하기도 했죠.

물론 화질은 보장할 수 없었습니다. 비디오에 테이프를 넣고 플레이 버튼을 누르면 화면에 빗줄기 같은 수많은 노이즈들이 나타나 우리

그 당시 수입 서점에서 판매하던 뉴타입 잡지와 비디오 가게에서 불법으로 복사해 주던 애니메이션 비디오

를 반겨(?)주었지요. 게다가 자막조차 없어서 내용을 알 수 없었기에 그저 그림만 보고 내용을 유추할 수밖에 없었습니다. 지금처럼 자막을 구해서 화면에 붙일 수도 없었기 때문에 영화나 일본 애니메이션 대부분을 자막 없이 시청했습니다. 물론 나중에는 자막을 찍어주는 기계로 자막을 단 애니메이션도 간혹 존재했지만, 개인적으로는 그 당시 자막도 없이 본 메가존23이나 마크로스 같은 애니메이션이 왜 그렇게 재미있었는지 모르겠네요. 단순히 추억 보정일까요?

참, 이 글을 읽는 독자 중에는 '불법 카피를 왜 이렇게 당당하게 말하는 거야?'라고 생각하는 분도 계시겠네요. 놀랍게도 당시는 게임과 애니메이션 상당수를 불법 카피로 즐기던 때였습니다. 저작권 개념이 희박하기도 했지만, 일본 문화 수입 자체가 법적으로 허용되지 않았던 시절입니다. 그래서 1998년에 일본 대중문화 개방이 본격적으로 이뤄지기 전까지는 불법 카피로 일본 애니메이션과 영화를 즐길 수밖에 없었죠.

게임 잡지의 등장과 언어 장벽

　그 시절 게임 대부분은 일본에서 만들었고, 당연하게도 게임에 쓰인 언어는 일본어였습니다. 일본어를 모르는 사람에게는 자연스레 언어 장벽이 생겼죠. 이는 분명 취미생활에 방해였는데, 게임기 쪽도 마찬가지였습니다.

　오락실 게임의 경우, 일본어 따위 몰라도 충분히 즐길 수 있는 단순한 아케이드 게임들이 대다수였지만, 가정용 게임기엔 아케이드 장르 외에도 롤플레잉이나 어드벤처처럼 게임 시나리오를 이해해야 하는 장르들이 많이 발매됐습니다. 따라서 이를 제대로 즐기려면 해당 게임을 개발한 곳의 언어를 알아야 했습니다. 앞서 말했듯 당연히 일본어가 압도적이었죠. 당시 일본은 게임 왕국이었습니다. 당시 우리가 접하던 게임은 아케이드 게임과 가정용 콘솔 게임을 가리지 않고 거의 대부분 일

선풍적인 인기를 끌었던 드래곤 퀘스트와 파이널 판타지

본에서 만들었습니다.

당시 엄청나게 인기를 끌었던 드래곤 퀘스트나 파이널 판타지 같은 게임을 제대로 즐기려고 해도 일본어를 좀 할 줄 알아야 했죠. 일본어를 모른다면 아무래도 재미가 반감될 수밖에 없었습니다. 그럼에도 불구하고 당시엔 내용도 알지 못한 채 게임을 플레이하는 유저들이 많았습니다. 물론 일부 사람들은 오로지 게임이나 애니메이션을 즐기려고 일본어를 익히기도 했죠.

90년대 들어 본격적으로 게임 잡지들이 등장하자, 언어 장벽이라는 고질적인 문제는 다행히도 조금씩 해결됐습니다. 게임 잡지에서 인기 게임의 세부적인 공략을 소개해 준 덕분입니다. 공략과 시나리오를 정리한 기사를 읽고 게임을 하면, 완벽하진 않더라도 게임 내용을 이해할 수 있었고, 진행도 수월했죠. 이는 인기 게임의 공략이 실린 게임 잡지가 불타나게 팔리는 계기가 됐습니다. 심지어 오래된 게임의 공략이 실린 당시 게임 잡지가 지금도 중고로 매매되고 있을 정도죠.

현재는 게임 잡지 시장이 사라졌다고 해도 무방한 상태입니다. PC 게임 잡지는 전멸했고, 비디오 게임 잡지는 2022년 현재 〈게이머즈〉가 유일하게 살아남았습니다. 인터넷이 발달하고 여러 악재가 겹치면서 생긴 불가피한(?) 변화입니다만, 잡지에서 본 게임 소개 하나에 가슴이 두근대던 추억까지 사라진 듯해서 아쉬움이 남긴 합니다.

5장

오락실의 발전과 진화

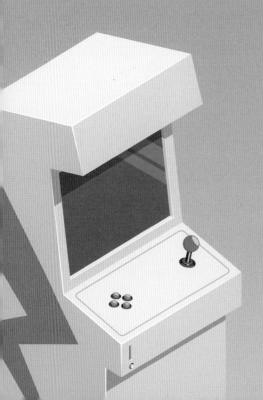

커져라! 세져라! 오락실!

1980년대 말, 제가 다니던 고등학교 주변은 대학가다 보니 오락실이 참 많았습니다. 대형 오락실이 즐비했죠. 심지어 고등학교 교문 앞 골목 안쪽에도 오락실이 두 군데나 있었는데, 자주 다녔던 만큼 적어도 80년대 말부터 90년대 초까지의 아케이드 게임 동향은 빠삭합니다. 당시 대형 오락실은 게임 유행에도 민감해서 트렌디한 게임을 상시 들여왔으며, 일반 캐비닛부터 특수 캐비닛까지 아케이드 게임 대부분을 접해볼 수 있는 장점이 있었죠. 물론 '등가교환의 법칙'에 따라 오락실을 자주 간 시간만큼 공부와는 멀어지는 시간을 보냈습니다만, 지금 생각하면 오락실을 유일한 탈출구라고 생각했던 것 같네요.

당시 오락실에는 기존의 단순한 그래픽으로 제작된 아케이드 게임보다 좀 더 정교하고 화려한 그래픽을 자랑하는 아케이드 전용 게임들이 등장했습니다. 게임 내에 등장하는 캐릭터 크기는 점점 커졌으며, 아직 2D 그래픽이긴 했지만 갈수록 화려해지는 효과들이 아이들의 눈을 현혹했죠. 게다가 아케이드 전용 캐비닛도 형태와 종류가 다양해지고, 화면이 갈수록 커지는 등 좀 더 비주얼이 강화된 게임이 출시되던 시기였습니다.

1988년 제가 주로 다니던 학교 주변의 오락실들은 아직도 기억에 선합니다. 대학가 오락실답게 업장 자체의 크기가 컸고, 들여놓은 아케이드 전용 오락기들의 크기와 종류가 다양했습니다. 게다가 화면도 커다래서 눈길을 확 끌었죠. 특히 대형 화면을 가득 채우던 게임 수왕기와 그라디우스 2는 사람들이 득시글거리던 오락실에서도 눈이 휘둥그레지게 만든 게임이었죠.

수왕기는 특유의 임팩트 있는 화면과 커다란 캐릭터들이 인상적이었고, 그라디우스 2는 첫 스테이지에 등장하는 화룡의 모습이 정말 놀라웠습니다. 커다란 화면을 가득 메운 코로나(태양 대기의 가장 바깥층)에서 화룡이 튀어나오는 이미지는 당시 학생이던 제 가슴을 두근두근 뛰게 했죠. 게임 자체는 어려워서 자주 하지 못했지만, 처음 가본 오락실에서 알게 된 게임이다 보니 뇌리에 각인돼서 잊히질 않더군요.

그 많은 게임 중에서 제 인생에 가장 큰 영향을 준 게임은 아마 캡콤의 '스트리트 파이터 2'가 아닐까 합니다. 1991년 봄 무렵 아직 날씨가 쌀쌀했던 어느 날, 지하상가를 지나가다가 예전부터 간혹 찾아가던 오락실에 들렀습니다. 그 오락실은 유동 인구가 워낙 많은 곳이라, 게임이 자주 교체되고 규모도 컸습니다. 새로운 아케이드 게임을 즐기기 딱 좋은 곳이었죠. 저는 그곳에서 스트리트 파이터 2를 처음 보게 됩니다.

커다란 스프라이트의 캐릭터들이 살아 숨 쉬듯 움직이는 그래픽, 묵직한 타격감, 화려한 기술을 발동하는 모습. 저는 그만 넋을 잃고 게임 화면을 바라봤죠. 스트리트 파이터 2의 부제는 월드 워리어였지만 그때는 부제를 기억도 못했습니다. 1987년에 이미 스트리트 파이터 1편을 경험해 본 저로서는 후속작이 나왔다는 사실에 상당히 호기심이 생길 수밖에 없었습니다.

캡콤이라는 회사의 저력을 이미 알고 있었던 저는 그 시절 커다란 그래픽과 화려한 퍼포먼스로 유명했던 스트리트 파이터 1편의 임팩트를 잇는 후속작이 나왔다는 생각에 가슴이 설렜죠.

무엇보다 눈에 띈 것은 새로운 여성 캐릭터의 존재, 바로 춘리였습니다. 춘리라는 여성 캐릭터는 미모도 눈에 확 들어왔죠. 마치 스트라이더 비룡 시절 잠시 적으로 등장했던 중국인 꾸냥 파이터를 연상케 하는 외모였는데, 파격적인 치파오 차림과 더불어 귀여운 얼굴과 대조적인 허벅지 근육이 매우 묘하게 다가왔습니다. 그리고 패배했을 때 눈물을 흘리는 가여운 모습에 그만 반해버렸죠. 그 처음 보는 생경한 게임기에 어느덧 동전을 넣고 있는 자신을 발견했습니다.

그 이후로 거의 매일 그곳을 지나칠 때마다 오락실에 들러서 스트리트 파이터 2를 한 판씩 했습니다. 워낙에 인기가 있어서 대기 줄이 끊임없이 이어지는 게임이었지만, 초기만 하더라도 대인전이 거의 성사되지 않았기에 주로 혼자서 컴퓨터와 대전을 했죠. 전 특이하게도 많은 이들이 선택하던 류나 켄에는 관심이 없었습니다. 오로지 춘리를 이용해서 컴퓨터를 제압했죠. 제일 많이 올라간 스테이지는 바로 스페인 스테이지! 가면을 쓰고 이상한 소리를 내며 철조망에 매달리던 꼬챙이 변태 캐릭터, 베가가 등장하는 스테이지였습니다. 본래 일본 내수판에서는 발로그죠. 당시 국내에 퍼진 스트리트 파이터 2는 대부분 월드판이었기 때문에 스페인 캐릭터의 이름은 베가로 통용되던 시절이었습니다. 워낙에 난도가 높아서 저는 그 이상 갈 수가 없었습니다.

그렇게 스트리트 파이터 2에 자연스럽게 입문했지만, 이후로 1년간 스트리트 파이터 2가 제게 어떤 영향을 미칠 것인지 당시엔 상상조차 하지 못했습니다. 동네 오락실을 전전하며 도장 깨기를 하고 다니던 그 시절의 추억을 이곳에 다 담지는 못하겠네요. 나중에 기회가 되면 이쪽은 따로 이야기해 보고 싶습니다.

수왕기

개발사 : 세가(1988년)

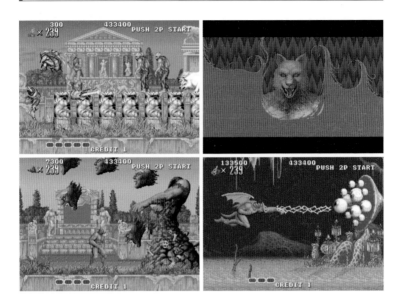

수왕기는 1988년 세가에서 개발한 오락실용 횡스크롤 액션 게임이다. 북미판 제목은 얼터드 비스트이며, 그리스 신화에 수인족 이야기를 결합한 요상한(?) 이야기가 특징이다. 주인공은 과거 제우스신에 의해 봉인된 수인족이다. 마족의 습격으로 신들의 세계가 위험해지고, 제우스의 딸인 아테나가 납치되자 제우스에 의해 무덤에서 부활하면서 게임이 시작된다. 게임을 시작하면 발차기와 주먹 지르기 정도밖에 할 수 없는 평범한 인간이지만, 머리가 둘 달린 흰색 개를 해치우면 생기는 파란색 구슬을 먹으면서 점차 강해진다. 그러다 나중에 수인의 힘을 되찾는다. 변신할 수 있는 수인은 스테이지별로 다른데, 첫 스테이지는 늑대인간으로 변신한다. 늑대인간은 장풍과 강력한 몸통 박치기를 사용해 전장을 싹 쓸어버리는 막강함을 선보이며 '수왕기'라는 게임의 호쾌함을 제대로 각인시켜 준다. 이후 주인공은 전기 공격을 하는 드래곤, 롤링어택과 석화 공격을 하는 곰 인간, 아래위로 쓸어버리는 호랑이 인간 등으로 변신하면서 수인족의 파워를 보여준다. 주인공의 공격을 받은 적은 뼈와 살이 분리되는 다소 잔인한 모습으로 죽는다. 당시 오락실에서 커다란 화면으로 이 게임을 접했던 필자에게 동공이 흔들릴 만한 경험이었다. 또한 그로테스크하고 기괴하기 짝이 없는 배경과 괴물(짐승)들도 인상적이었다. 자신의 머리통을 뽑아서 던지는 첫 스테이지 보스라든가 눈알을 끊임없이 토해내서 공격하는 두 번째 스테이지 보스를 처음 접했을 때의 시각적 충격은 당시 필자가 감당하기에 만만치 않았다.

그라디우스 2 : 고퍼의 야망

개발사 : 코나미(1988년)

이 게임은 1988년 코나미에서 개발한 오락실용 횡스크롤 슈팅 게임이다. 전작인 그라디우스의 후속작이며 더욱 강화된 그래픽과 게임 시스템을 자랑한다. 오락실 키드들에게 그라디우스 시리즈를 각인시킨 게임이기도 하다. 개인적으로는 그라디우스 시리즈가 나아갈 길을 밝혀준 게임이라는 생각도 든다. 필자는 오락실에서 큰 화면으로 이 게임을 처음 접해봤는데, 커다란 태양이 가득 차 있는 화면 사이로 기체를 이리저리 피해서 이동해야 했던 강렬한 기억을 잊을 수가 없다. 특히 태양에서 튀어나오는 거대한 불꽃 드래곤이 무서워서 게임을 자주 하진 못했다. 게임 배경음악과 사운드가 발군이라 시끄러운 오락실에서 들었음에도 머릿속에 남았고, 이후에 사운드트랙 CD를 찾아서 들었던 기억도 있다. 뒤로 갈수록 기괴하기 짝이 없는 괴물들이 튀어나오는 등 영화 에일리언에서 모티브를 얻은 듯한 스테이지도 존재한다. 커다란 크기를 자랑하는 보스들은 그라디우스 시리즈의 특징으로 자리 잡았다. 특히 게임 후반부에 보스들이 연속으로 튀어나오는 부분은 압권이다.

사이킥 5

개발사 : NMK (1987년)

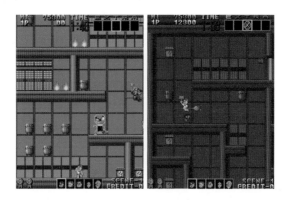

사이킥 5는 1987년 자레코에서 발매한 오락실용 액션 게임으로 국내 오락실에서는 대부분 꾸러기 5형제라는 이름으로 불렸다. 중간에 아키코라는 여자애도 끼어 있는데다가 할아버지도 있는데 5형제라니, 도무지 이해는 안 가지만 이 5명이 활약해서 사탄의 부하들과 싸우는 퇴마 액션 게임이다. 게임이 특이하게도 종스크롤 슈팅 게임처럼 세로형 화면이라서 화면의 세로가 긴데다가 스테이지 구성도 아래에서 위로 길게 구성돼 있어서 특이했다. 플랫폼 액션 게임으로 점프해서 망치로 적을 때려잡는 게 게임 목표지만, 다른 점프 액션과는 차원이 다를 정도로 점프가 높아서 한 번에 뛰어오를 수 있는 높이가 상상 이상이다. 그만큼 점프가 중요한 게임이다.

공격력은 할아버지인 겐조가 가장 강하며 그다음으로 분타라는 뚱보 캐릭터가 강하지만, 이 둘의 이동 능력은 최악이라서 사실상 컨트롤이 상당히 힘든 캐릭터다. 사이킥 5에서 가장 재밌는 시스템은 바로 평소에 빗자루를 타고 화면 위를 떠다니는 마녀의 존재! 이 마녀는 평상시에 스테이지 여기저기를 계속 돌아다니는데, 플레이어 캐릭터의 움직임에 예민하게 반응하므로 이걸 역이용해서 근처에 다가왔을 때 망치로 때려잡으면 잠시 마녀의 빗자루를 얻어 타고 마음껏 날아다닐 수 있다. 그 순간만큼은 무적인데다가 망치 공격도 자동으로 연사되므로 보스전 직전에 활용하면 순식간에 게임을 클리어할 수 있다.

콘트라

개발사 : 코나미(1987년)

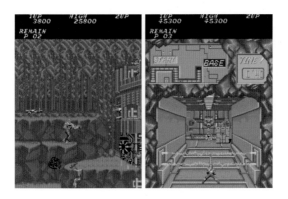

콘트라(혼두라)는 코나미에서 제작한 오락실용 횡스크롤 런 앤 건 게임이다. 2인 동시 플레이가 가능하며, 두 주인공의 모습이 영화 람보와 코만도의 주인공인 실베스터 옹 과 아놀드 옹을 닮았기 때문에 보통 오락실에서는 람보와 코만도라고 부르기도 했다. 비슷한 방식의 게임이 이전에 존재했을지 모르지만, 콘트라 이후 비슷한 런 앤 건 액션 게임이 다수 출현했다는 점에서 런 앤 건 슈팅 액션의 아버지 같은 존재라고 생각한다. 사실 초히트 게임인 메탈 슬러그도 결국은 콘트라의 변종인 셈.

지형에 따라 점프를 하면서 총을 쏘고, 파워업해서 다양한 무기를 다루는 점은 여타 횡스크롤 액션 게임과 크게 다를 바 없다. 콘트라만의 독특한 점은 바로 적의 기지에 쳐 들어가면 등장하는 3차원 시점 스테이지다. 적 기지의 입구를 파괴하면 기지 내부로 들어갈 수가 있는데, 보스가 있는 기지 끝까지 가는 동안 복도를 지나야 한다. 이 복도 는 보통 3차원 시점으로 묘사된다. 갑자기 횡스크롤 사이드뷰 시점이 3차원 시점으로 바뀌는 것이다. 처음 이런 변화에 적응하지 못한 플레이어는 복도에서 애를 먹기도 했 지만, 적응하면 나름 재미있다. 이 게임만의 개성이 돋보이는 부분이다.

로보캅

개발사 : 데이터 이스트(1987년)

폴 버호벤 감독이 제작한 영화 로보캅은 당시 상영된 영화 중 가장 임팩트 있는 SF 영화였다. 당시 학교에서 단체로 탑건이라는 영화를 보러 갈 예정이었는데, 필자와 친구들은 로보캅을 보러 갔다. 영화가 흥행한 후, 데이터 이스트에서 개발한 오락실용 게임 로보캅이 발매됐는데 특유의 UI, 영화 속 BGM, 스테이지가 끝나면 나오는 로보캅의 목소리 등이 영화 속 한 장면을 직접 플레이하는 듯한 긴장감을 줬다. 영화를 가장 잘 구현한 아케이드 게임으로 손꼽을 정도다. 특히 첫 스테이지 보스로 등장하는 ED209의 위용은 당시 영화를 즐겼던 사람으로서 눈이 똥그래졌는데, 크기도 크기지만 워낙에 기체 디자인을 제대로 구현해서 적이지만 너무 멋있었다. 게임 난도가 좀 있는 편이라 끝판을 본 기억은 없지만, 영화 로보캅의 팬이라면 한 번쯤 해봐야 했던 아케이드 게임이다.

비질란테

개발사 : 아이렘(1987년)

아이렘에서 제작한 오락실용 횡스크롤 액션 게임. 게임 시스템은 전작에 해당하는 스파르탄X와 상당히 유사하다. 다만 그래픽을 일신해서 아이렘 특유의 미려하고 디테일

한 완성도를 자랑하며, 다양한 개성을 지닌 적 캐릭터들과 보스들이 등장한다. 타격감도 찰져서 타격할 때마다 뒤로 물러나거나 얻어맞는 동작까지 제대로 구현했다. 당시 이런 게임의 스토리는 좀 뻔한 면이 있었다. 이 게임도 남자친구가 아무런 반항도 못하고 끌려간 여자친구를 구출하러 떠난다는 내용이다. 다만 전작과 다르게 쌍절곤이 등장하는데, 파워는 다소 약하지만 워낙에 빼어난 성능을 자랑하는지라 보스전에서도 유용하게 사용된다.

사실 파워는 주인공이 차는 발차기보다 못하지만, 주인공의 팔다리가 워낙 짧아서 리치가 긴 무기를 쓰는 치사한 적들이 난무하는 게임 특성상 쌍절곤이 없으면 상당히 고생하는 구간이 존재한다. 보스전까지 쌍절곤을 잃지 않는 게 게임을 잘 풀어가는 핵심이다. 보스 대부분은 공격 패턴이 상당히 단순하기에 공략이 그다지 어려운 편이 아니다.

▌ 스플래터 하우스

개발사 : 남코(1988년)

1988년 남코에서 제작한 오락실용 횡스크롤 액션 게임. 아케이드에 거의 존재하지 않는 본격 오컬트 액션 장르라는 점도 대단하지만, 공포 영화 특유의 분위기를 한층 고조시키는 연출과 음악이 돋보이는 게임이기도 했다. 스플래터 하우스는 액션 장르임에도 불구하고 플레이하고 있는 유저가 플레이를 꺼릴 정도로 그로테스크한 장면과 소름 돋는 이미지를 잘 활용했다. 공포 게임이라는 장르의 가능성을 새롭게 보여줬다고 해도 과언이 아니다. 이런 연출의 게임은 이전엔 존재하지 않았던 독보적인 공포를 보여줬다. 좀비 개와 폴터가이스트, 거울 속에서 뛰쳐나오는 복제된 닉, 허공을 떠다니는 역십자가 등 초현실적인 존재와 피와 살이 뒤엉켜 있는 이빨 달린 바디 이터까지! 맨정신이라면 절대 마주하고 싶지 않은 괴물들을 해치우며 전진해야 한다. 가장 인상 깊은 보스는 얼굴에 자루를 뒤집어쓰고 양손에 전기톱을 단 피기맨이다. 이 녀석을 쉽게 죽이려면 반드시 게임 도중 등장하는 산탄총 2자루를 가져와야 한다. 그러면 게임이 쉬워진다.

로스트 월드

개발사 : 캡콤(1988년)

캡콤 게임 중 유일하게 로터리 버튼, 혹은 롤링 스위치라 불리는 독특한 인터페이스를
지원하는 게임이다. 360도 방향으로 회전이 가능한 인간 유닛형 슈팅 게임. 역시 당시
캡콤답게 화려한 그래픽과 거대한 스프라이트의 위용을 자랑하던 게임이었지만, 비치
된 오락실이 많지 않아서 일부러 이 게임을 하려고 여러 오락실을 찾아다녀야만 했다.
주인공은 허공을 떠다니면서 적들과 싸우는데, 주인공을 따라다니는 소형 드론이 기본
으로 존재한다. 게임 내에서 얻는 돈을(제니라고 부르는 캡콤 특유의 통화단위) 모아서
도중에 갑자기 지상에서 솟아올라오는 비밀 상점에서 주인공과 드론의 무기를 업그레
이드할 수 있었다. 상점 주인으로 등장하는 금발 누님은 당시 오락실 게임 최고의 미녀
였다고 생각한다.

블랙 드래곤

개발사 : 캡콤(1987년)

해외판 제목은 블랙 타이거, 오래전부터 판타지 액션 RPG 같은 게임에 지대한 관심이
있었던 캡콤에서 제작한 게임이다. 적들을 해치우면 동전이 나오고, 이 돈을 모아서 상
점에서 아이템을 사거나 무장을 업그레이드하는 등 성장 개념이 들어가 있다는 점에서

는 세가에서 제작한 원더보이 2와 경쟁할만한 액션 RPG 게임이었다.

보통 판타지 액션 게임의 주인공이 사용하는 무기는 멋진 검이나 마법 무기이지만, 블랙 드래곤은 특이하게도 주무기가 철퇴다. 명확히 말하면 사슬낫 계열이라고 봐도 무방한데, 상당히 길게 앞으로 뻗어나가는 데다가 상점에서 좀 더 비싼 무기로 교체할 때마다 더 길어진다. 보조 무기로 단검을 여러 날리는데 철퇴의 사정거리보다 더 길기에 강한 적과 싸울 때는 이 무기에 의존하는 경우가 많다. 사실 블랙 드래곤은 캡콤 스타일의 판타지 액션의 공식을 정립한 게임이기도 하다. 마계촌의 영향을 받아서 적에게 공격당하면 입고 있던 갑옷이 벗겨지는 등 몇 가지 특징을 가져와 자신만의 판타지 스타일을 창조했다.

서유항마록

개발사 : 테크노스 재팬(1988년)

서유항마록은 오락실용 격투 액션 게임으로 해외판 제목은 차이나 게이트이며, 특이하게도 벨트스크롤이 아니라 고정된 스테이지에서 싸우는 플랫폼 액션 게임이었다. 그래서 버블보블이나 스노우 브라더스 같은 게임에 더블 드래곤의 타격 액션을 결합한 듯한 독특한 재미를 선사했다.

서유기에서 모티브를 따온 게임이라 고를 수 있는 캐릭터는 손오공, 저팔계, 사오정이며 고유한 무기를 사용해 적을 타격하고 붙잡아 던지는 등 테크노스 재팬다운 타격 액션을 선사한다. 적을 해치우면 얻는 아이템 중에는 술법을 사용할 수 있는 것도 있는데, 같은 아이템이라 해도 캐릭터마다 다른 술법이 나간다. 그래서 가장 좋은 술법인 천둥 술법을 사용하는 사오정을 다들 선호했다. 천둥 술법은 술법 중 유일하게 어디에서 공격해도 화면 전체의 적을 공격하기 때문에 최강의 기술이었다. 스테이지가 독특하게 플랫폼으로 구성돼 점프하거나 밑으로 내려가면서 적들을 유인해 싸우는 전략을 구사할 수 있었다. 한 스테이지의 졸개들을 모두 해치우면 화면이 어두워지면서 보스가 등장하는데, 보스의 공격 패턴을 잘 파악해서 싸우는 것이 게임의 핵심이다.

미드나이트 레지스탕스 개발사 : 데이터 이스트(1989년)

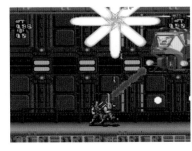 

로터리 레버를 활용하는 몇 안 되는 횡스크롤 액션 게임. 게임성 또한 훌륭해서 오락실에서 꽤 오랜 기간 장수한 인기 게임이었다. 로터리 레버를 활용해서 여덟 방향으로 회전하며 적을 사격할 수 있다는 점이 이 게임의 핵심이자 매력인데, 나중에 화염방사기 같은 무기를 얻게 되면 그 독특함이 빛을 발했다. 이 게임은 콘트라 같은 런 앤 건 액션에 로터리 스틱 액션을 결합해서 독창적인 게임성을 만들어낸 셈이다. 또 재밌는 시스템은 중간에 등장하는 무기고인데, 마치 상점을 이용하듯 게임 진행 도중 얻는 열쇠를 소비해서 해당 무기고의 무기들 중 마음에 드는 무기나 아이템 등을 구할 수 있었다. 자동 연사 무기, 3웨이샷, 화염방사기, 샷건 등의 무기들이 존재한다. 그 밖에도 추가 탄알이나 파워업 아이템, 보너스 아이템도 얻을 수 있다.

대마계촌 개발사 : 캡콤(1988년)

 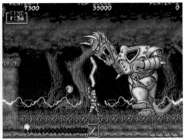

전작이었던 마계촌을 업그레이드한 작품이다. 그래픽이 좀 더 화려해졌고, 주인공인 아서에게는 황금 갑옷이라는 마법 갑옷이 주어졌다. 해당 갑주를 입으면 버튼을 누르는 동안 마법 기술을 모았다가 발사할 수 있다. 다만 모으는 시간에 차라리 몇 발 더 쏘

는 게 이득이라 일부 마법을 제외하면 사실 그다지 자주 사용하진 않았다. 황금 갑옷은
무기별로 다른 마법을 사용할 수 있게 해주는데, 초반 무기인 창은 십자 형태로 발사되
는 번개를 사용할 수 있다. 대마계촌 최강의 무기인 단검은 분신을 걸어주기 때문에 적
절할 때 사용하면 게임이 훨씬 수월해진다. 전작보다 섬세해진 그래픽과 스케일이 커
진 스테이지와 배경 기믹들이 스펙타클한 연출과 어우러져 아서의 모험이 한층 흥미진
진해졌다. 원래 마계촌은 극악한 난도를 자랑한다. 이 게임은 난도가 전작 못지않지만,
어느 정도 패턴이 존재하기 때문에 패턴만 파악한다면 일부 구간을 제외하고는 초보자
도 공략할 수 있다. 결국 해볼만한 게임이 됐다고 생각한다.

시노비

개발사 : 세가(1987년)

1987년 세가에서 발매한 아케이드 횡스크롤 액션 게임으로 이후 꾸준하게 발매된 시
노비 시리즈의 첫 번째 작품이다. 주인공 죠 무사시는 후속 시리즈에도 줄곧 주인공으
로 등장한다. 시노비에는 특이한 시스템이 존재하는데, 바로 라인 이동 시스템이다. 스
테이지마다 마치 격투 게임인 아랑전설 시리즈처럼 이동 라인 두 개가 존재해서, 레버
를 위로 한 채 점프 버튼을 누르면 화면 바깥쪽 라인으로 건너갈 수 있었다. 다시 한번
누르면 안쪽 화면으로 돌아오는데, 이 시스템은 이후 가정용 게임 후속작인 슈퍼 시노
비, 아케이드 게임인 섀도 댄서, 이스와트 등 다양한 게임에서 활용된다.

　죠 무사시의 기본 공격은 수리검이지만 적에게 접근하면 자동으로 검을 사용하거나
킥을 사용한다. 이 공격법은 방패를 들고 있는 적을 제거할 때 매우 유용하다. 무기를
업그레이드하면 총을 사용하는데, 이 총의 위력은 마치 유탄처럼 스플래시 데미지 속
성이 있어서 방어하는 적들도 한 방에 쓰러질 정도로 상당히 강력하다. (어째서 닌자가
총을 사용하는지는 알 수가 없다.) 또 스테이지별로 인술이라 부르는 닌자 술법을 한 번
만 사용할 수 있다. 각각의 인술은 생김새가 전부 다르지만, 전멸 폭탄 개념이라는 점은
같다.

죠 앤 맥 싸워라 원시인

개발사 : 데이터 이스트(1991년)

데이터 이스트에서 만든 오락실용 액션 게임이며, 해외판 제목은 생뚱맞게도 케이브맨 닌자였다. 국내에서는 해외판이 오락실에 풀려서인지, 오히려 케이브맨이란 이름이 많이 알려졌다. 2인 동시 플레이가 가능한 액션 게임으로, 죠와 맥이라는 원시인이 주 인공으로 등장한다. 기본 공격은 돌도끼 던지기이지만, 버튼을 길게 누르면 팔을 마구 빙글빙글 돌려서 차지 공격을 사용할 수 있으며, 차지 공격을 할 때는 모든 무기가 더 커지고 강해진다. 돌도끼뿐만 아니라 게임 도중에 얻는 다양한 무기를 쓸 수 있다. 무기 마다 속성이 다르기에 마치 마계촌처럼 상황에 맞게 쓰면 게임을 유리하게 이끌어갈 수도 혹은 더 힘들어질 수도 있다. 게임 분위기는 밝고, 코믹하고, 경쾌하다. 그래픽의 퀄리티도 상당한데다가 등장하는 공룡 보스들도 크기가 큼직해서 게임의 스케일과 완 성도가 훌륭하다.

스트라이더 비룡

개발사 : 캡콤(1989년)

캡콤에서 제작한 액션 게임 중 가장 드라마틱하면서도 실험적인 연출을 자랑한다. 이 때문에 당시 오락실에서 구경하는 재미가 쏠쏠했다. 다만 게임의 난도가 생각보다 높아서 직접 할 때는 오래하지 못했기 때문에 항상 잘하는 사람 뒤에서 구경만 하곤 했다. 주인공은 닌자와 암살자를 적당히 섞어놓은 듯한 느낌이었는데, 모든 것을 벨 수 있다는 광검 사이퍼가 주무기이며 벽을 타고 기어오르거나 천장에 매달릴 수 있어서 당시로서는 상당히 참신한 게임성을 보여줬다.

게다가 스테이지마다 존재하는 다양한 기믹들이 스트라이더의 멋진 활약을 더더욱 돋보이게 해줬다. 벽을 타고 기어오르는 스테이지에서부터 공중 전함에서의 싸움, 적으로 등장하는 거대한 적들과 설원과 정글을 넘나드는 다양한 스테이지까지! 무엇보다도 가장 인상 깊었던 장면은 시베리아 설원에서 지뢰가 매설된 눈 덮인 내리막길을 고속으로 달려 내려가는 장면이었는데, 정말 시원시원하고 거침없는 질주가 영화 속 장면을 보는 듯했다.

다크 실

개발사 : 데이터 이스트(1990년)

1990년 데이터 이스트에서 제작한 오락실용 판타지 액션 게임으로 당시 오락실에 흔치 않은 쿼터뷰 시점 탓에 적응에 실패하면 게임 난도가 급상승했다. 사실 이런 버드 아이 뷰는 오히려 디아블로나 스타 같은 전략 게임을 많이 접해본 PC 게이머들에게는 상당히 익숙하겠지만, 스틱으로 조작하는 아케이드 게임에서는 생소하다. 그래서 조작이 다소 애매한 것은 사실이다.

게임을 시작할 때 전혀 다른 직업군 캐릭터 4명 중 하나를 고르는데, 플레이가 가능한 캐릭터는 마법사, 기사, 닌자, 음유시인이며 기본 조작은 비슷해도 각자의 능력이 전부 달라서 캐릭터의 개성을 잘 살렸다는 점이 재밌다. 마법사는 기본 공격으로 불을 사용하며, 기사는 철퇴를, 닌자는 수리검을, 음유시인은 삼지창을 주무기로 쓴다. 그런데 이 무기들은 장단점이 명확해서 유저들마다 호불호가 나뉘었다. 도중에 얻게 되는 파워업 아이템인 신발이나 건틀렛의 유무에 따라서도 무기 성능에 차이가 존재하기 때문에 전략적으로 캐릭터를 선택하는 일은 필수. 마법서는 이 게임만의 독특한 시스템이다. 게임상에 등장하는 적들을 해치우면 마법력을 채울 수 있는데, 전부 채우면 마법서에 존재하는 마법을 사용할 수 있다. 이때의 마법은 여타 RPG에 존재하는 전체 공격마법이 아니라 대부분 소환 마법이다. 주인공이 마법서에 담긴 존재로 변신하는 것이다. 변신할 수 있는 존재는 다양하며, 소환된 존재마다 장단점이 극명해서 사실상 쓸만한 마법은 몇 가지 안 된다.

미드나이트 원더러스

개발사 : 캡콤(1991년)

원래 1991년 캡콤에서 발매한 쓰리 원더스에 포함된 횡스크롤 런 앤 건 게임이다. 일본판 제목은 '루스터즈'다. 쓰리 원더스는 세 가지 게임이 함께 들어 있는 독특한 합팩 스타일 게임이었다. 즉 쓰리 원더스에는 미드나이트 원더러스라는 게임과 후속작으로 개발된 횡스크롤 비행 슈팅 게임인 채리엇이 들어 있으며, 앞서 말한 두 게임과는 관련성이 전혀 없는 돈풀이라는 퍼즐 액션 게임이 들어 있다. 미드나이트 원더러스는 채리엇에서 주인공들이 타고 다니는 비행선을 얻기 위한 모험담을 그렸으며, 2인 동시 플레이가 가능한 게임이다. 엘프처럼 생긴 주인공인 루와 친구 시바를 플레이하며, 이들은 기본 무기로 석궁과 단검을 사용한다. 도중에 적을 해치우거나 상자를 부수면 다양한 무기를 얻을 수 있는데, 각 무기는 성격이 전혀 다르므로 쓰임새에 맞게 운용해야 한다. 옵션 개념인 정령을 먹으면 주인공의 뒤를 따라다니면서 각자의 속성에 맞는 보조 공격을 한다. 정령을 더 먹으면 업그레이드되면서 옵션 크기가 커지고 공격력도 좋아진다.

뉴질랜드 스토리

개발사 : 타이토(1988년)

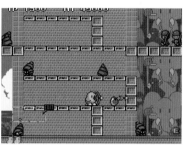

1988년 타이토에서 제작한 오락실용 액션 슈팅 게임이다. 노란색 병아리처럼 보이는 주인공 캐릭터는 병아리가 아니라 뉴질랜드에서만 산다는 키위새인데, 아무리 봐도 생김새가 병아리처럼 보여서 당시에도 그렇고 이 사실을 아는 사람이 많지 않다. 게임 분위기와 그래픽은 정말 타이토답다. 동화 나라를 보는 것 같은 그래픽이 인상적이다. 배경이 전체적으로 노란 톤에 밝고 아기자기하다. 여기에 등장하는 적들도 귀엽고, 커다란 신발을 신고 걸어 다니며 화살을 쏘는 주인공마저 귀여워서 남녀노소 누구나 좋아하는 게임이다. 게임에 숨겨진 요소가 많은데, 초기 버전에는 비밀 포털을 타고 무한루프를 돌 수 있는 꼼수도 있었기 때문에 당시 오락실 고수들은 원 코인으로 온종일 죽치고 앉아 있을 수도 있었다.

오다인

개발사 : 남코(1988년)

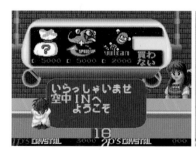

남코의 시스템2 기판으로 제작한 오락실용 횡스크롤 슈팅 게임. 시스템2의 스프라이트 회전, 확대 축소 기능을 게임 배경의 회전 기믹이나 적 캐릭터들의 동작 등에 적용해서 여타 게임과는 다른 독특하고 화려한 연출을 보여준 것이 묘미다. 2인용도 가능해

서 주인공인 유이치와 중국인 제자 친을 골라서 친구랑 같이 플레이할 수 있다. 게임에서 얻은 크리스털이 곧 돈이라 이걸로 중간에 등장하는 미유키 짱의 상점에서 다양한 무기와 아이템을 구매해 파워업을 할 수 있었다. 특이하게도 해당 상점에는 가끔 아이템 두 개를 묶어서 파는 할인 세트가 존재했다. (무슨 마트 1+1 할인도 아니고) 또한 상점 말고 드림 코퍼레이션이라는 현수막을 달고 다니는 로봇을 만나면 일정량의 크리스털을 걸고 뺑뺑이 도박을 할 수 있는데, 맞춘 번호에 따라서 배당 금액을 받거나 아이템을 받을 수 있다. 1989년 PC엔진 휴카드로 이식됐는데, 의외로 이식이 훌륭하고 동시 2인용도 가능해서 호평을 받은 바 있다.

게인 그라운드

개발사 : 세가(1988년)

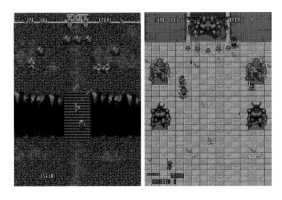

세가의 시스템24 기판으로 개발한 세로 화면 아케이드 액션 슈팅 게임이다. 시스템 24답게 기존 320×240 해상도가 아닌 496×384의 고해상도 그래픽을 자랑한다. 게임 방식은 기본적으로 액션 슈팅이면서도 어느 정도 전략 요소가 필요해서 단순히 스테이지를 클리어하기보다는 새로운 동료를 구출해서 한 명씩 늘려가는 재미가 쏠쏠했다. 동료들은 각자 특이한 무기를 가지고 있어서 어려운 스테이지를 각 동료의 특징을 활용해서 쉽게 클리어할 수 있는 묘미가 있었다. 스테이지를 시작하면 주어진 캐릭터를 활용해서 화면에 존재하는 모든 적을 죽이거나 해당 캐릭터들이 출구까지 무사히 빠져나가면 게임 클리어. 도중에 합류하는 동료들은 다음 스테이지부터 조종할 수 있으며, 대부분 기본 샷 외에 추가로 스페셜 공격도 가능하다. 스테이지에는 나름 높낮이가 존재한다. 무기마다 높은 곳을 공격할 수 있는 무기와 그렇지 못한 무기도 있으니 이에 맞는 캐릭터를 골라야 유리하다.

최후의 인도

개발사 : 아이렘(1988년)

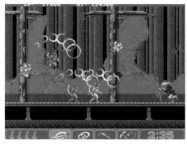 

최후의 인도는 사실상 타이토가 만든 게임 '영의 전설'에 사용된 게임 시스템을 계승한 횡스크롤 무협 활극 액션 게임이다. 해외판 제목은 닌자 스피릿. 점프를 하면 어마어마한 높이의 고공 하이점프가 가능하다는 점에서 영의 전설을 그대로 계승하고 있으며, 닌자가 사용하는 각종 전통 무기와 무협지를 보는 듯한 허공답보 수준의 경공술 연출은 일본 영화나 애니메이션에서 볼 수 있는 이상적인 닌자의 모습을 그대로 묘사하고 있다. 게임 도중 연을 타고 날아오는 적 닌자들의 모습이라든가, 마룻바닥 밑이나 천장 위에서 암습을 하는 연출은 한 편의 닌자 무협 활극을 보는 듯한 느낌을 제대로 전달한다.

이 게임이 게이머 사이에서 유명한 이유는 게임성이나 그래픽이 아닌 잔혹하기 짝이 없는 난도 때문이다. 이걸 정말 깨라고 만들었나 싶을 정도로 극악의 난도가 플레이어를 괴롭히는데, 초반 스테이지에서 '어? 할만한데?' 하고 방심하다가 뒤로 가면 갈수록 좌절한다는 점에서 더더욱 게임의 사악함을 느낄 수 있다. 따라서 당시 오락실에서 원 코인 엔딩을 보는 사람은 손으로 꼽을 정도였다. 누군가 4 스테이지 이상 간다 싶으면 뒤쪽에 삼삼오오 모여 플레이어를 은근히 응원했고, 엔딩을 볼 수 있기를 기원했다.

원더보이 3 : 몬스터 레어

개발사 : 웨스톤(1988년)

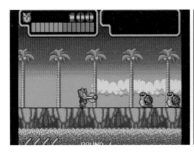

1988년에 웨스톤에서 개발하고 세가에서 출시한 원더보이 스타일의 슈팅 게임. 진행하는 방식은 원더보이 1편이랑 비슷하지만, 일단 슈팅 게임이다. 보통 한 스테이지가 원더보이처럼 진행되다가 보스전 직전에는 횡스크롤 비행 슈팅 게임으로 바뀐다. 체력 게이지 역시 1편처럼 시간이 지나면 차츰 줄어들기 때문에 중간중간 등장하는 과일을 섭취해서 체력을 채워줘야 한다. 원더보이 2편보다는 1편의 감성을 따른다고 말할 수 있다. 캐릭터 스프라이트가 큼직하고, 배경의 색감이 화사하며, 적 캐릭터도 귀엽다. 이 때문에 남녀노소가 즐기기 딱 좋은데, 동시 2인용도 가능하다. 다만 보스전의 경우 보스들의 체력이 생각보다 높은 편이라 연타 실력이 상당히 중요하다. 손가락이 부서져라 연타할 각오는 해야 한다.

아토믹 로보 키드

개발사 : UPL(1988년)

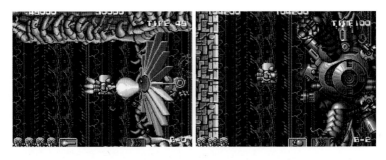

닌자군 시리즈로 유명한 UPL에서 제작한 오락실용 횡스크롤 슈팅 게임. 작고 땅딸한 로봇이 주인공으로 등장하는데, 처음엔 걸어 다니지만 아이템을 먹으면 비행이 가능하다. 강제로 스크롤되는 것이 아니라 플레이어가 조종하는 대로 움직인다. 기본 무기는 사정거리가 짧고 얇은 빔이지만, 적들을 해치우다 보면 나오는 구슬 모양의 아이템을 먹고 파워업할 수 있다. 아이템을 쏘면 다른 무기로 변하기 때문에 현재 소지하지 않은 다른 무기를 얻을 수도 있다. 스테이지는 일반적인 횡스크롤 슈팅처럼 진행되며, 적의 총알을 피하고 적들을 쏴서 없애다가 스테이지 끝에 있는 출구로 빠져나가면 스테이지 클리어! 일부 스테이지에서는 거대한 보스와 싸우는 보스전이 등장하기도 하는데, 당시엔 미려한 그래픽으로 꿈틀대며 움직이는 거대한 보스의 위용에 입을 떡 벌리고 바라봤던 기억이 있다. 전체적으로 상당히 캐주얼하게 진행되는 액션 슈팅 게임이며, 다소 그로테스크해 보이는 배경 및 캐릭터 디자인에 비해 주인공 로봇의 움직임이 귀엽다. UPL 특유의 귀염성이 엿보이는 부분인데, 그렇다고 게임이 마냥 쉽지만은 않다.

공리금단

개발사 : 타이토(1988년)

어찌 보면 스파르탄X와 비질란테 등이 연상되는 격투 액션 게임이다. 보스전이 있다는 점은 같지만, 보스전을 좀 더 일대일 대전 격투 게임처럼 꾸며서 연출이 박력 있고 인상적이다. 마치 만화 〈북두의 권〉의 한 장면을 오마주한 것처럼 말이다. 주인공의 이름은 공리금단으로 일본어 발음은 쿠리킨톤, 생김새는 여느 열혈 소년 격투 만화의 클리셰를 따라서 만든 듯하다. 머리에 띠를 질끈 묶고 빨간 도복을 입은 채 오토바이를 타고 출동한다. 버튼은 2 버튼만을 사용하지만, 잘만 활용하면 다양한 기술을 쓸 수 있다. 일단 공격 버튼을 길게 누르면 장풍을 모아서 쏜다. 장풍을 모으고 있는 동안 공격받으면 모아놓은 장풍이 없어지기 때문에 적이 공격하기 전에 기술을 발동해야 한다. 너무 빠르게 버튼을 떼면 코믹하게도 앞에서 뿅! 하고 없어져서 당황하는 주인공의 모습도 볼 수 있다. 장풍은 관통 속성이 있어서 졸개라면 여럿이 서 있어도 한꺼번에 처치할 수 있다. 다만 보스전에서는 발동 타이밍이 너무 느려서 쓸모없는 공격이 되니 주의해야 한다. 또한 아무런 행동을 안 하고 기다리면서 기를 모으는 행동을 하면 전신이 오라로 뒤덮인다. 이 행위를 3번 하면 그만큼 몸을 보호하는 보호막이 생겨서 데미지를 3번까지 막아준다. 그런데 이 게임, 사악하게도 주인공이 조금이라도 아무 짓을 안 하면 귀신 같이 알아차리고 적들이 다가온다. 그래서 기를 모으는 행위를 계속할 수가 없다. 쉽게 기를 모으려면 먼저 적들을 해치운 후 바로 차지 공격으로 장풍을 쏴서 앞에서 다가오는 적을 멀리서부터 차단한 후, 바로 기를 모아야 한다. 보호막을 만드는 기술은 평상시 적들을 상대할 때도 중요하지만, 보스전에서는 필수다.

▌페리오스

개발사 : 남코(1989년)

그리스 신화를 모티브로 제작된 종스크롤 슈팅 게임이다. 게임 스토리는 악마 튀폰에게 납치된 여신 아르테미스를 구출하기 위해 그리스의 신 아폴론이 페가수스를 타고 모험을 한다는 내용이다. 이 게임의 핵심은 바로 한 스테이지가 끝날 때마다 등장하는 아르테미스의 납치된 모습. 감금된 아르테미스의 모습을 거울로 보여주는데, 슬픈 음악이 흐르는 가운데 아름다운 여신의 모습과 가련한 목소리가 일본 성우의 목소리로 출력된다. 당시 오락실에서 소년들의 가슴을 설레게 만든 포인트. 하지만 반드시 구출하러 가야겠다는 일념으로 도전해 봤자 뒤로 갈수록 사악해지는 난도가 많은 소년을 좌절시켰다. 언제나 이상과 현실은 다른 법이다. 게임은 종스크롤로 진행되며 버튼을 길게 누르면 차지샷을 발사할 수 있었다. 그리고 파워업을 하면 옵션 파츠를 데리고 다닐 수 있다. 옵션은 최대 3개까지 늘릴 수 있으며, 그 밖에도 스피드, 자동 연사가 가능한 빔이나 아크로스 같은 다양한 보조 아이템이 존재한다.

이스와트

개발사 : 세가(1989년)

스와트(SWAT)를 소재로 만든 횡스크롤 액션 게임이다. 로보캅, 강화복 아이디어를 접목한 미래형 경찰이 등장한다. 개인적으로 강화복이 등장하는 소재를 너무 좋아해서 오락실에서 이 게임을 닥치고 재밌게 플레이했던 기억이 있다. 스테이지를 거듭하며 범죄자를 잡아들이면, 주인공이 진급한다. 그러다 강화 전투복을 입을 수 있는 계급이 되면, 본격적으로 강력 범죄자들과 싸운다. 로봇처럼 생긴 강화복을 입으면 기본 무기가 권총에서 기관총으로 바뀌며 간혹 등장하는 백팩 무기를 먹고 강력한 특수공격을 할 수 있다. 이처럼 월등한 전투력을 발휘하지만 적들도 뒤로 갈수록 강해진다.

에어리어 88

개발사 : 캡콤(1989년)

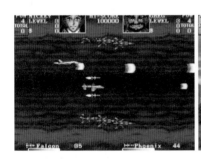

캡콤에서 발매한 오락실용 횡스크롤 슈팅 게임이다. 동명의 만화 및 애니메이션을 게임화한 작품으로, 원작의 인기에 기대긴 했지만 게임 완성도가 워낙 좋아서 더더욱 인기를 끌었다. 게임을 시작하면 애니메이션의 핵심 주인공인 카자마 신과 미키 사이먼, 그레그 게이츠 중 한 명을 골라서 플레이한다. 이들은 각자 전용기가 있고, 전용기는 서로 성능이 다르다. 따라서 파일럿보다는 전용기 성능을 따져서 선택할 수밖에 없었다.

개인적으로는 카자마 신의 '타이거샤크'보다 미키의 톰캣 기체가 운용하기 편해서 자주 사용했다. 게임을 시작하면 출격 전부터 마치 애니메이션의 한 장면처럼 맥코이한테 무장할 수 있는 보조 무기나 에너지 탱크 및 쉴드 등을 구매할 수 있다. 스테이지를 거듭하면서 파이트 머니가 늘어나기 때문에 돈이 많아지면 원하는 아이템을 전부 구매할 수도 있다. 물론 스테이지를 거듭하면서 지속되는 것은 레벨업한 기본 무장뿐이다. 어디까지나 냉혹한 용병들의 세계인지라 돈이란 살기 위해 소비될 뿐이다.

열혈경파 쿠니오 군

개발사 : 테크노스 재팬(1986년)

초히트 오락실 게임인 더블 드래곤의 효시라 할 수 있는 본격 벨트스크롤 액션 게임이다! 이후 등장하는 모든 쿠니오 군 시리즈의 출발점이기도 하다. 86년도 게임치고는 다양한 액션이 가능해서 이후 수많은 격투 액션 게임에 지대한 영향을 줬다. 사실상 벨트스크롤 액션 게임의 아버지와 같은 존재랄까?

'경파'라는 단어 역시 이 게임에서 시작됐다. 동전을 넣고 처음 시작하면 오프닝에서 갑자기 옆 학교 학생들이 주인공 학교 학생에게 린치를 가하고 도망가는 모습이 매우 인상적이다. 오락실 게임에서 학원 폭력을 대놓고 묘사한다는 점에서 당시엔 적잖은 충격이 있었다. 게다가 적 보스랑 싸우다가 붙잡히면 강제로 여러 대를 얻어맞게 되는데 이때 출력되는 일본어 음성 역시 쇼킹했다. 무슨 뜻인지는 알 수 없었지만 뉘앙스만으로도 매우 불량스러움이 느껴졌기 때문이다. (재미로 이 음성을 흉내 내곤 했다.) 열혈경파 쿠니오 군이라는 제목은 코나미에서 제작한 '신입사원 토오루 군'의 패러디이며 쿠니오라는 이름 자체가 당시 테크노스 재팬의 사장이었던 타키 쿠니오에서 따온 이름이다. 킹 오브 파이터즈의 유명 한국인 캐릭터인 김갑환이라는 이름을 빅콤 사장의 본명에서 따온 것처럼 말이다.

파이널 파이트

개발사 : 캡콤(1989년)

파이널 파이트는 사실상 오락실에서 본격적인 벨트스크롤 액션의 장을 열어준 게임이자 벨트스크롤 격투 액션의 바이블 같은 존재다. 화면을 가득 메우는 거대한 캐릭터들, 찰지게 맞는 느낌이 나는 타격감, 보스의 패턴을 쉽게 공략할 수 있는 일명 와리가리까지. 당시 오락실에서 가장 동전을 많이 쌓아두고 플레이했던 게임이라고 볼 수 있다. 특히 동네 형들이나 직장인들이 자리에 앉아서 비켜주지 않던 시절이라, 그저 손가락만 빨고 쳐다봤던 기억이 난다. 개인적으로는 와리가리를 잘할 줄 몰라서 코디보다는 가이를 선호했는데, 가이 특유의 빠른 스피드와 날렵한 몸동작, 어딘지 무술가를 연상케 하는 외모 때문에 좋아했다.

파이널 파이트는 원작의 엄청난 인기 덕분에 다양한 기종으로 이식됐지만 제대로 소화해 낸 기기가 많지 않다. 슈퍼패미컴의 경우, 플레이어블 캐릭터인 가이를 삭제해 버리고 동시에 등장하는 적들의 숫자를 터무니없이 제한하는 등 반쪽짜리라는 평가를 받았다. 이후 등장한 다양한 콘솔 이식작 중에서도 완벽한 버전은 없었다. 그나마 휴대용치고는 완성도가 높았던 게임보이 어드밴스 버전의 파이널 파이트 원이 의외로 좋은 평가를 받은 것은 아이러니한 일.

에일리언 VS 프레데터

개발사 : 캡콤(1994년)

캡콤 벨트스크롤 게임의 황혼기에 만들어진 우주 명작. 주인공들이 프레데터와 공조해서 에일리언을 박멸하는 액션 게임으로 시원시원한 타격감을 보여준다. 역시 황혼기에 등장했던 게임인지라 다양한 커맨드 스킬이 가능했고, 세계관에 걸맞게 영화에 등장했던 각종 무기를 사용하는 것도 가능했다. 특이한 점은 인간형 캐릭터에게는 일정 시간 동안 연사가 가능한 총기가 주어졌고, 프레데터 둘에게는 플라스마 캐논이 주어졌다는 사실이다. 필자는 공중 콤보를 넣는 수준이 못 되는데, 고수들의 플레이는 차원이 달라서 그 모습을 보고 있자면 완전히 다른 게임을 하는 것처럼 보였다. 개인적으로 조작 난도가 가장 쉬운 프레데터 워리어를 선택하는 편이었는데, 고수들은 여자 캐릭터인 린 쿠로사와를 주로 선택했다. 린은 체력과 파워가 약하지만 다양한 기술을 쓸 수 있어서 활용만 잘하면 최강이라고 한다.

더블 드래곤

개발사 : 테크노스 재팬(1987년)

벨트스크롤 게임계에 파문을 일으킨 전설의 게임이다. 이후 많은 격투 액션 게임에 큰 영향을 미쳤다. 사실상 같은 제작사에서 제작한 게임 '열혈경파 쿠니오 군'에게 많은 영향을 받아 만들어진 게임이지만, 오히려 시스템적으로는 많은 부분이 삭제됐다. 기술적으로는 퇴보지만 초보 플레이어들이 접근하기엔 더 좋아졌다고 생각한다. 동시 2인용을 하면 빌리와 지미라는 형제로 플레이하는데, 엔딩에서 한 여자를 두고 플레이어 둘이서 박 터지게 싸워야 한다는 점이 유명하다. 슬럼가에서 흉기로 무장한 조직폭력배들과 혼자서 싸움을 벌인다는 설정은 이후 등장하는 벨트스크롤 액션 게임에 큰 영향을 끼쳤다. 게다가 단순히 주먹질만 하는 게 아니라 레버와 버튼의 조합으로 다양한 격투 기술을 펼쳤다는 점도 게임 역사에 한 획을 그은 시도였다. 뭐니 뭐니 해도 상대방 머리를 잡고, 무릎으로 가격하는 공격과 사기에 가까운 발동 시간과 판정으로 유명한 엘보 공격이 더블 드래곤을 상징하는 기술이라고 생각한다. 이 공격 기술 덕분에 게임 초보도 왕까지 갈 수 있다는 희망을 품을 수 있었다.

던전스 앤 드래곤스 : 섀도 오버 미스타라　　　개발사 : 캡콤(1996년)

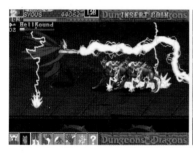

캡콤이 킹 오브 드래곤 때부터 꿈꿔왔던 D&D 판타지 세계관의 아케이드 게임화를 드디어 시도한 전설의 작품. 유일하게 두 작품만이 출시됐으며 이후 후속작은 나오지 않은 채 2D 벨트스크롤의 시대가 막을 내려버렸다. 시리즈 중 첫 번째인 타워 오브 둠(Tower of Doom)은 직업 넷 중 하나를 골라서 플레이하는데, 여러모로 초기작이라 그런지 기술에 허점이 많고 약간 심심한 감이 없지 않다. 이후 단점을 보강해서 완전판으로 내놓은 것이 바로 두 번째 작품인 섀도 오버 미스타라(Shadow over Mystara)다. 총 6종류에 달하는 직업 중 하나를 골라서 최대 4인 플레이를 한다. 제대로 플레이하면 게임 볼륨이 대략 40분에서 1시간 정도 나오는데, 아케이드로서는 보기 드문 초대작이 되겠다. 이 무렵 출시된 캡콤 게임답게 커맨드형 기술들로 화려한 필살기를 발동할 수 있다는 점이 매력인데다, 박력 터지는 마법이 다양하게 존재하기 때문에 그야말로 판타지 벨트스크롤 액션 게임의 종결자라고 할 수 있다.

제로팀

개발사 : 세이부 개발(1993년)

한때 네이버 지식인에서 수많은 사람이 필자에게 정체를 물어봤던 환상의 게임! 한동 안 제대로 구현되는 에뮬레이터가 없어서 실기로밖에 플레이를 할 수 없어서였다. 막상 기판으로 해보면 캡콤 수준의 일류 게임은 아니며, 어딘지 모르게 쌈마이(?)한 맛이 일품이다. 당시 소년 유저 대부분은 스핀이라는 여성 캐릭터를 고르지 않았을까? 스핀 은 펀치의 공격 속도가 빠르며, 적을 띄우고 스파이크하듯 내리꽂는 콤보 공격이 상당 히 경쾌했다. 기본 펀치를 누르면 손바닥으로 적을 타다다닥! 때리는 빰 때리기가 일품 이었다고 기억한다. 게임의 전체 볼륨은 그다지 크지 않으며, 스테이지 구성만 앞뒤로 순서를 바꿔서 발매한 뉴 제로팀, 제로팀 2000 등이 존재하는데 스토리텔링이 원작만 못하기 때문에 추천하지 않는다.

캐딜락 공룡 신세기

개발사 : 캡콤(1993년)

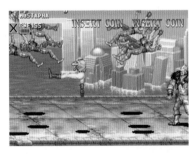 

북미 코믹스가 원작으로 타격감이 빼어난 벨트스크롤 액션 게임이다. 공룡이 등장하는 독특한 세계관으로 유명하다. 오락실 유저들에게 많은 사랑을 받았으며 3인 동시 플레 이가 가능하다. 게임이 매우 어렵진 않아서 필자가 유독 좋아했다. 일단 좌우 상하로 대시가 가능한 개념 찬 시스템 덕분에 이동할 때 아주 편리하다. 경쾌한 조작감과 타격감, 스테이지마다 등장하는 다양한 총기류 무기와 아이템, 개성 강한 보스 등이 매력 포인트다. 캐릭터 중 하나인 무스타파의 능력이 뛰어나서 유저들이 서로 조종하겠다고 아우성을 쳤다는 사실은 유명하다. 2인 이상 다인 플레이를 하면 협동 플레이가 가능했지만, 서로 집어 던지거나 때릴 수도 있어서 결말은 언제나 우정 파괴로 이어졌다. 중간에 캐딜락을 소환해서 시원시원하게 필드를 달리는 보너스 스테이지가 매우 인상적이었다.

골든 액스

개발사 : 세가(1989년)

너무나도 유명한 게임으로 PC 및 각종 콘솔로도 이식된 바 있다. 오락실에서는 일명 황금 도끼로 불렸다. 영화 〈코난 더 바바리안〉과 비슷한 세계관으로 헐벗은 남녀와 드워프 한 명이 펼치는 모험 활극이다. 기본 공격 외에 적을 잡고 때리거나, 대시 후 타격하는 등 다양한 공격이 가능하다. 일반적인 벨트스크롤과 다르게 메가크래시 개념의 기술 대신 전면 폭탄 역할을 하는 마법이 존재한다. 주인공마다 사용하는 마법이 달라서 개성 있는 마법을 보는 재미도 있었지만, 여자 캐릭터인 티리스의 최강 마법인 드래곤 브레스가 가장 강해서 필자는 매번 티리스를 골랐다. 마지막 보스로 등장하는 데스애더는 강력한 공격 마법과 더불어 무시무시한 외형의 포스를 자랑했는데, 오락실 원작과 다르게 메가드라이브 이식작의 경우 첫 번째 데스애더를 죽이면 숨겨진 지하 스테이지가 등장한다. 여기서 제대로 된 진(짜)보스인 데스브링거와 한판 승부를 펼친다. 오락실 원작의 엔딩은 다소 황당해서 게임을 클리어해 본 사람이라면 누구나 실소를 터트릴 것이다.

야구 격투 리그맨

개발사 : 아이렘(1993년)

국내에서 '닌자 베이스볼 배트맨'이나 '야구왕 게임'이라고 주로 불리던 게임이다. 4인용이 가능하기에 오락실에서 던전 앤 드래곤과 더불어 시끌벅적하게 친구끼리 즐길 수 있는 몇 안 되는 벨트스크롤 액션 게임이었다. 캐릭터마다 다양한 기술과 커맨드형 필살기들이 존재해서 들이파는 맛이 쏠쏠했다. 전체적으로 알록달록하고 플랫한 카툰 스타일의 그림체만 적응한다면 재미는 무궁무진! 당시 그야말로 초딩들의 오락실 갓게임으로 엄청난 인기를 끌었다. 아이러니하게도 이 게임을 출시한 일본이나 북미에서는 완전히 망한 게임인지라 그 존재조차 모르는 게이머도 많을 정도다. 유명 게임 유튜버인 AVGN이 게임의 제목을 듣고 감탄하던 리뷰가 생각난다. "닌자? 베이스볼? 배트맨? 그야말로 미국인들이 좋아하는 세 가지가 다 들어 있군요!" 하지만 홍보 부족으로 폭망.

전신마괴 2 : 가디언즈

개발사 : 윙키 소프트(1995년)

이 게임은 필자가 네이버 지식인에서 굉장히 많이 질문받은 벨트스크롤 게임 중 하나다. 오락실뿐 아니라 학교 앞 문방구 미니 기통으로도 보급돼서 게이머들의 추억이 많

은 모양이다. 전작인 '전신마괴'의 후속편으로 기획된 작품이며 북미판 제목은 '가디언즈'였고, 내수판 제목은 '전신마괴 2'라고 알려져 있다. 국내에서는 북미 버전이 많이 보급된 관계로 가디언즈라고 많이들 알고 있다.

전신마괴의 제작진이 만든 게임인 만큼 마찬가지로 다양한 커맨드형 기술과 더불어 즐길만한 요소가 즐비하다. 타격감도 발군이지만 캐릭터 8명의 속성이 각기 달라 캐릭터를 선택해 다루는 묘미가 쏠쏠했다. 특히 날개 달린 천사 캐릭터의 정체는 전작을 플레이해 본 사람이라면 충격을 받을만하다. 왜냐하면 젤디아(천사 캐릭터)는 전작에서 흉측하게 생긴 괴물 캐릭터였기 때문이다. 개인적으로는 로봇 캐릭터인 벨바와 젤디아를 제일 선호했다. 참고로 개발사 윙키 소프트는 저 유명한 슈퍼로봇대전을 제작한 윙키 소프트와 같은 곳이다.

천지를 먹다 2
개발사 : 캡콤(1992년)

캡콤에서 제작한 삼국지 벨트스크롤 액션 게임. 전작이 말을 타고 다니는 일종의 근거리 슈팅 게임 느낌이었다면, 2편부터는 캡콤 특유의 벨트스크롤 격투 액션 게임이다. 화려한 그래픽과 시원시원한 타격감을 자랑하며 완성도 또한 높다. 게임 내용은 삼국지의 적벽대전을 다루며, 플레이가 가능한 캐릭터도 무려 5명이다. 전작의 3인방인 조운, 장비, 관운장은 물론이고 황충과 위연까지 합류해서 다양한 재미를 준다. 말을 탔을 때만 발동하는 다양한 공격 동작뿐 아니라 커맨드형 필살기와 더불어 히든 필살기도 존재한다. 개인적으로는 가일의 서머솔트 킥과 비슷한 공격 기술을 마구 쓰는 위연을 가장 좋아했다. 장비의 스크루 파일드라이버를 써보고 싶어서 자주 플레이해 봤는데, 뜻대로 안 되던 기억이 있다.

언더커버 캅스

개발사 : 아이렘(1992년)

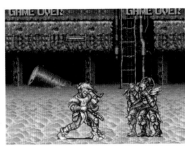

언더커버 캅스는 아이렘에서 제작한 오락실용 벨트스크롤 액션 게임이다. 전반적인 분위기는 만화 〈북두의 권〉 같은 세기말 분위기를 풍기는데, 아이렘에서 제작한 다른 게임과 세계관을 공유한다. 주인공 셋 중 한 명을 선택해서 플레이할 수 있으며, 최대 3인 동시 플레이도 가능하다. 기본 조작은 여타 벨트스크롤 액션과 같지만, 일본판 한정으로 커맨드 입력을 이용해 필살기를 쓸 수도 있다. 특이하게도 바닥에 박힌 H빔이나 거대한 전봇대를 뽑아서 적에게 휘두를 수 있으며, 참치를 던져서 공격하는 등 사용할 수 있는 무기도 기상천외한 것으로 유명하다. 살아서 돌아다니는 닭, 개구리, 돼지 등의 동물을 먹으면 체력이 회복된다. 그래픽은 아이렘답게 미려하지만, 게임 진행은 여타 벨트스크롤처럼 시원시원하게 진행되지 않는다. 마치 슈팅 게임처럼 전략적으로 운용해야 하므로 까다로운 편이다.

다이너마이트 형사

개발사 : 세가(1996년)

세가의 전용 기판인 STV로 개발된 벨트스크롤 게임. 벨트스크롤 게임계에 3D 시대를 열어준 게임이기도 하다. 게임 내용은 고층 빌딩을 점령한 테러리스트들로부터 대

통령의 딸을 구하는 게 목표! 고층빌딩을 점령했다는 점에서 영화 다이하드와 유사하며, 이 때문인지 국내에서는 다이하드라고 불렀다. 해외판 제목 역시 다이하드 아케이드. 오락실에서도 인기 있었지만, 초등학교 앞에 미니 기통의 형태로도 배포돼서 당시 많은 초등학생에게 추억을 안겨줬다. 게임 완성도는 기존 벨트스크롤 게임들에 비하면 높지 않았지만, 3D 그래픽에서 느껴지는 강력한 타격감과 입체감 덕분에 때리는 맛이 일품이었다. 게다가 각종 무기와 아이템을 쓰는 재미도 쏠쏠했다. 게이머들 사이에서는 이 게임의 진정한 끝판왕이 테러리스트 보스로 등장하는 대머리 아저씨가 아니라 대통령의 딸이라고 알려져 있다. 뭐, 이유는 게임을 해본 사람이라면 다 알고 있을 것이다.

▌퍼니셔

개발사 : 캡콤(1993년)

마블 코믹스인 〈퍼니셔〉의 세계관을 기반으로 제작한 게임. 필자가 느끼는 게임 완성도를 따진다면 캡콤의 숱한 벨트스크롤 액션 게임 중에서도 세 손가락 안에 들어간다. 경쾌하고 묵직한 타격감으로 유명하다. 특이하게도 2인용을 고르면 어벤져스로 유명한 닉 퓨리 국장을 플레이할 수 있는데 흑인이 아니라고 놀라지 마길 바란다.(과거 원작 코믹스의 설정에 따르면 닉 퓨리는 백인이다.) 또 다른 특징은 총기를 소지한 적들이 나오면 갑자기 건슈팅 게임처럼 바뀐다는 점이다. 이런 전환이 결코 복잡하거나 어색하지 않고 자연스럽다. 점프 후 버튼 두 개를 누르면 발동하는 수류탄 전체 공격은 위기 순간에 사용할 수 있는 일종의 전멸기다. 쓰러져 있는 적을 잡거나 던지는 기술이 가능해서 캡콤이 만든 격투 게임 중에서도 액션 기술이 다양하다.

파워드 기어

개발사 : 캡콤(1994년)

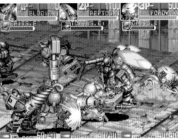

해외판의 제목은 아머드 워리어즈. 캡콤에서 제작한 벨트스크롤 게임으로 특이하게도 사람이 아니라 사람이 탑승한 거대로봇을 조종하는 액션 게임이다. '에일리언 VS 프레데터'와 같은 시기에 나온 본격 메카닉 로봇 벨트스크롤이지만, 아쉽게도 이런 독특한 콘셉트는 이것으로 끝. 이후 후속편으로 등장한 사이버보츠가 하필이면 대전 격투 게임으로 장르를 선회하는 바람에 개인적으로는 무척 아쉬웠다. 그만큼 이 게임의 재미나 완성도는 독보적이었다. 등장하는 로봇 기체들의 미려한 디자인과 다양한 공격 기술, 교체 가능한 부품들 덕분에 완전히 다른 성능의 기체로 바뀌는 커스터마이징 등이 매력이었다. 심지어 하체 부위를 바꾸면 이동하는 모습까지 달라진다. 적 보스를 만났을 때 보스를 처치하면 어떤 파츠[부품]를 얻을 수 있을까 하는 기대감부터 든다면, 이 게임만의 매력에 빠진 것이다.

캡틴 코만도

개발사 : 캡콤(1991년)

개발사인 캡콤의 이름을 모티브로 게임 이름을 지은 벨트스크롤 액션 게임이다. 90년대 초기에 나온 벨트스크롤 아케이드 게임임에도 4인 동시 플레이가 가능했다. 게임 분위기는 북미 코믹북의 느낌이 물씬 난다. 주인공 캐릭터는 총 4명인데, 그들의 생김 새를 보면 어디선가 본 듯한 디자인의 캡틴 코만도, 로봇을 타고 다니는 아기 캐릭터인 베이비 코만도 후버, 닌자 모습을 한 닌자 코만도 쇼우, 미라 모습을 한 머미 코만도 제 네티 등이다. 이 캐릭터 이름은 일본판 기준이며 북미판의 캐릭터 이름은 다르다. 베이 비헤드, 긴즈 더 닌자, 맥 더 나이프 등으로 바뀐다. 캐릭터 디자인 역시 북미 스타일로 만들려고 노력한 흔적이 보인다.

　캐릭터들은 고유한 기술을 갖고 있는데, 기본 공격법은 같지만 캐릭터마다 다른 기 술이 존재한다. 예를 들어 캡틴 코만도의 대시점프 공격은 불꽃을 발사하고, 베이비 코 만도는 붙잡고 점프해서 버튼을 누르면 파일드라이버를 하는 식이다. 오락실에서 큰 인기를 얻은 것에 힘입어 플레이스테이션과 슈퍼패미컴 등으로 이식됐는데, 플레이스 테이션 버전은 동시 3인용이 되는 등 그나마 할만하지만, 슈퍼패미컴 버전은 아무래도 하드웨어의 한계상 다운 이식판이라 완성도가 떨어진다. 하지만 현재는 이식작 전부 중고 가격이 높다.

삼국전기

개발사 : IGS(1999년)

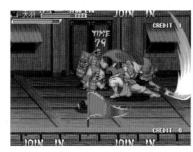

대만의 게임 개발사 IGS에서 만든 삼국지 벨트스크롤 액션 게임이다. 보통, 오락실 삼 국지 게임이라고 하면 크게 캡콤의 '천지를 먹다' 시리즈와 삼국전기를 지칭하는 경우 가 많다. 대만에서 만들었기 때문에 게임 캐릭터 목소리가 중국어로 출력된다. 게임 내 용은 삼국지인데, 시스템이 캡콤 게임인 '던전 앤 드래곤'을 그대로 모사했으며 버전이 매우 다양하게 나왔다. 제목 뒤쪽에 숫자가 붙는 본편 시리즈에서부터 플러스와 풍운 재기 등 확장팩이 여럿 나왔다. 물론 게임 내용은 똑같고, 게임에 몇 가지 시스템을 추 가하고 밸런스만 손봤기에 후속작은 아니다. 이후 후속작인 '삼국전기 2'와 '신삼국전 기 칠성전생' 등이 출시됐다.

골든 액스 : 데스 애더의 복수

개발사 : 세가(1992년)

수많은 유저가 골든 액스의 후속작을 기다렸지만, 메가드라이브로 출시된 골든 액스 2 가 먼저였다. 메가드라이브의 성능을 생각하면 아주 못 만든 게임은 아니지만, 후속작 이라 하기엔 너무나도 초라한 게임이 아닐 수 없었다. 이후 오락실용 골든 액스의 정통 후계자가 등장했으니 바로 본작이 되겠다. 플레이어블 캐릭터는 총 4명으로 전작의 전 사와 같은 1명을 제외하면 전부 특이한 모습을 한 캐릭터들이다. 유일한 여성 캐릭터가 하필 켄타우로스족이라 적잖이들 실망(?)했다고 한다. 전작의 도끼 할배는 이제 스스 로 거동을 못해 거인 캐릭터의 등에 업혀서 등장하는 점도 재미있다. 이들이 엔딩에서 멋진 역할을 하지만 아직 플레이해 보지 않은 사람을 위해 언급하지 않겠다. 4인 동시 플레이도 가능하며, 동료들끼리 연계하면 발동하는 합동 공격 기술도 존재한다. 타격 감은 전작 못지않게 훌륭한 편이다.

닌자용검전

개발사 : 테크모(1988년)

테크모에서 1988년에 제작한 닌자 액션 게임. 동명의 게임이 패미컴에도 존재하기 때 문에 대부분 세계관이 같거나 일종의 외전이라고 생각하지만, 두 게임의 스토리는 아

무런 연관성이 없다. 일단 패미컴 버전은 닌자가 검과 인술을 사용하는 액션 활극이지만, 이 게임은 그냥 일본에서 온 닌자라는 암살자가 미국 거리에서 적들을 두들겨 패는 액션이 전부다. 닌자를 연상케 하는 기술이라곤 어딘가에 매달린다거나 벽을 타고 점프하는 것 정도다.

국내 오락실에서는 아메리칸 닌자라고 부르곤 했는데, 지금 생각해 보면 게임을 제대로 이해하고 이름을 붙여놓았다는 생각이 든다. 왜냐면 이 게임의 주인공은 류 하야부사가 아니라 그냥 닌자 복장을 한 서양인이다. 주인공의 생김새나 하는 짓을 보면, 오리엔탈리즘에 사로잡힌 서양인이 생각한 모습 그대로다. 일부러 이렇게 만들었나 하는 생각이 들 만큼 아시아보다는 서양 문화권에 초점을 맞춘 액션 게임이다.

주인공이 쓰는 기술은 주로 적들을 주먹과 발로 때리거나 어딘가에 매달려서 발로 때리는 게 전부인데, 간혹 기물을 부수면 나오는 칼을 사용하기도 한다. 제일 유용해서 자주 사용한 기술에는 '목 감아 던지기'라는 잡기 기술이 있다. 점프한 상태에서 공격 버튼을 누르면 적과 닿았을 때 적의 목을 감아서 그대로 던져버리는데, 꽤 호쾌하다. 이 기술은 '데드 오어 얼라이브'라는 테크모의 격투 게임에서 닌자용검전 주인공인 류 하야부사가 스핀오프 형태로 등장해 사용한다.

▌심슨 가족

개발사 : 코나미(1991년)

유명 애니메이션 '심슨 가족'을 모티브로 제작한 게임인데, 2인에서 4인까지 동시 플레이도 가능하기에 오락실에서 친구들이랑 같이 플레이했던 추억이 많다. 뭐니 뭐니 해도 원작의 인지도와 인기 덕에 사람들이 자주 찾기도 했다. 당시 코나미는 세계적으로 인기 있던 애니메이션을 게임으로 만드는 일에 한동안 주력했는데, 화사한 색감의 카툰 그래픽은 그 시절 오락실을 들락거리던 소년들의 동심을 움직이기에 충분했다.

TMNT와 마찬가지로 단점 또한 비슷해서 타격감이 다소 떨어지는 편이었다. 적을 때리는 움직임과 적이 얻어맞는 움직임의 싱크가 맞지 않아서 허공을 때리는 듯한 타격감으로 유명했다. 때리는 타이밍에 맞춰서 프레임이 경직되는 효과를 줬다면 나아지지 않았을까 하는 아쉬움이 있다. 캐릭터 간에 합체 연계기가 존재해서 친구들과 여럿이 하는 재미가 있었다.

캡틴 아메리카 앤 어벤져스

개발사 : 데이터 이스트(1991년)

캡콤에 이어 데이터 이스트에서도 4인 동시 플레이 게임을 제작한 적이 있다. 지금은 영화로 유명한 어벤져스지만 당시 아이들은 바다 건너온 해외 애니메이션과 이 게임 덕분에 어벤져스라는 존재를 알고 있었다. 원화에 충실한 디자인이라 지금 보면 다소 촌스러울 수 있지만 어벤져스 멤버를 처음 접했던 동네 꼬마들에게는 오히려 참신한 디자인이지 않았을까 한다. 최종 보스는 캡틴 아메리카의 숙적 '레드 스컬'이며, 마블 세계관이라서 그런지 엑스맨의 센티널도 거대 보스로 등장한다. 비전이라는 캐릭터를 이 게임에서 처음 접했는데 그때에는 그저 슈퍼맨 아류라고 생각했다.

지금 해봐도 나름 통쾌하게 진행되는 액션 연출과 타격감이 재미있지만, 무엇보다 에너지 수치가 바 형태가 아닌 숫자로 표기된다는 점이 특이했다. 공격 시, 코믹스에 등장하는 타이포와 비슷한 느낌의 타격 효과 덕분에 마치 코믹스 안에서 싸우는 듯한 느낌을 받을 수 있었다. 개인적으로는 이때의 아이언맨을 좋아했는데, 아이언맨이 밸런스가 가장 좋은 최강 캐릭터이기도 했다.

┃ TMNT

개발사 : 코나미(1989년)

코나미에서 제작한 TMNT는 당시 최고의 인기를 구가하던 애니메이션 닌자 거북이, 즉 틴에이지 뮤탄트 닌자 터틀즈를 소재로 제작한 4인용 벨트스크롤 액션 게임이다. 화사한 그래픽과 익숙한 BGM, 캐릭터들의 목소리가 인상적이었던 초인기 작품이다. 캐릭터의 부드러운 애니메이션 동작과 더불어 그래픽은 완벽했으나, 문제는 타격감. 흐느적거리는 타격감 탓에 도대체 내가 적을 때리는 건지 얻어맞고 있는 건지 모를 정도로 허공에 삽질하는 기분이 든다.

물론 사람마다 약간 다른 느낌을 받았겠지만, 대부분 게이머는 이 게임의 타격감에 문제가 있다는 평이다. 후속작인 '터틀즈 인 타임(Turtles in Time)'에서도 허접한 타격감은 여전했는데, 이후 슈퍼패미컴으로 이식된 터틀즈 인 타임은 기기 성능의 한계로 동시에 등장하는 적들의 숫자가 적지만 오히려 타격감만큼은 월등했다. 덕분에 해당 게임 소프트가 명작으로 칭송받기까지 했다.

┃ 킹 오브 드래곤즈

개발사 : 캡콤(1991년)

캡콤이 만든 판타지 벨트스크롤 액션 게임 중 최고봉이라 불리는 던전 앤 드래곤의 시

초가 된 게임이다. 캡콤이 던전 앤 드래곤을 게임으로 만들고 싶어서 시도했다가 저작권을 따오지 못해 독자적으로 제작한 게임이 바로 킹 오브 드래곤즈다. 3인 동시 플레이가 가능하며, 엘프나 마법사 등이 등장하지만 정작 플레이 패턴은 전부 같아서 마법은커녕 특수공격도 없는 평범한 게임이었다. 적을 죽이면 나오는 전체 공격용 마법을 제외하면 참 평이하게 진행되고, 연속 공격기도 없이 단일 타격으로 진행되는 게임이라서 여타 벨트스크롤 게임과는 운용법이 다소 달랐다.

조작 가능한 캐릭터들은 전부 5명으로 파이터, 클레릭, 위저드, 엘프, 드워프 중 고르면 되지만, 캐릭터 간 차이가 거의 없어서 딱히 직업을 고르는 재미가 있는 것도 아니었다. 다만 캡콤 특유의 미려한 그래픽과 다양한 형태의 보스들은 판타지 액션에 굶주려 있는 게이머들에게 꿈과 희망을 주기엔 충분했다. 트로잔(일본판 제목은 싸움의 만가)부터 존재했던 가드 시스템은 이 게임에도 영향을 줬다.

더 닌자 키즈

개발사 : 타이토(1990년)

'더 닌자 키즈'는 UPL에서 제작한 '닌자 군'의 수출판 제목과 동명이라서 국내 한정으로 약간 헷갈리는 제목이다. 재미있게도 UPL의 닌자 군을 알고 있다는 사실을 가지고 오락실을 다녔던 시기를 알아낼 수 있다. 닌자 군을 안다면 80년대, 닌자 키즈를 안다면 90년대에 주로 오락실을 드나든 것. 게임에 등장하는 캐릭터는 모두 인형이라는 설정인데 이 때문인지 그래픽이 상당히 만화적이고 평면적이다. 게다가 캐릭터의 디자인 역시 기이한 면이 있다. 이런 독특한 인형극 감성에 묘하게 잔인한 연출이 덧붙여져서 적을 무기로 베면 허리가 막 잘려 나가거나 사지가 절단되기도 한다. 그럼에도 잔인하게 보이지 않다 보니 마치 인형극을 보는 듯하다. 다만 이 탓에 타격감에서는 다소 호불호가 갈릴 수 있다.

닌자 캐릭터는 총 4명으로 칼을 쓰는 한조, 사슬낫을 쓰는 사스케, 수리검을 쓰는 아카네, 삼절곤을 쓰는 겐타 등이다. 각자 무기가 다르고 개성이 강해서 운용하는 묘미가 있다. 닌자 키즈는 여타 벨트스크롤 게임처럼 메가크래시 계열의 필살기가 없는 대신, 골든 액스처럼 전체 공격이 가능한 인술이 있다. 인술 레벨에 따라 4단계까지 강화된 기술을 사용할 수 있으며, 캐릭터마다 속성과 비주얼이 달라서 사용하는 재미가 있다.

나이츠 오브 더 라운드

개발사 : 캡콤(1991년)

흔히 '원탁의 기사'라고 불리는 게임으로 1991년에 캡콤에서 제작한 벨트스크롤 게임이다. 캡콤에서 중세시대 판타지 시리즈를 소재로 만든 게임 중에는 킹 오브 드래곤즈, 던전 앤 드래곤 등이 있지만, 정통 중세물을 다룬 게임은 이 게임이 유일하다. 영국의 아서왕 이야기를 모티브로 만들었으며 등장하는 캐릭터는 총 3명으로 아서왕과 랜슬롯, 퍼시벌이 있다. 특이하게도 특정 점수에 도달하면 캐릭터가 레벨업을 한다. 스코어 어택(일종의 점수 따기)을 노리는 플레이어 말고는 관심도 없을 게임 점수를 경험치처럼 사용하기 때문에 점수를 유용하게 만들어줬다는 점이 이 게임의 장점. 레벨업을 하면 기본적으로 체력이 가득 차고, 캐릭터의 외모가 변하거나 공격력이 상승하는 등 점수에 걸맞은 보상을 준다. 2인 이상 플레이를 하면 점수 획득 배율이 높아지며, 스테이지마다 시간제한이 존재해서 타임 오버가 되면 플레이 기회를 한 번 잃어버린다. 전체적으로 손으로 때리는 게임이라기보다 칼 같은 무기를 사용하는 게임이다 보니 베는 맛을 좋아하는 유저가 선호하는 편이다.

섀도 포스 변신 닌자

개발사 : 테크노스 재팬(1993년)

벨트스크롤 게임계에 캡콤이라는 왕이 군림했다면, 테크노스 재팬은 벨트스크롤 게임계의 아버지 같은 존재다. 그런 만큼 섀도 포스 변신 닌자의 게임성 하나만큼은 보장한다. 총 4명의 캐릭터가 등장하며, 캐릭터마다 고유한 기술을 지녔다. 생김새도 각각 다른 개성을 보여주는데, 솔직히 '카이'라는 캐릭터를 제외하면 도대체 왜 닌자라고 불리는지 모를 녀석들이다. 이 게임이 기존 벨트스크롤 게임과 크게 다른 점은 바로 변신 시스템에 있다. 적들과 싸우다가 버튼 두 개를 누르면 적의 몸속으로 들어가서 직접 조작이 가능해진다. 이때 해당 적이 쓰는 고유 기술을 사용할 수 있다. 적의 모습으로 적들과 싸운다는 특이한 시스템이 바로 섀도 포스만의 독특한 재미다. 게다가 등장하는 적도 워낙에 다양해서 그들이 쓰는 기술도 전부 달랐고, 그 기술들을 골라서 쓰는 재미가 쏠쏠했다. 예를 들어 총 든 적의 몸을 빌리면 순식간에 슈팅 게임이 돼버린다.

스트리트 파이터

개발사 : 캡콤(1987년)

 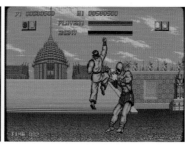

대전 격투 게임 전설의 시작이자 장르 규칙을 성립한 역사적인 게임. 이 게임은 시리즈의 첫 번째 작품이니만큼 시스템의 체계가 잡히지 않았다. 그러나 레버를 조작해서 버튼과 조합하면 필살기가 발동한다는 커맨드 필살기 개념을 처음으로 도입한 점이 주목할만하다. 게다가 필살기 중 에너지파가 발사되는 파동권의 존재는 격투 액션에 슈팅 개념을 도입한 격으로 한층 파격적이고 화려한 연출을 가능케 했다. 사실 장풍 필살기는 횡스크롤 액션 게임인 공리금단에서 이미 사용했지만, 해당 게임에서 장풍은 졸개들을 물리치는 데 간혹 사용됐을 뿐 보스와의 대전에서 사용하기에는 발동 시간이 너무 오래 걸려서 무의미했다.

그리고 커다란 캐릭터가 등장해서 서로 무지막지한 격투를 펼친다는 점은 이전에 발매된 수많은 격투 게임과 비교해 봐도 분명 획기적인 부분이었다. 압도적인 비주얼, 다양한 커맨드 필살기, 개성 강한 적들과의 싸움. 모든 게 새롭고 흥미로운 요소였다. 하지만 아쉽게도 필살기를 발동하는 커맨드의 타이밍을 맞추는 게 어려워서 플레이어들은 그저 레버를 빙글빙글 돌리다가 간혹 나가는 필살기에 상대방이 맞으면 기뻐하곤 했다. 당시 류와 켄이 사용하는 파동권은 상대방이 방어해도 체력이 엄청 깎이는 기술이었다. 승룡권과 선풍각도 정통으로 맞으면 무시무시한 데미지를 입었다.

스트리트 파이터의 화려하고 박력 있는 연출은 매력적이었지만, 난도가 꽤 높은데다가 비주얼을 제외하고는 그다지 인상적인 재미를 안겨주진 못해서 대다수 오락실 키드들에게 마니악한 게임으로만 남았다. 가끔 보면 동전을 넣고 마구 레버나 비벼주는 그런 게임으로만 기억하게 된 것이다. 물론 불과 4년 후에 오락실에 대격변이 일어날 것이라고는 아무도 예측하지 못했다. 더불어 필자의 인생에도 큰 흔적을 남길 그 게임이 탄생하리라고는 생각지도 못했다.

스트리트 파이터 2

개발사 : 캡콤(1991년)

스트리트 파이터 2는 1991년에 발매된 오락실 대전 격투 게임이다. 전작으로부터 4년 만에 돌아온 후속작이지만, 게임 그래픽과 시스템을 일신해서 엄청난 완성도와 게임성을 자랑한다. 스트리트 파이터 2는 캡콤이 만든 게임 중 가장 유명한 게임이 아닐까. 이제는 전설이라고 해도 무방할 정도로 이후 등장한 모든 대전 격투 게임들의 주요 시스템과 틀을 정립한 게임이니 말이다. 정말 게임사에 길이 남을 발자취를 남긴 게임이다.

항상 드는 궁금증은 개발자들도 이 게임이 이렇게 전설이 될 줄 알았을까 하는 것이다. 본인들이 만든 게임이 역사의 한 페이지를 장식할 줄 알았는지 너무 궁금하다. 이 게임은 지금 생각해도 놀라울 정도로 여러 가지 면에서 앞서나갔다. 물론 스트리트 파이터 2 이전에도 여러 형태의 대전 격투 게임은 꾸준히 발매되고 있었다. 하지만 그 게임들의 중요한 문제점은 바로 전투가 매우 단순하고 반복적이며, 따라서 전략적인 운용이 필요 없었다는 점이다. 이 때문에 실시간으로 승부가 나는 게임이 아니었다.

이 같은 단점을 극복하면서도 게임 본연의 재미를 챙겨야 한다는 점도 난관이었다. 이런 점들 때문에 스트리트 파이터 2가 등장하기 이전의 대전 격투 게임은 무늬만 대전 격투일 뿐이었고, 대중적인 인기를 얻기는 힘들었다. 아주 간혹 만들어지는 마이너한 장르에 불과했다. 물론 스트리트 파이터 2는 전작의 시행착오가 없었다면 완성되지 못했을 것이다. 스트리트 파이터 2는 이런 대인전이 대중적으로 보편화될 수 있도록 시스템을 갖추고, 거기에 재미까지 부여했다는 점이 놀랍다. 등장하는 8명의 캐릭터마다 운용법이 완전히 다르면서도 서로 상성이 존재한다는 점도 특징이다. 이 모든 점은 이후 스트리트 파이터 2를 베낀 수많은 아류작이 탄생한 이유이기도 하다.

용호의 권 시리즈

개발사 : SNK(1992년/1편)

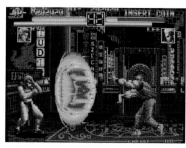

용호의 권 시리즈는 SNK에서 만든 또 다른 대전 격투 게임으로, 아랑전설 시리즈와는 차별화된 게임성과 시스템으로 완전히 다른 노선을 지향했다. 특히 대용량을 자랑하는 네오지오 게임답게 커다란 크기의 스프라이트가 매우 인상적이었다. 각 캐릭터의 필살기 자체는 아랑전설 2와 비교하면 딱히 더 화려하지도 못했고 다소 단조로웠지만, 확대 축소 기능을 활용해 필드를 넓게 사용하면서도 대전 상대와 가까이 붙을수록 화면을 가득 메우는 캐릭터들의 화려한 공방이 소년들의 눈을 어지럽게 만들었다.

용호의 권은 이 밖에도 스트리트 파이터 2에는 없던 새로운 개념을 격투 게임에 도입했는데, 바로 기(氣) 게이지와 축적 시스템이다. 이 게임의 모든 커맨드형 필살기는 한 번 사용할 때마다 기를 소모하는데, 이 기는 펀치나 킥 버튼을 길게 누르고 있어야만 다시 채울 수 있다. 기가 없으면 필살기를 발동할 수 없는 것이다. 또한 이동 동작에 전진 및 후진 대시를 도입해서 격투를 빠르게 진행할 수 있었으며, 소위 왕장풍이라 불리던 비기를 도입하기도 했다. 이는 이후 많은 격투 게임에서 사용한 히든 초필살기 개념과도 같은 것인데 용호의 권은 패왕상후권, 용호난무 등의 요소를 삽입해서 게임의 재미를 더했다. 한마디로 용호의 권은 SNK 대전 격투 월드의 초석을 쌓은 의미 있는 작품 중 하나다. 안타깝게도 2편까지 흥행한 이후 세 번째로 발매한 용호의 권 외전은 참신한 시도에도 불구하고 처절한 흥행 참패를 겪었고, 시리즈는 종지부를 찍었다.

사무라이 스피리츠 시리즈

개발사 : SNK(1993년/1편)

사무라이 스피리츠는 1993년 SNK에서 제작한 오락실용 대전 격투 게임이다. 당시 국내 오락실에는 대부분 해외 버전인 사무라이 쇼다운이 설치돼 있었기 때문에 게이머들은 줄여서 '사쇼'라고 부르기도 했다. 첫 작품의 히트로 이후에도 후속 시리즈가 꾸준하게 발매돼 인기 격투 게임 프랜차이즈가 됐다. 미려한 그래픽과 독특한 게임성, 검과 같은 무기류를 활용한 잔인하면서도 경쾌한 타격감 등이 어우러진 완성도 높은 게임이다. 스트리트 파이터 2의 아류작으로 치부되던 SNK의 대전 격투 게임 중에서도 독창성을 인정해 주는 몇 안 되는 게임이다.

가장 특이한 점은 역시 기존 격투 게임과 결이 다른 무기 시스템. 모든 캐릭터는 자신만의 독특한 무기를 들고 싸우는데, 가장 많은 캐릭터가 사용하는 일본도를 비롯해 서양식 검인 레이피어, 손에 끼는 무기인 클로(claw) 등이 색다른 재미를 선사한다. 즉 무기로 적을 베는 특유의 타격감이 기존 맨손 타격 위주의 격투 게임과는 느낌이 달라서 사무라이 스피리츠만의 개성이 된 것이다.

가끔 서로의 무기끼리 부딪치면 연타를 통해서 상대방의 무기를 떨어뜨릴 수 있는데, 해당 무기를 다시 잡으려면 반드시 무기 근처로 다가가야 한다. 이 점을 이용한 심리 공방이 이뤄지기도 했다. 사무라이 스피리츠에는 분노 게이지라는 시스템이 있어서 상대편에게 계속 맞을 때마다 캐릭터의 분노 게이지가 차오른다. 게이지가 다 차면 피부색이 붉게 변하면서 기본 공격력이 엄청나게 올라간다. 이때 공격하면 크게 데미지가 들어가기 때문에 일발 역전의 기회가 되기도 하며, 상대방의 분노 게이지가 가득 차 있으면 없어질 때까지 피해 다니기도 했다. 1편의 경우, 캐릭터 간의 밸런스와 필살기 성능이 대부분 안 좋았기 때문에 기본 기술 위주로 승부를 냈는데, 이후 시리즈부터는 이런 부분이 개선되면서 게임 성격도 많이 바뀌었다. 특히 4편 이후부터는 연참 시스템, 절명오의 등의 화려한 기술이 많이 등장했는데, 개인적으로 가장 기억에 남은 시리즈를 고르라면 단연코 1편이라는 생각이 든다.

아랑전설 시리즈

개발사 : SNK(1994년/1편)

아랑전설은 SNK에서 제작한 대전 격투 게임 시리즈의 제목이다. 사실 아랑전설 1편까지만 해도 캡콤의 스트리트 파이터 2를 흉내 내서 만든 짝퉁 게임 같은 느낌이 물씬들었다. 몇 가지 다른 요소가 존재했지만, 타격감과 그래픽 등 여러모로 아쉬움이 많은게임이었던 것이다. 그러나 2편부터 대폭 업그레이드된 그래픽과 완성도를 갖추면서SNK도 스트리트 파이터 2에 필적할만한 게임을 만들 수 있다는 가능성을 보여줬다.게임 시스템은 스트리트 파이터 2와 거의 비슷했지만 초필살기, 라인 이동, 회피 공격,후방 회피 등 몇 가지 요소를 추가했고, 타격감이 좋아졌다. 사실상 이후 등장한 SNK대전 격투 게임 프랜차이즈에 크게 영향을 미쳤다. 스트리트 파이터 2의 인기가 시들해질 무렵, 스트리트 파이터 2를 즐기던 친구들과 함께 이 게임으로 갈아탄 적이 있어서 개인적으로는 여러모로 애정이 있는 게임이기도 하다.

아랑전설 시리즈는 3편이 부진했지만, 4편인 '아랑전설 리얼바우트'가 전작과 다르게 차별성을 갖추면서 부활했다. 특히 버튼 조합을 통한 콤보 시스템은 게임을 경쾌하게 만들어줬으며, 여전히 강력한 초필살기와 에너지가 얼마 안 남았을 때 발동하는 잠재능력 기술이 화려한 대전을 가능하게 해줬다. 아랑전설 시리즈에서 처음 도입한 초필살기 개념은 이후 SNK뿐 아니라 타사의 많은 대전 격투 게임에 영향을 줬다.

킹 오브 파이터즈 시리즈

개발사 : SNK(1994년/1편)

SNK의 대전 격투 게임에 등장했던 캐릭터를 모아서 한 게임에 등장시킨다는 아이디어만으로도 당시 엄청난 화제가 됐던 게임이다. 말 그대로 인기 대전 격투 게임이었던 용호의 권과 아랑전설 등의 주요 인물들을 모아 한 팀을 만들었으며, 그 밖에도 과거 SNK의 인기 게임인 사이코솔저, 이카리 등에 등장했던 캐릭터도 참전시키는 등 오락실 게임 유저라면 좋아할 법한 컬래버레이션을 시도했다.

하지만 단순히 캐릭터만 강조하고 게임성이 형편없었다면 흥행하지 못했을 것이다. SNK는 기존 인기 캐릭터에 새로운 캐릭터를 추가했으며, 그래픽과 사운드의 완성도를 높였고, 그간 대전 격투 게임을 만들면서 축적한 노하우를 집대성해서 정말 빠르면서도 화려한 필살기가 난무하는 최고의 대전 격투 게임을 완성했다. 그 결과 대박이 나버렸다. 스트리트 파이터 2에서 모티브를 얻은 많은 대전 격투 게임들의 진행 템포가 빠르지 않았다는 점을 감안했는지, 킹 오브 파이터즈 시리즈는 회피 기술 및 구르기 기술 등을 첨가해 게임의 전반적인 진행 속도를 올리는 등 기존 2D 격투 게임과는 다른 노선을 선보였고, 이 점이 주효했다. 시리즈 작품의 수가 다른 격투 게임들과 비교 불가할 정도로 많은 편이지만, 개인적으로 많이 즐겼던 게임은 94부터 96까지이며 97과 98은 국내에서 대중적으로 가장 성공하지 않았나 싶다. 이후 시리즈가 차츰 쇠퇴하면서 격투 게임의 트렌드는 철권 같은 3D 대전 격투 게임으로 이동한다.

체감형 기계와 대형 화면 오락기

90년대 초반, 대학가 주변 오락실에서 한두 대 정도는 꼭 들여놓았던 체감형 캐비닛이 있었습니다. 아웃런이나 행온 같은 체감형 게임이야 이전에도 흔히 봐왔지만, 애프터 버너와 나이트 스트라이커 등 실제로 비행선에 탑승한 듯한 경험을 제공하는 체감형 게임들은 규모가 큰 오락실에서만 경험해 볼 수 있었죠. 이 때문에 그 시절에 해당 게임을 경험한 학생들의 머릿속에는 이런 오락기들이 최고의 스펙을 자랑하는 게임의 대명사로 각인됐습니다.

요즘에는 체감형 게임이라고 하면 아마 VR, 즉 가상 현실 게임을 먼저 떠올릴 겁니다. 기술이 무섭게 발달한 덕분에 이제는 가상 현실을 구현하려는 단계에까지 와버렸군요. VR 게임 역시 현세대 최고의 스펙으로 무장한 컴퓨터나 콘솔에서나 원활하게 돌릴 수 있으니, 예나 지금이나 이런 게임은 하드웨어에 제약을 받는다는 단점이 있습니다. 앞서 말했듯 체감형 게임을 대규모 오락실에서만 볼 수 있었던 이유가 바로 이것이죠. 당시 유저들에겐 쉽게 접할 수 없었던 최고 성능의 오락기였던 셈입니다.

N.A.R.C

개발사 : 윌리엄스 일렉트로닉스(1988년)

윌리엄스 일렉트로닉스에서 개발한 횡 스크롤런 앤 건 슈팅 게임. 나크(NARC) 는 마약 단속반을 일컫는 속어로 마약 류를 관리하는 경찰을 의미하지만, 게 임 도중에 등장하는 주인공들의 정체는 도대체 알 수가 없다. 주인공이 오토바 이 헬멧을 쓰고 총으로 마약쟁이들을 무자비하게 처단하며 심지어 로켓포로 마구 날려버린다. 도대체 누가 악당이고 경찰인지 모를 정도로 잔인하지만 통쾌한 맛 이 있는 슈팅 게임! 하지만 실제 경찰이라면 말이 안 되는 상황이긴 하다. 국내에서는 보기 드물게 북미 게임사가 제작한 아케이드 게임으로 당시에 이 게임기를 보유한 오 락실도 몇 군데 없었지만, 무엇보다 잔인한 탓에 어린 학생들이 드나드는 동네 오락실 보다는 대학가나 유흥가 주변의 대형 오락실에서 찾아볼 수 있었다. 캐비닛 형태도 특 이했는데, 북미 스타일이라서 서서 게임을 즐겨야 했다.

게임 주인공들은 워싱턴DC의 마약 반대파 회장인 스펜서 윌리엄스의 명령을 받고 지하 마약 밀매 조직의 보스인 미스터빅을 체포하기 위해 뛰어든다. 주무기인 총으로 적들을 쏘거나 미사일 런처로 장애물과 적을 날려버릴 수도 있지 만, 근접하면 적을 죽이지 않고 체포하는 것도 가능하다. 체포하면 죽일 때보다 더 많은 점수를 얻는다. 2인 동시 플 레이도 가능했으며, 적들을 마구 쏘고 부수는 통쾌함을 느 끼게 해준 이 게임은 아무 생각 없이 플레이하는 묘한 쾌감 으로 유명했다. 당시 오락실에 있던 여타 게임들보다 해상 도가 더 높아서(512×400) 깔끔한 실사풍 그래픽이 유독 돋보이던 게임이었다.

스페이스 해리어

개발사 : 세가(1985년)

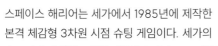

스페이스 해리어는 세가에서 1985년에 제작한
본격 체감형 3차원 시점 슈팅 게임이다. 세가의
스즈키 유가 한창 3차원 시점의 2.5D(2D 그래픽으로
3D 같은 효과를 구현) 게임 개발에 빠져 있을 때 제작한 초기작이다.
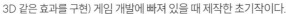
당시 세가 하드웨어의 성능과 개발진의 실력을 백분 발휘해서 만든 기술의 집합체 같
은 게임. 지금 해봐도 2D 그래픽인 주제에 속도감과 입체감이 상당히 느껴질 정도로
완성도가 높다. 행온과 아웃런, 애프터 버너 등과 더불어 기합을 빡 주고 만들던 당시
세가 마스터 디렉터인 스즈키 유의 3D에 대한 집념을 보여주는 작품 중 하나다. 일반
적인 오락실 캐비닛과는 다르게 체감형 어트랙션처럼 생긴 캐비닛에서 전투기 레버같
이 생긴 전용 컨트롤러를 조작하며 게임을 진행한다. 스페이스 해리어의 메인 테마 곡
은 너무나도 유명해서 듣는 순간 80년대 오락실 키드들을 추억의 세계로 보내준다.

애프터 버너 2

개발사 : 세가(1987년)

애프터 버너 2는 세가에서 제작한 오락실용 체감형 전투기 3D
슈팅 게임이다. 역시나 스페이스 해리어처럼 완벽한 3D
가 아닌 2.5D 그래픽을 사용해서 만든 페이크 3D라
서 객체들이 폴리곤이 아닌 2D 스프라이트다. 게
임을 시작하면 F-14 톰캣 기체가 항공모함에서
이륙하는데, 기본 무기는 기관총과 유도 기능이 있
는 미사일이다. 근거리 적들은 기관총으로 사격해
서 격추하며, 원거리에 있는 적들은 미사일로 처리
한다. 먼 거리에 있는 적은 작은 점처럼 보여도 자

동 추적이 가능하다. 록온(lock on)된 상태에서 미사일 버튼을 누르면 유도미 사일이 발사돼 적들을 한꺼번에 격추하는데, 이 재미가 쏠쏠했다. 한꺼번에 많은 적을 록온해서 미사일로 모두 격추하는 장면을 연출하면, 마치 이타노 서커스(애니메이터 이타노 이치로가 창안한 연출 기법이다. 애니메이션 마크로스에서 보듯 미사일이 대량으로 발사되는 장면을 카메라가 추적하는 듯한 역동적인 카메라 연출을 보여준다.)처럼 장관이 연출되기도 했다. 스페이스 해리어와 다른 점은 가끔 조종석과 화면이 레버의 움직임에 따라 기울어지는 체감 캐비닛이 존재했다는 사실이다.

파워 드리프트　　　　　　　　　　　개발사 : 세가(1988년)

세가에서 제작한 체감형 다인용 2.5D 레이싱 게임이다. 캐비닛 여러 대를 연결해서 대전 레이스를 펼칠 수 있다. 역시나 스즈키 유 PD가 담당해서 제작한 게임이며, 경쾌한 BGM이 백미. 2D 그래픽인 주제에 박진감 넘치는 레이스와 스피드를 즐길 수 있다. 언덕의 높낮이가 심하기에 다소 어지러울 정도로 과격한 플레이가 특징이다. 난도가 상당히 높아서 툭하면 다리에서 떨어지거나 장애물 및 다른 플레이어의 차량과 충돌하기 일쑤다. 어렵긴 했지만 빵빵하게 울려 퍼지는 BGM을 들으며 달리는 재미가 쏠쏠해서 개인적으로 친구들이랑 자주 했던 기억이 있다.

다라이어스

개발사 : 타이토(1986년)

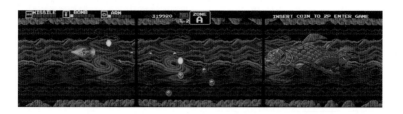

바닷속 수중생물이 적으로 등장한다는 내용을 콘셉트로 잡아서 제작한 본격 와이드 횡스크롤 슈팅 게임! 게임 자체는 평범하지만, 기계화된 수중생물로 디자인된 거대 보스의 위용이 인상적이었다. 다라이어스 1편은 타이토에서 아케이드용으로 처음 시도한 멀티스크린 게임으로, 모니터 세 대를 연결해서 와이드스크린을 구현한 전용 캐비닛이 존재했다.

　　타이토에서 제작한 멀티스크린 전용 캐비닛 게임은 총 4종인데, 거울을 사용해서 화면의 이음새 부분을 없앴기 때문에 자연스럽게 와이드 화면을 구현할 수 있었다. (빵빵한 우퍼와 사운드도 멋졌다.) 돈이 넘쳐나던 일본의 거품 경제 시절의 대형 아케이드 센터에만 있는 비싼 오락기라는 느낌이 물씬 나는 놈인지라, 엔간한 동네 오락실에서는 구경도 못한 게임이다. 터미널 부근 및 대학가 정도는 가줘야 비로소 접해볼 수 있어서 희귀했다.

다라이어스 2

개발사 : 타이토(1989년)

타이토의 멀티스크린 시리즈 3번째인 다라이어스 2는 전작을 더욱 보강해 BGM과

연출이 훨씬 화려해졌다. 특히나 BGM
의 경우 준타타가 작곡했는데, 전작을
능가하는 드라마틱한 사운드 때문에 가
끔 음악을 듣기 위해서 게임을 플레이했
던 기억이 난다. 다라이어스 2는 필자가
고등학생일 때 학교 앞 오락실에서 자주
플레이했던지라 추억이 상당히 많은 게
임이다. 고등학교 주변이 대학가여서 동
네 오락실을 벗어나 처음으로 대형 오락
실을 가봤던 시절이다. 당시 화면을 모
니터 세 대로 출력하는 다라이어스 2 캐

비닛을 접했을 때, 그 웅장함과 거대함에 깜짝 놀랐다. 특히 의자 밑에 설치된 우퍼 덕
분에 사운드가 출력되면 엉덩이 밑에서 둥둥둥 하고 베이스음이 울렸다. 제대로 즐기
고 싶어서 등교 시간 이전에 잠시 들러 아무도 없는 아침에 혼자 동전을 넣고 게임을 즐
겼던 추억이 있다. 아무도 없는 오락실에서 혼자 게임을 돌릴 때의 쾌감은 경험해 본 사
람만이 알 수 있는 묘한 것이었다.

닌자 워리어즈

개발사 : 타이토(1987년)

1987년 타이토에서 발매한 횡스크롤
액션 게임으로 다라이어스의 멀티스크
린을 그대로 잇는 두 번째 오락실 기기
다. 2인용이 가능해서 한 명은 여자 닌
자를, 다른 한 명은 남자 닌자를 플레이
하게 된다. 닌자가 사이보그라는 설정
이라서 적에게 맞을 때마다 해당 부위
의 기계 몸체가 드러나는 연출의 디테

일이 상당했던 게임. 와이드스크린이라 넓게 보이는 전장의 미려함과 탁 트인 느낌이 예술이며, 준타타가 작곡한 첫 스테이지 BGM인 'Daddy Mulk'는 샤미센 연주를 샘플링해서 넣는 등 실험적인 시도를 많이 했다. 게임 내용 자체는 평범하지만 일본 거품 경제 시절을 대표하는 게임을 보는 듯해서, 이 게임을 하면 화려함으로 무장한 그 시절의 아케이드 센터를 상상해 볼 수 있다.

▌나이트 스트라이커

개발사 : 타이토(1989년)

타이토에서 제작한 체감형 3D 슈팅 게임이다. 애프터 버너와 유사한 2.5D 기술로 만들었으며 어트랙션 스타일의 전용 캐비닛을 채용했다. 호버링이 가능한 미래형 차량을 타고, 야밤의 도시를 가로지르며 싸우는 경쾌한 게임이다. 이런 3D 슈팅 게임 대다수를 당시 세가에서 제작했는데, 타이토가 이 게임으로 도전장을 내민 셈이다. 아무래도 세가의 게임들만큼 흥행하진 못해서 오락실에서 찾아보기 힘들었다. 국내에서도 손으로 꼽을 정도로 몇 군데밖에 없었지만, 운 좋게도 필자가 다니던 학교의 교문 앞 오락실에 한 대 있어서 즐겨볼 수 있었다. 어트랙션 스타일의 캐비닛이라서 탑승하듯이 앉으면, 앞에 있는 전투기 조종 레버처럼 생긴 레버를 사용해서 호버 유닛을 조종한다. 세가의 3D 슈팅 게임 대부분이 사실감을 추구했다면, 이 게임은 SF 영화의 한 장면 같은 모습을 지향했기 때문에 개인적으로는 이쪽이 좀 더 취향에 맞았다. 음악은 당시 타이토의 게임 음악 거의 모두를 담당하던 게임 전문 밴드 준타타가 작곡했기 때문에 사운드트랙만큼은 최고라고 해도 과언이 아니다.

6장

가정용 게임기의 부흥

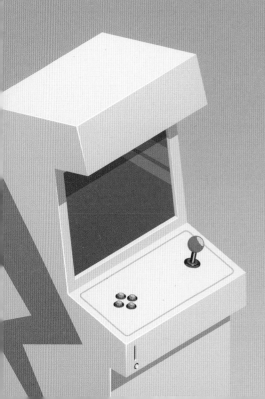

바야흐로 16비트 게임기의 시대!

　90년대에 접어들자 80년대를 주름잡던 8비트 게임기의 시대가 가고, 16비트 게임기의 시대가 도래했습니다. 바로 1988년에 세가에서 메가드라이브를 출시하고, 1991년에 닌텐도에서 패미컴의 차세대 기종으로 슈퍼패미컴을 출시하면서부터였죠. 16비트 게임기의 양대 산맥으로 여겨지는 두 게임기이지만, 사실 첫 타는 세가의 메가드라이브에서 날렸죠. 검은색 게임기의 중앙에 16비트라고 박힌 금박 글씨는 보는 이로 하여금 '갖고 싶다.'라는 생각을 들게 했고, 어딘지 모르게 상당히 고급스러워 보였습니다. 실제로 플레이해 본 게임들은 패미컴과는 비교도 안 되는 그래픽을 출력해 줬죠.

　메가드라이브보다 몇 년 늦긴 했지만, 닌텐도 역시 패미컴의 후속 기종인 슈퍼패미컴을 출시하며 16비트의 위력을 선보여줬습니다. 차원이 다른 음원과 더불어 슈퍼패미컴 하드웨어만의 다양한 그래픽 연출 기능을 활용한 파이널 판타지 같은 롤플레잉 게임들은 당시 많은 게임 유저의 마음을 설레게 하기 충분했습니다.

　세가가 자사의 아케이드 게임과 액션 슈팅 게임들을 메가드라이브에 집중해서 발매해 줬다면, 닌텐도

한국에서 현대 슈퍼컴보이로 출시된 슈퍼패미컴

는 액션뿐 아니라 좀 더 오래 즐길 수 있는 롤플레잉 게임들로 승부를 본 셈이죠. 덕분에 16비트 게임기 전쟁 속에서 닌텐도가 다시금 우위를 점할 수 있었다고 봅니다. 이 와중에 아직 8비트 칩세트를 사용했지만 16비트 못지않은 그래픽을 선보여주던 NEC의 PC엔진은 CD롬이라는 매체를 처음으로 가정용 게임기에서 활용하며 코어 게이머들을 흡수할 수 있었습니다. 비록 게임기 시장에서 큰 파이를 차지하진 못했지만, 이는 이후 등장할 차세대 게임기 시장의 나아갈 방향에 크게 영향을 끼쳤다고 생각합니다.

국내에서는 삼성이 슈퍼 알라딘보이 또는 슈퍼 겜보이라는 이름으로 세가의 메가드라이브를 판매했죠. 슈퍼패미컴은 현대에서 슈퍼컴보이라는 이름으로 정식 발매한 바 있습니다. PC엔진은 해태에서 바이스타라는 이름으로 뒤늦게 발매한 적이 있지만, 안타깝게도 크게 인기를 끌지는 못했습니다. 이전에도 알파무역이나 대우에서 발매한 적이 있지만(대우에서 재믹스 PC 셔틀이라는 이름으로 판매) 그때에도 이슈가 되지는 못했던 걸로 기억합니다.

세가의 고성능 게임기, 메가드라이브

메가드라이브를 처음 본 인상은 앞서도 언급했지만, 검은색 본체에 상당히 고급스러워 보이는 로고가 인상적이었습니다. 뭔가 강해 보일 거 같은 게임기였죠. 한마디로 이 게임기로 나오는 게임은 기존과는 차별화된 뭔가가 있을 것만 같았습니다. 하지만 게임기를 구입하고 나서도 신작 게임이 빨리 출시되지 않아 한동안 손가락만 빨면서 기다렸던 아쉬움이 있었습니다.

메가드라이브의 초창기 타이틀은 세가의 아케이드 작품을 이식한 것들이라서 꽤 괜찮은 게임성이 보장됐죠. 이 점 때문에 여러모로 게이머들이 설렜는데, 이는 분명 메가드라이브의 장점이었습니다. 다만 롤플레잉처럼 마니아가 파고들만한 장르의 타이틀이 타 기종보다 현저하게 적어서 충성도가 강한 코어 유저의 유입이 없다는 단점이 있었습니다. 그래도 "이 게임만큼은 메가드라이브에서밖에 즐길 수 없다!"라고 할 수 있는 게임을 소개해 볼까 합니다. 이 게임들은 메가드라이브의 흥행에 크게 영향을 미쳤다고 생각합니다.

소닉 더 헤지혹

개발사 : 세가(1991년)

소닉 더 헤지혹은 세가에서 제작한 횡스크롤 플랫폼 액션 게임 프랜차이즈의 첫 작품이다. 전 세계에서 히트한 작품이며, 시리즈로 발매된 작품 수도 상당히 많다. 국내에서는 '바람돌이 소닉'이라는 이름으로 정식 발매된 바 있다. 이 게임은 삼성의 슈퍼 알라딘보이 전용 게임인데, 슈퍼 알라딘보이는 삼성전자가 국내에 발매한 메가드라이브다.

이 게임은 닌텐도의 슈퍼 마리오와 견줄만하면서도 전혀 다른 개성을 가진 작품으로 기획됐는데, 빠른 속도를 게임에서 강조한 점이 특징이다. 마리오 시리즈는 오밀조밀 아기자기하게 진행되는 반면, 소닉은 처음부터 상당히 빠르게 진행하는 게임을 표방했다. 이는 게임 개발을 담당한 나카유지 PD가 의도한 바다. 나카유지 PD는 마리오의 장점이자 단점이 게임이 빠르게 진행되다가 일부 배경 및 기믹들에 의해 흐름이 끊기는 점이라고 생각했는데, 소닉은 이런 요소를 제거하고 계속 속도감을 주기 위해서 스핀 도중에 데미지를 입지 않게 하거나 일격으로 사망하지 않게 하는 등 다양한 부분에 신경을 썼다.

메가드라이브는 스프라이트를 처리하는 속도가 빨랐고, 이 성능을 충분히 발휘해서 소닉을 만들었다. 당시로서는 눈이 돌아갈 정도로 빠른 진행이 일품이며, 이런 게임성을 살리기 위해서 곳곳에 롤러코스터나 통로처럼 생긴 회전 구간 및 경사로 등을 배치했다. 그래서 마치 놀이기구를 타고 노는 것 같은 경험을 유저로 하여금 느끼게 해준다.

소닉 더 헤지혹 2

개발사 : 세가(1992년)

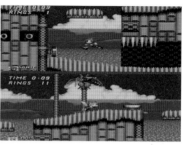

빠른 속도와 전개라는 독특한 재미는 소닉만의 정체성이 됐고, 결국 소닉은 경쟁 구도에 있던 수많은 플랫폼 액션 게임들을 제치고 슈퍼 마리오에 유일하게 필적할만한 라이벌로 등극한다. 글로벌 판매량 1,500만 장 이상이라는 소닉 1편의 대히트에 힘입어 이후 시리즈들은 약간의 변화와 그래픽 업그레이드만으로도 꾸준하게 사랑을 받았다. 2편부터는 소닉의 친구인 테일즈가 추가됐는데, 1인 플레이 시에 테일즈를 CPU가 조작하고 2인 플레이 시에는 두 캐릭터 모두를 직접 조작할 수 있다. 보통 2인 플레이 시에 캐릭터 하나가 뒤처지면 게임 화면의 스크롤이 안 된다는 점 때문에 화면을 불가피하게 상하로 분할했다.

소닉 더 헤지혹 3 및 그 외 시리즈

개발사 : 세가(1994년/3편)

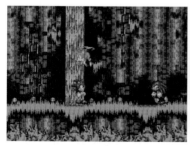

소닉 시리즈는 계속 성공을 이어갔다. 소닉 더 헤지혹 3와 '소닉 & 너클즈' 등 메가드라이브로 시리즈가 계속 발매된 것이다. 후속작의 경우 초기작처럼 구성이 간결하지 않았다. 배경의 다양한 기믹을 활용해서 난도가 소폭 상승했는데, 게임성이 다소 바뀌긴 했지만 시리즈의 기본이라 할 수 있는 스피드는 오히려 강화됐다. 그래픽도 계속 업그레이드되면서 플레이를 할수록 계속 감탄하게 만드는 요소들이 즐비하다. 외전에 해당하는 시리즈도 있는데, 그중에는 소닉 스핀볼이라는 핀볼 게임과 각종 휴대용 기기로 발매된 시리즈가 있다. 3D 입체 시점을 콘셉트로 한 '소닉 3D 블래스트'라는 작품도 발매된 적이 있는데, 참고로 이 게임의 그래픽은 사실 2.5D라고 할 수 있다.

베어너클

개발사 : 세가(1991년)

베어너클은 세가에서 제작한 벨트스크롤 액션 게임 시리즈다. 시리즈의 첫 번째 작품은 1991년에 메가드라이브로 발매된 바 있다. 초창기 작품은 정통 벨트스크롤 액션 게임이면서도 메가크래시 같은 필살기(자신의 에너지를 소비해서 사용하는 기술)가 존재하지 않는다. 그 대신 전면 폭탄 개념이 있는데, 이는 파이널 파이트 같은 게임이 아니라 골든 액스의 영향을 받은 듯하다. 다만, 모든 캐릭터가 사용하는 전면 폭탄 기술이 전부 같으며 다른 기술도 다양하지 못하다. 액션 동작의 완성도가 떨어지는 편이고, 무엇보다도 이동 속도나 여타 퍼포먼스가 다소 답답한 느낌을 준다.

베어너클 2

개발사 : 세가(1992년)

베어너클 2는 전멸 폭탄을 과감하게 삭제하는 대신 캐릭터별 개성에 맞게 전혀 다른 타격 기술을 선보였다. 커맨드 입력형 필살기와 메가크래시 등을 집어넣어 오락실 아케이드 작품들과 비교를 해도 상당한 수준의 게임성을 자랑할 수 있게 된 것이다. 그 덕분에 시리즈 중에서 완성도가 가장 뛰어난 작품이라는 평을 받은 바 있다.

그래픽뿐 아니라 사운드 면에서도 사람들의 호평을 받았다. 베어너클의 게임 음악을 제작한 작곡가 유조 코시로는 같은 개발팀의 전작인 슈퍼 시노비 시리즈의 BGM도 담당했는데, 베어너클에는 당시에 생소한 하우스 음악 장르를 과감하게 시도해서 유저들에게 충격을 줬다.

베어너클 2가 엄청나게 히트하자, 오락실에서는 개조된 메가드라이브를 이용해 이 게임을 시간제로 돌리곤 했다. 오락실에서 베어너클 2를 처음 접한 사람은 본래 이 게임이 오락실 게임이라고 생각하기도 했다. 예전에 필자가 오락실 벨트스크롤 액션 게임을 소개한 적이 있는데, 베어너클이 왜 빠졌냐는 댓글이 참 많았다. 베어너클이 빠진 이유는 이 게임이 원래 메가드라이브 게임이기 때문이다. 물론 나중에 베어너클과 메가드라이브를 아케이드용 기판으로 제작한 적은 있으나, 게임 내용은 가정용과 같아서 엄연히 말해 아케이드용으로 개발된 베어너클은 없다.

메가드라이브 말기인 94년에 출시된 3편의 경우, 점수를 올리면 각 캐릭터의 커맨드 필살기가 레벨업하며, 무기 필살기도 존재했다. 또한 대시와 구르기 등 캐릭터의 일부 동작들이 추가되는 등 시스템이 향상됐고, 그래픽도 상당히 좋아졌으나 콘솔 황혼기에 출시된 게임들이 그렇듯 전작만큼 판매고를 올리진 못했다.

슈퍼 시노비

개발사 : 세가(1989년)

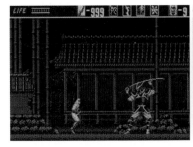 

슈퍼 시노비 시리즈의 첫 작품은 메가드라이브에만 존재하는 횡스크롤 액션 게임이다. 전작인 아케이드 액션 게임 시노비의 시스템을 그대로 이어받아 만들어진 후속작 격으로 주인공은 전작과 동일한 죠 무사시. 시노비에서 물리쳤던 범죄조직 지드(ZEED)가 부활해서 네오 지드가 됐고, 이들이 스승을 살해하고 약혼자를 납치했다는 설정이다. 전작과 다르게 공중 점프 시 최고점에서 점프 버튼을 한 번 더 누르면 공중제비를 돌 수 있다. 이때 수리검을 누르면 수리검 8개를 뿌릴 수 있다. 한 방만 맞아도 죽던 전작과는 다르게 체력 게이지가 생겨서 난도는 크게 낮아진 편이다. 인술 4종 중 필요에 따라 골라서 사용할 수 있다는 점이 묘미다. 전작처럼 전멸 폭탄 개념의 인술도 있지만 몸 주변에 보호막을 펼쳐서 자신을 한동안 보호하는 인술부터 점프력을 높이는 인술까지, 쓰임새가 상당히 다양하다.

　　게임 내 일부 보스와 캐릭터들의 디자인은 여러 만화와 영화에서 무단 도용했는데, 저작권 개념이 거의 없던 시절에 만들어진 탓이다. 이후 디자인이 수정된 버전이 재출시됐으나 초기 버전이 워낙 많이 팔려서, 대부분 초기 작품을 즐긴 유저들은 이 사실을 모르고 있는 경우가 많다. 게임 BGM은 게임 음악계의 전설적인 뮤지션인 유조 코시로가 담당했으며, 스테이지별 특징에 맞게 기가 막힌 음원을 선보였다. 다분히 왜색이 짙은 닌자 게임에서 오히려 비트가 넘치는 음악이라든가 그루브가 물씬 느껴지는 재즈 리듬 등을 이용했는데, 이 점이 당시엔 꽤 신선하게 다가와서 해당 OST를 직접 구매해서 들을 정도였다.

슈퍼 시노비 2

개발사 : 세가(1993년)

1편이 발매된 지 무려 4년이 지난 시점인 1993년에 슈퍼 시노비 2가 발매됐다. 전작에서 네오 지드를 물리쳤지만 사실 진짜 보스를 해치우진 못했고, 네오 지드의 악행이 계속 진행 중이라는 설정이다.

2편의 특징은 주인공인 죠 무사시의 동작이 다채로워졌다는 점이다. 즉 대시가 추가됐고, 이 덕분에 대시 공격도 가능했다. 기존 횡스크롤 액션 게임이라는 큰 틀을 유지한 선에서 당시 시대에 맞는 세련된 동작들이 추가됐기도 했다. 예를 들어 일부 구간에서 사용 가능한 삼각 점프가 생겼고, 벽에 매달리는 동작도 가능했다. 이런 여러 개선점이 게임에 재미를 더해줬다. 전작에 비해 주인공 체력이 2배 늘고, 가드 동작이 기본으로 장착되면서 게임의 난도가 낮아졌다는 평도 있다.

게임 스테이지가 매우 다양해졌다는 점을 빼놓을 수 없을 듯하다. 슈퍼 시노비 2는 말을 타고 달리는 스테이지, 서프보드를 타고 진행하는 스테이지 등 버라이어티한 스테이지 구성을 통해 어떤 게임과 비교해도 빠지지 않는 재미와 스케일을 보여준다. 명실상부한 메가드라이브 최고의 명작 액션 게임이라는 타이틀을 거머쥘만하다.

썬더포스 2

개발사 : 테크노 소프트(1989년)

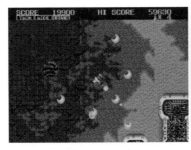 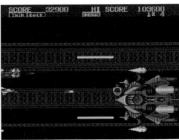

썬더포스 시리즈는 테크노 소프트에서 제작한 슈팅 게임 시리즈로 본래 일본 내수형 PC로 개발된 게임이다. 1988년에 일본 내수용 PC인 X68000으로 2편이 발매됐는데, 1년 후에 메가드라이브로 이식됐다. 메가드라이브 초창기 슈팅 게임 타이틀이었던 2편의 경우, 톱뷰 전방향 스크롤 스테이지와 횡스크롤 스테이지가 복합적으로 구성된 게임이었다. 사방으로 돌아다니며 적의 기지를 찾아서 파괴하고 횡스크롤 스테이지로 바뀌면 적 보스와 일전을 펼친다. 당시로서는 상당한 그래픽을 선보인 게임으로 메가 드라이브 특유의 빠른 그래픽 처리 능력을 발휘해서 만든 고속 슈팅이라는 점이 상당한 화젯거리가 됐다. 톱뷰 스테이지에서 유저들이 헤매는 경우가 있었는데, 이 같은 부분이 대중성을 떨어뜨린다고 판단했는지 이후 시리즈에서는 횡스크롤 슈팅 게임 형식만 채용했다.

썬더포스 3, 4

개발사 : 테크노 소프트(1990·1992년)

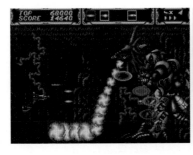 

1990년에 발매된 썬더포스 3는 비로소 썬더포스 시리즈가 콘솔 명작으로 자리 잡게 만들어준 초히트작이다. 화려한 배경 그래픽 효과, 다관절 스프라이트로 구성된 거대

보스의 출현, 적절한 난도의 스테이지 구성 등으로 극찬을 받으며 오랜 기간 사랑을 받았다. 나중엔 아케이드 작품으로 역이식되기도 했는데, 메가드라이브 버전과 비교해 일부 요소가 다르게 제작됐다. 아케이드 버전을 원작으로 한 작품이 '썬더 스피리츠'라는 이름으로 슈퍼패미컴에 재이식되기도 하는 등 파란만장한 역사를 겪었다. 썬더포스의 시스템은 기본적으로 무기 아이템을 얻으면 유저가 원할 때마다 교체해서 사용할 수 있다. 게다가 기체의 속도 역시 마음대로 바꿀 수 있다. 특유의 완성도 높은 그래픽과 더불어 독특하게 연출된 타격감도 훌륭한 편이라 한동안 슈팅 게임을 좋아하는 유저를 즐겁게 해줬다.

이후 1992년에 발매된 4편은 일신된 그래픽과 연출 등으로 유저들의 눈을 개안해줬다. 비트 넘치는 록 사운드 느낌의 BGM과 재빠른 진행, 광활한 스테이지 구성 및 다양한 배경 그래픽 등으로 2D 게임인 주제에 마치 영화 같은 연출을 하는 게 특징이다. 매우 높은 난도 탓에 몇 번이고 반복해서 플레이하게 만들었지만, 그래픽 연출 및 게임성 덕분에 이후 제작된 많은 슈팅 게임에 큰 영향을 미쳤다.

건스타 히어로즈

개발사 : 트레저(1993년)

트레저에서 개발한 횡스크롤 런 앤 건 액션 게임이다. 액션 및 슈팅 게임의 명가인 트레저에서 제작한 대표작이자 메가드라이브의 성능을 100% 발휘해서 제작한 게임들을 언급할 때 빠지지 않는 작품이기도 하다. 트레저가 만든 런 앤 건 게임의 특징은 다분히 코나미 게임들을 닮았는데, 트레저 개발진 중 일부가 코나미 출신이기 때문이다. 그래서인지 건스타 히어로즈는 게임 시스템과 그래픽 연출 면에서 코나미에서 제작한 게임인 콘트라 시리즈와 비교해 느낌이 상당히 비슷하다.

물론 차이점도 분명하다. 기본 시스템은 콘트라와 같은 런 앤 건 슈팅이지만 특이하게도 타격기와 잡기 등의 격투 게임 액션 기술들도 접목돼 있어서 적과 근접하면 타격을 하거나 붙잡아 던지는 등 다양한 액션을 취할 수 있다. 타격이 가능한 슬라이딩이 기본 기술로 존재해서 빠른 이동이나 보스전에서 유용하게 사용할 수 있다.

건스타 히어로즈의 백미는 바로 다양하게 연출된 스테이지 기믹과 보스전이다. 게임을 시작하면 스테이지를 골라서 플레이할 수 있으며, 스테이지마다 배경에 맞는 다양한 연출이 존재한다. 이런 배경의 스테이지 안에서 각자 다른 개성을 갖춘 보스들과 대결을 한다. 피라미드를 닮은 배경이 등장하는 고대 유적지, 빠르게 스크롤되는 광산 갱도, 하늘을 나는 공중 전함 전투, 보드게임처럼 진행되는 블랙 스테이지 등 여러 곳에서 진행되는 전투는 지루할 틈을 주지 않는다.

무자 알레스터

개발사 : 컴파일(1990년)

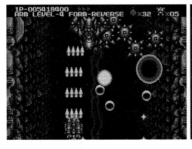 

토아플랜에서 발매하고 컴파일에서 개발한 종스크롤 슈팅 게임. 컴파일의 유명 종스크롤 슈팅 게임인 알레스터의 정식 시리즈 중 하나지만, 세계관은 전혀 달라서 평형세계 취급이다. 스토리도 연결되지 않는다. 게다가 전통적으로 주인공 기체가 비행기였던 전작들과 달리 건담처럼 인간이 탑승하는 로봇이 소재다. 발매 당시 동네 게임 가게를 지나가다 우연히 보게 된 게임 오프닝이 너무나 충격적이어서 넋 놓고 바라본 기억이 있다.

지금이야 대용량 매체를 활용한 덕분에 게임들이 영화를 능가하는 비주얼을 선보이지만, 당시 카트리지로 판매되던 게임들 대부분은 용량이 몇 메가비트에 불과했기에 오프닝의 연출과 그래픽이 열악할 수밖에 없었다. 그런데도 이 게임의 오프닝은 마치 건담 애니메이션의 한 장면을 보는 듯해서 게임을 향한 기대도 컸다.

이 게임에서는 자낙, 알레스터 같은 슈팅 게임에서 봐온 파워업 시스템을 약간 더 개량했고, 훌륭한 그래픽으로 마무리했다. 이런 점을 보면서 개인적으로 과연 컴파일 슈팅답다는 생각을 했다. 스테이지 모습에 왜색이 짙지만, 금속성 질감의 적과 거대 보스들이 인상적이며 배경 BGM으로 나오는 하드록이나 메탈 음악도 일품이다.

골든 액스

개발사 : 세가(1989년)

골든 액스는 원래 아케이드 게임이 원작이며 1989년에 메가드라이브로 이식됐다. 메가드라이브 외에도 다양한 플랫폼으로 이식됐는데, 원작이 워낙에 인기 있던 게임이면서 동시에 세가의 그래픽과 개발 실력을 자랑하던 게임이다 보니 이식작 대부분은 아무래도 만족스럽지 못할 때가 많았다. 그중에서 메가드라이브 이식작은 꽤 준수한 이식률을 보였는데, 덕분에 인기가 좋았다. 원작과 비교해서 스프라이트가 다소 작아졌고, 등장하는 적의 숫자도 현저하게 적지만 퍼포먼스가 양호했다. 아케이드 원작에 없는 스테이지와 보스가 추가되면서 호평을 받았다. 다만 게임성 면에서 봤을 때 다소 호불호가 갈리는 부분도 있었다. 바로 게임의 난도와 적들의 반응인데, 아케이드 원작과 다르게 주인공의 공격 패턴이 아예 안 통하거나 적들이 슬쩍 피해버리는 느낌이 있다. 아케이드를 하던 스타일로 게임을 진행하면 공략이 거의 불가능할 정도로 다른 게임이 돼버렸다.

골든 액스 2·3

개발사 : 세가(1991·1993년)

메가드라이브 오리지널 타이틀로 골든 액스 2가 발매됐는데, 전체적으로 보면 전작 대

비 퀄리티가 다소 떨어지는 느낌이다. 아무래도 전작처럼 참조할만한 레퍼런스가 없는 상태에서 오리지널 속편을 만들다 보니 이런 일이 벌어진 것 같다. 그럼에도 불구하고 액션 부분과 시스템은 오히려 전작과 흡사해서 익숙하게 즐길 수 있다. 게다가 캐릭터의 능력치는 전작보다 좋아져서 게임 자체는 재밌게 즐길 수 있다.

1993년에는 메가드라이브로 3편이 발매됐다. 플레이가 가능한 캐릭터의 수가 4명으로 늘어났는데, 이때 수인과 바바리안이라는 종족이 추가됐다. 개인적으로는 당시에 이질적인 구성이라고 생각했다. 전체적인 게임성은 골든 액스의 느낌을 그대로 따르고 있지만, 세세한 부분을 살펴보면 오히려 여타 벨트스크롤 게임의 영향을 받았다고 볼 수 있다.

예를 들어 적 캐릭터를 붙잡고 때리거나 잡아 던지는 기술 등이 추가됐고, 다양한 커맨드형 기술들이 존재해서 게임 난도가 높아진 점을 상쇄해 준다. 다만 아케이드 버전과는 스토리가 연결되지 않기 때문에 기존 작품과는 전혀 상관없는 게임이다.

수왕기

개발사 : 세가(1988년)

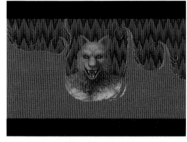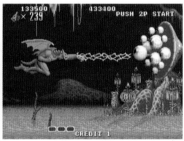

1988년에 세가가 제작한 횡스크롤 아케이드 액션 게임이 원작이다. 아케이드 게임이 출시된 해에 메가드라이브 타이틀로도 이식됐기 때문에 메가드라이브 초창기 타이틀로 인지도가 상당하다. 특히나 북미 쪽에서는 북미판 메가드라이브에 해당하는 제네시스 본체의 번들 상품이었기에 50만 장에 달하는 판매 기록을 가지고 있다. 전 세계적으로는 140만 장이라는 판매량을 기록했다. 일본판도 메가드라이브 초창기 타이틀이라는 인식이 강하다. TV용 광고에도 계속 노출되면서 초기 메가드라이브 판매에 견인차 노릇을 톡톡히 했다. 아케이드 버전에 비하면 난도가 상당히 쉬운 편이라 액션 게임 초심자들을 의식하고 제작한 감이 있다.

메가드라이브 이식작은 게임 시스템이 아케이드 버전과 같고, 아케이드 버전이 출시한 해에 이식된 덕분에 가정에서도 오락실 인기 게임을 즐겨볼 수 있다는 점에서 메가드라이브 유저에게 환영받았다. 다만, 스프라이트의 크기가 작고 배경의 세밀한 부분이나 뼈와 살이 분리되는 일부 표현이 삭제된 문제가 있었다. 이 탓에 개인적으로 아쉬운 작품이라고 생각한다. 8비트 게임기인 PC엔진 버전과 비교해 봐도 저조한 이식도였다. 물론 메가드라이브라는 기기를 완전히 이해하지 못했을 때 이식한 작품이라는 점을 고려한다면 어쩔 수 없겠지만 말이다. 최근 복각한 메가드라이브 미니 북미판에만 이 게임을 수록한 것을 보면 북미에서 인지도가 상당히 높다는 사실을 알 수 있다.

▌엘리멘탈 마스터
개발사 : 테크노 소프트(1990년)

테크노 소프트에서 썬더포스 3를 만든 다음에 출시한 슈팅 게임이다. 이 때문에 게이머들의 기대가 꽤 컸다고 기억한다. 비행 슈팅이 아니라 인간이 직접 등장하는 판타지 슈팅 게임이라는 점도 기대감을 키웠다. 필자는 기대 반 걱정 반으로 게임을 접했지만, 박력 넘치는 음악과 더불어 애니메이션 같은 오프닝에서부터 압도되는 느낌을 받았다. 게임성만 따지자면 한마디로 대박! 슈팅 게임을 잘 만드는 개발사답게 게임의 재미와 완성도는 상당한 수준이었다. 다만, 흥행 면에서는 전작인 썬더포스를 따라잡지 못했다. 특히 해외에서의 흥행은 처참한 수준이다. 오락실에 간혹 개조 메가드라이브용으로 배포된 바 있어서 국내에서는 생각보다 많이 알려진 편이다.

게임을 시작하면 오프닝이 마치 애니메이션처럼 진행되는데 처음부터 끝판왕인 가이라왕이 등장해서 주인공과 만나는 장면이 나온다. 알고 보니 주인공의 형인 로키. 바로 커밍아웃하는 연출이라니! 애니메이션처럼 커다랗게 출력되는 연출 덕에 당시 무자 알레스터와 더불어 가장 인상 깊은 게임 오프닝이라고 생각했다.

게임 시스템은 마성전설이나 언데드라인 등 인간형 슈팅 게임의 기본을 그대로 따라간다. 한 번에 죽지 않기 때문에 난도는 낮은 편이며, 각종 무기를 얻으면 썬더포스처럼 저장해 놨다가 원하는 시기에 교체해서 사용할 수 있다. 무기마다 차지샷도 존재해서 버튼을 길게 누르고 있다가 떼면 무기별로 강력한 필살기를 발동할 수 있다. 보스전에 적절히 사용하면 유용했다.

그 밖에도 체력 수치를 늘려주는 아이템이나 분신 아이템 등 썬더포스와는 차별화된 아이템들이 즐비한데, 이 덕분에 게임이 쉬워져서인지 게이머마다 호불호가 살짝 갈리는 편이다. 어려운 게임을 플레이하면서 스트레스받는 일에 딱 질색인지라 개인적으로는 게임 난도가 적당해서 좋았다.

로켓 나이트 어드벤처스 시리즈  개발사 : 코나미(1993년/1편)

시리즈의 첫 작품인 로켓 나이트 어드벤처스는 1993년에 발매됐다. 이후 후속작인 스파크스터가 메가드라이브와 슈퍼패미컴으로 발매된 바 있다. 주인공은 특이하게도 주머니쥐라는 설정인데, 로켓이 장착된 파란색 갑옷을 입고 있기에 이 시스템을 활용한 기믹들이 상당히 기발한 재미를 준다. 전체적인 게임 분위기는 전형적인 스팀펑크 느낌이며, 등장하는 보스들도 거대한 위용을 자랑한다.

보스전 공략과 관련해서 코나미 게임 특유의 묘미가 쏠쏠한 편이다. 주인공인 로켓 나이트 스파크스터의 주무기는 검이며, 검에서 발사되는 검기로 근거리에 있는 적들을 해치우면서 게임을 진행하는 게 기본이다. 등에 메고 있는 로켓을 활용하면 에너지를 모아서 활공하거나 돌진해서 적을 공격하는 동작도 가능하다. 특히 일부 지역은 로켓을 활용해야 지나갈 수 있기 때문에 초반에 사용법을 숙지해야 이후 스테이지를 진행하는 데 편하다.

한마디로 게임이 어렵진 않지만 무조건 점프해서 적을 해치우면서 진행하는 플랫포머는 아니기에 어느 정도 시스템을 익혀놓지 않으면 살짝 어렵다고 느낄 수도 있다. 로켓 부스터를 활용해 돌진하면 무적 판정이 존재하기 때문에 적의 공격을 피하는 효과도 있다. 일부 스테이지에서는 이를 활용해서 하늘을 날며 비행 슈팅처럼 게임이 진행되기도 한다. 당시 코나미 게임답게 참신한 아이디어와 액션성으로 무장했으며 따라서 재미는 보장돼 있다. 퍼포먼스도 상당히 훌륭해서 소닉과 비견되는 속도감을 자랑한다.

홀이와 뚱이

개발사 : 세가(1991년)

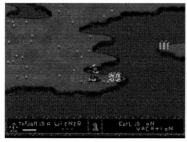 

토잼과 얼이라는 이름으로 세가에서 발매한 메가드라이브용 액션 게임이다. 국내에서는 삼성이 홀이와 뚱이라는 이름으로 정식 발매한 바 있다. 사실 당시에 한창 유행하던 액션 게임은 대부분 사이드뷰 시점의 횡스크롤 플랫폼 게임들이 대다수였기 때문에 홀이와 뚱이처럼 톱뷰 시점에 자유도 높은 액션 어드벤처 게임이 흔치 않았다.

홀이와 뚱이는 그만큼 꽤 낯설고 이국적인 북미 스타일의 그래픽과 게임성을 보여줘서 게이머마다 호불호가 극명하게 갈렸다. 어떤 게이머는 이 게임 특유의 참신하면서도 힙한 느낌에 반해서 즐겁게 플레이했던 반면, 또 어떤 게이머는 밑도 끝도 없이 헤매기만 하는 게임이란 생각에 이 게임을 싫어했다.

사실 게임 내용과 시스템은 단순하기 짝이 없다. 펑크 오 트론 행성 출신의 힙합 외계인 홀이와 뚱이는 우주여행 중이었는데, 우주선이 유성과 충돌하는 바람에 기이한 행성인 지구에 추락한다. 이곳에서 끔찍한 현지 외계인인(그들에겐 끔찍한 악당) 지구인들을 잘 피해서 사방으로 흩어진 우주선 조각을 무사히 모아서 고향으로 귀환한다는 이야기다. 주변에 떨어져 있는 다양한 아이템을 사용하거나 토마토를 던져서 지구인을 해치우며, 엘리베이터를 타고 스테이지의 각 층을 돌아다니면서 우주선 조각을 찾는다. 이 와중에 잔잔하면서도 코믹한 연출이 은근히 재밌다.

2인용이 가능하기에 친구나 형제랑 같이 즐기기 딱 좋은 게임이었지만 생각보다 플레이 타임이 긴 반면 중간 저장 따위는 지원하지 않았기에 한번 시작하면 정처 없이 헤매다 결국 게임을 클리어하지 못하고 꺼야 하는 상황이 빈번했다. 필자는 동생과 함께 오랜 시간 플레이하다가 도중에 게임기가 멈춰버리는 상황도 겪어봤다.

아이 러브 미키와 도널드 : 이상한 매직박스 개발사 : 세가(1992년)

디즈니의 인기 캐릭터인 미키 마우스와 도널드 덕이 주인공으로 등장하는 플랫폼 액션 게임이다. 해외판 제목은 월드 오브 일루전이며 아기자기한 동화적인 그래픽 덕분에 메가드라이브로 출시된 미키 마우스 게임 시리즈 중에서도 상당한 인기를 얻었다. 특히 2인 동시 플레이가 가능해서 미키 마우스와 도널드 덕을 각각 조종할 수 있다는 점이 친구나 가족끼리 즐기기 딱 좋았다. 전작인 '아이 러브 미키 마우스 : 이상한 성의 대모험'에서도 동화 나라에 들어간 것 같은 그래픽과 연출을 선보였던지라 세가의 디즈니 게임에 대한 기대감이 다소 있었는데, 이 작품에서 전편과 사뭇 다른 색채지만 더욱 화사하고 따뜻한 느낌의 그래픽을 선보여서 게이머들의 감수성을 자극했다.

특히 각 스테이지의 배경 묘사는 마치 디즈니 애니메이션으로 들어간 듯한 디테일을 보여주며, 다양한 기믹 또한 플레이어에게 신선한 재미를 안겨준다. 미키와 도널드 중 한 명을 골라서 플레이할 수 있으나, 도널드와 미키는 능력이 같기에 누구를 골라서 플레이하든 큰 관계가 없다. 2인용을 할 때는 둘이 협력하는 기믹도 존재하며, 캐릭터별 움직임은 원작과 비슷해서 귀여운 게임을 좋아하는 아이들이나 여자 게이머들도 좋아할만하다. 각 스테이지의 끝부분에는 다양한 방법으로 공격을 해오는 보스들이 존재하지만, 난도가 그다지 높지 않기 때문에 패턴만 파악하면 쉽게 클리어할 수 있다.

콘트라 하드코어

개발사 : 코나미(1994년)

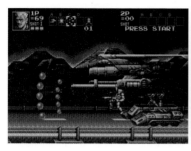 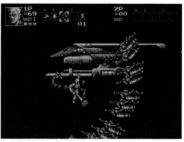

콘트라 시리즈 중 유일하게 메가드라이브로 발매된 게임이며, 기존 시리즈 주인공인 빌과 랜스가 아닌 새로운 주인공으로 구성된 콘트라 특수부대의 이야기를 그리고 있다. 플레이할 수 있는 캐릭터는 총 4명으로 남자 주인공인 레이를 비롯해서 시리즈 최초로 여성 캐릭터도 합류했으며, 팽이라는 늑대인간과 브라우니라는 로봇도 추가됐다. 기존 시리즈와는 전혀 어울리지 않은 조합이지만, 각 캐릭터가 사용하는 무기가 전부 달라서 어떤 캐릭터를 선택하느냐에 따라 플레이 느낌이 전혀 다를 정도다. 그만큼 신경 써서 제작한 게임이다.

특이하게도 기존 시리즈에는 없던 특수 기술이 존재하는데 바로 슬라이딩이다. 모든 캐릭터가 사용할 수 있는 슬라이딩은 레버를 밑으로 하고 점프 버튼을 누르면 발동하는데, 빠르게 이동하거나 적의 공격을 회피할 때 사용한다. 무엇보다도 슬라이딩하는 순간만큼은 무적 판정이 존재한다는 점! 이 덕분에 보스전에 사용하면 크게 도움이 된다는 점이 차별점이다.

콘트라 하드코어는 일본판과 북미판에도 차이점이 존재하는데, 바로 잔여 체력의 유무다. 북미판은 기존 시리즈처럼 적에게 한 방만 맞으면 뻗어버리기 때문에 난도가 상당히 높은 편이다. 반면 일본판은 총 3칸의 잔여 체력이 존재하며, 캐릭터 대수도 그대로 존재한다. 전작인 슈퍼패미컴의 콘트라 스피리츠조차 잔여 체력 게이지가 존재하지 않았던 점을 생각해 보면, 전체적인 난도가 올라갔다고는 해도 초심자도 할만한 게임이 돼버린 셈이다. 그렇다고 무조건 게임이 쉽다고 할 수는 없다. 패턴을 모르면 쉽게 클리어할 수 없는 게임이 콘트라 하드코어다.

불꽃의 투구아 돗지 단페이

개발사 : 세가(1992년)

동명의 애니메이션을 원작으로 한 피구 액션 게임. 원작 애니메이션이 국내에서 큰 인기를 끌어서인지 당시 많은 이가 이 게임을 국내 방영 제목 그대로 피구왕 통키라고 불렀다. 말이 필요 없는 게임이기는 하다. 메가드라이브 스포츠 게임 중 국내에서 가장 히트한 게임이라고 생각한다. 당시 오락실에서는 개조한 메가드라이브를 시간제로 운용했는데, 이 게임은 인기리에 플레이되곤 해서 오락실 좀 다닌 사람이라면 모르는 사람이 없을 정도였다.

게임 시스템은 사실 테크노스 재팬에서 제작한 열혈고교 피구부의 시스템을 그대로 차용했다고 해도 과언이 아닐 정도로 닮았다. 대시해서 점프한 후, 타이밍에 맞게 공을 던지면 각 플레이어의 필살슛이 발동한다는 점이라든가 상대방이 발사한 필살슛조차 타이밍만 맞으면 붙잡을 수 있다는 점, 각 선수의 잔여 체력이 존재해서 한 번 맞았다고 아웃되지는 않는다는 점 등 전부 열혈고교 피구부에 존재하는 요소다. 게임 시스템을 표절했다고 단정하기는 힘들겠지만, 여러모로 덕을 본 셈이다.

열혈고교 피구부에는 없는 이 게임만의 차별점은 상대방의 필살슛을 잡아서 바로 던지면 해당 필살슛을 그대로 되돌려줄 수 있다는 점이다. 게다가 그 공을 다시 받아 던질 수도 있다. 팀마다 포메이션 어택이라는 팀 필살기가 존재해서 공을 바깥으로 빙빙 돌리다가 버튼을 누르면 기습적으로 공격할 수도 있었다. 아쉬운 점이라면 기존 애니메이션을 따라가는 스토리 콘텐츠가 턱없이 부족하고, 원작에 존재하는 각 캐릭터의 개성 있는 필살기를 제대로 구현하지 못했다는 점이다. 물론 잘 만든 액션 게임이라는 점은 부인할 수 없는 사실이다.

대마계촌

개발사 : 캡콤(1989년)

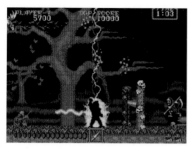 

대마계촌은 캡콤에서 제작한 아케이드 횡스크롤 액션 게임이 원작이다. 메가드라이브 게임으로는 1989년에 세가에서 이식해 발매했다. 아케이드의 완성도를 따라가지 못했지만 준수한 이식도로 많은 사랑을 받은 바 있다. 사실 가정용 게임기 스펙의 한계와 더불어 롬팩이라는 제한된 용량 때문에 게임의 많은 부분을 삭제할 수밖에 없었는데, 특히 원작에 존재하는 오프닝 데모가 삭제됐다는 점이 개인적으로는 다소 아쉬웠다. 하지만 당시 메가드라이브가 표방한 "오락실 게임을 가정에서 즐기자."라는 점에서 보자면, 캡콤 명작을 이식한 일은 그야말로 당시 메가드라이버들을 가슴 뛰게 만들었다.

사실 대마계촌은 오락실에서도 그다지 많이 배포되지 않은 터라 오히려 메가드라이브 버전을 기억하는 게이머들이 많을 것이다. 놀라운 사실은 이 게임을 이식한 주인공이 바로 소닉의 개발자로 유명한 나카유지 PD였는데 5개월 만에 개발을 끝냈다는 점이다. 여기서 얻은 개발 노하우로 소닉을 제작할 수 있었다고 한다. 그만큼 당시 세가 개발진의 액션 게임 개발 노하우 덕분에 세가의 명작들이 탄생할 수 있었던 셈이다.

대마계촌은 전작이었던 마계촌을 여러 면에서 업그레이드한 작품으로 화려한 연출과 더욱 커진 보스들과의 싸움이 인상적이었으며, 아서에게 주어진 황금 갑옷으로 발동할 수 있는 다양한 마법이 재미를 더해준다. 물론 악명 높은 마계촌 시리즈답게 각 스테이지에 존재하는 기믹과 적들의 악랄한 패턴을 분석해서 플레이하지 않으면 순삭(?)된다는 점은 여전하다. 그래도 아케이드 원작에 비하면 난도가 낮아진 느낌이라서 도전할만하다. 당시 필자는 동생과 번갈아 가며 '컨티뉴'를 이어간 덕분에 간신히 스테이지별 패턴을 파악했는데, 반드시 2회차를 플레이하지 않으면 진엔딩과 최종 보스를 볼 수 없다는 점을 알고 좌절했던 기억이 있다.

스트라이더 비룡

개발사 : 캡콤(1990년)

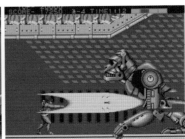

1989년 캡콤에서 제작한 아케이드 횡스크롤 액션 게임. 1990년에 세가가 메가드라이브 게임으로 출시했다. 당시 어느 기종으로도 제대로 이식된 적이 없어서 메가드라이브 버전의 이식도는 화제였다. 지금 다시 원작과 비교해 보면 많은 부분이 부족하지만, 당시로서는 8메가라는 대용량의 롬팩을 사용할 정도로 세가는 이 게임의 이식에 상당히 공을 들였다. 그만큼 게이머들이 기대하는 타이틀이기도 했고, 개인적으로도 캡콤에서 제작한 액션 게임 중 가장 드라마틱한 게임이라고 생각했기 때문에 이식작이 나와준다는 사실만으로도 감사했다. 이식 작업은 소닉의 아버지인 나카유지 PD가 진행했으며 대마계촌과 마찬가지로 이 게임의 이식 작업으로 얻은 노하우가 소닉을 개발하는 일에 큰 보탬이 됐다.

원작과 비교해서 다소 신경 쓰이는 단점은 게임 곳곳에 잠시 멈추는 구간이 존재한다는 사실이다. 롬팩 게임인데도 불구하고 데이터를 불러오기 위해 잠시 로딩이 필요했던 게 아닌가 한다. 그래도 스트라이더 비룡은 '이식이 가능할까?' 하는 의심이 들 만큼 커다란 스프라이트가 난무하고, 스펙터클하고 빠른 연출을 자랑했기에 이 정도 단점은 감수할 수 있었다. 주인공이 닌자라서 스테이지마다 매달리고 기어오르는 다양한 액션 동작으로 게임을 진행해 나가는 재미가 쏠쏠했으며, 비룡만의 무기인 광검 사이퍼를 휘두르는 묘한 쾌감 덕분에 어려운 스테이지는 몇 번씩 다시 해도 공략하는 재미가 있었다. 특히 스테이지마다 존재하는 특이한 구간, 예를 들면 중력이 역전돼서 거꾸로 진행되는 부분이라든가, 허공에 뜬 채 중력에 이끌려 빨려 들어가듯 빙글빙글 돌며 공략해야 하는 보스의 기믹들은 당시 액션 게임 기준으로 상당히 참신한 연출이었다.

샤이닝 포스 1·2

개발사 : 클라이맥스·소닉(1992·1993년)

샤이닝 포스는 전작인 롤플레잉 게임 '샤이닝 & 다크니스'의 스핀오프 작품이며 샤이닝 포스 시리즈의 시작이 된 작품이다. 이후 샤이닝 포스와 비슷한 SRPG가 양산되기도 했다. 택틱스 계열 SRPG를 좋아한다면, 그 출발점인 샤이닝 포스는 반드시 플레이해 봐야 한다. 샤이닝 & 다크니스가 1인칭 시점의 던전 RPG였다면, 이 게임은 전략 RPG이며 전투를 하면서 캐릭터를 육성하는 재미가 있다. 같은 스테이지를 몇 번씩 반복해도 재미있을 정도였다. 이런 점은 마치 슈퍼로봇대전 같은 게임에서 느낄 수 있는 재미와 흡사한데, 캐릭터를 키우다 보면 레벨이 올라서 새로운 공격기나 마법이 생기는 재미가 상당했다.

1편은 전투 장면의 타격감이 상당히 좋은 편이었는데, 액션 게임도 아니고 RPG인 주제에 경쾌한 타격감이 느껴진다는 점에서 개인적으로는 매우 인상적이었다. 적을 검이나 둔기로 때릴 때도 타격감이 느껴지지만, 광역 마법으로 한꺼번에 적을 휩쓸어 버릴 때는 묘한 쾌감이 일어나기도 했다. 물론 우리 편이 적한테 얻어맞을 때는 같은 이유로 심장이 내려앉는 느낌이긴 했지만 말이다. 특정 장소에 가서 조건을 충족하면 숨은 캐릭터를 얻을 수 있다. 이렇게 새로 합류하는 캐릭터들을 육성하는 재미도 있었다.

후속작인 2편은 시스템 일부분이 업그레이드됐으며 그래픽과 사운드가 더 좋아졌

다는 평이 다수다. 다만 전편보다 어려워진 편이라 중반 이후부터는 적들의 공격력이 대폭 올라가서 힘들다. 어차피 이런 게임은 캐릭터 레벨을 올려서 극복하는 게 묘미 아니겠는가? 전체적인 캐릭터 밸런스는 좋은 편이라 애정만 주면 약한 캐릭터가 없다고 해도 무방하다. 1편은 클라이맥스에서 개발했고, 2편은 세가의 자회사인 소닉에서 개발했지만 사실상 개발진은 거의 같다고 알고 있다.(클라이맥스의 개발진이 소닉이라는 회사로 독립했음)

▌원더보이 5 : 몬스터 월드 3　　　　　　개발사 : 세가(1991년)

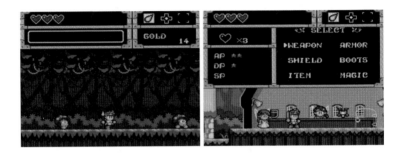

원더보이 5는 1991년 세가에서 발매한 액션 RPG로 아케이드판 원더보이 몬스터 랜드의 후속작으로 제작됐다. 후속작이라곤 하지만, 전작에 대한 오마주가 섞인 장면들이 다수 존재하기 때문에 어느 정도는 리메이크작이라고 해도 무방하다. 이 게임의 타이틀이 좀 애매한 게 원더보이 시리즈로는 5번째이지만 몬스터 월드로는 3번째이기 때문에 제목에 존재하는 넘버링이 상당히 헷갈린다. 하지만 메가드라이브만의 속도감과 무게감이 느껴지는 그래픽과 액션 퍼포먼스 덕분에 상당한 완성도를 자랑한다. 또한 즐길 거리가 꽤 많고, 아케이드 버전보다 게임 볼륨이 커졌기 때문에 당시 집에서 원더보이 몬스터 랜드를 직접 하는 느낌으로 오래 즐길 수 있어서 너무 좋았던 기억이 있다.

　등장하는 보스들 역시 업그레이드돼 아케이드 버전보다 더 커진 스프라이트 크기를 자랑하며, 특정 지역마다 주인공 캐릭터를 도와주는 동료가 따라다니면서 아이템이나 금화를 발견하는 재미가 있다. 주인공의 무기나 장비를 업그레이드하거나 소비성 아이템을 구매하기 위해서는 역시 돈이 필요한데, 아케이드 버전과 다르게 이 게임은 액션 RPG를 지향하고 있기에 구역마다 나눠진 화면을 지나갔다가 다시 돌아가면 돈을 주는 몬스터들이 다시 스폰됐다. 금화 노가다(?)가 가능하다는 뜻. 이렇듯 완성도가 높고 파고드는 재미도 있어서 원더보이를 좋아하거나 액션 롤플레잉을 좋아하는 팬이라면 꼭 즐겨봐야 할 게임이다. 오락실 원더보이의 볼륨이 작아서 불만이었던 게이머에게도 강력 추천.

랜드스토커 : 황제의 재보

개발사 : 클라이맥스(1992년)

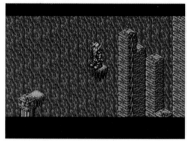

아주 오래전부터 존재했던 쿼터뷰 스타일의 액션 어드벤처 게임. 8비트 PC에도 이런 방식의 게임들이 있었는데, 필메이션(Filmation) 엔진으로 제작된 나이트 셰이드 또는 에일리언 8 같은 게임이 기억난다.

이 게임은 원래 샤이닝 포스의 외전으로 기획된 작품이라고 하는데, 정작 출시할 때는 이런 얘기가 싹 사라졌다. 다만 샤이닝 포스를 만든 클라이맥스에서 제작하다 보니 그림체나 UI 등 전반적인 모습에서 그 흔적이 남아 있다. 클라이맥스에서 자체적으로 만든 그래픽 엔진인 DDS520으로 제작돼 2D 그래픽으로 3D 공간을 연출할 수 있었다. 이런 스타일의 그래픽은 이후 후속작인 슈퍼패미컴의 '레이디 스토커'로 계승된다. 참고로 닌텐도 DS로 출시된 스틸 프린세스라는 후속작도 있다.

랑그릿사 1·2

개발사 : 메사이어(1991·1994년)

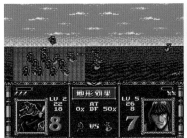 

랑그릿사는 메사이어에서 제작한 판타지 SRPG 게임 시리즈다. 메가드라이브로 2편 까지 발매됐으며, 메가드라이브 게임 중 흔치 않은 판타지 전략 게임으로 많은 사랑을 받았다. 이후 새턴과 플레이스테이션 등으로 후속작이 꾸준히 발매된 바 있다. 최근에 는 최신 콘솔 기종으로 리메이크작이 발매되는 등 여전히 사랑을 받고 있다. 전략 시뮬 레이션 장르라고 할 수 있으면서도 판타지가 테마인 랑그릿사 시리즈는 메가드라이브 에서 시작했다. 사실 랑그릿사의 세계관은 일본 PC 게임인 엘스리드 시리즈가 기원이 다. 메사이어의 전신인 NCS에서는 이 게임을 이용해서 PC엔진 게임인 가이아의 문 장, 가이 프레임 등 스핀오프 작품을 만들었는데, 이 세계관을 어느 정도 이어받은 게임 이 바로 랑그릿사다.

분대 단위 전투이지만 사실 영웅이 핵심이라서 먼치킨 전략을(영웅의 일격에 추풍낙 엽처럼 떨어져 나가는 일반 병사들) 세울 수 있는 게임이다. 한마디로 영웅만 제대로 키 운다면 일반 병사가 필요 없을 정도. 개인적으로는 먼치킨이 있어야 일본 스타일의 전 략 게임이라고 본다. 랑그릿사 2편에서는 그래픽과 시스템에 변화가 있었는데, 전투 시 등장하는 병사들의 크기가 커진 반면 인원은 10명에서 5명으로 줄었다.

스토리 오브 도어

개발사 : 에인션트(1994년)

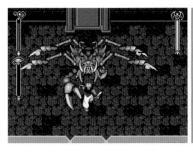

'스토리 오브 도어 : 빛을 잇는 자'는 1994년 에인션트에서 제작한 액션 RPG다. 메가 드라이브를 대표하는 명작 액션 RPG로 상당한 완성도를 자랑한다. 단순히 무기를 휘두르는 전형적인 액션 RPG와는 다르게 각종 체술과 콤보 기술도 존재해서 마치 벨트 스크롤 액션 게임을 즐기는 느낌으로 플레이할 수 있다.

이 게임에서 가장 특이한 점은 바로 정령 소환 시스템이다. 주인공은 항상 정령과 함께 다니며, 이 정령들은 주인공과 함께 싸우거나 주인공을 치료해 준다. 평소 가기 힘든 장소로 옮겨주기도 하는데, 지나가다가 배경에 특정 원소가 존재할 것 같은 장소가 보이면 해당 정령을 불러낼 수 있다는 점이 재밌다. 예를 들면 물에서는 물의 정령 픽시를, 불에서는 이프리트를 불러내는 식. 국내에 출시될 때 스토리 오브 도어는 삼성전자에서 대대적으로 소개했던 한국어판 RPG 게임 1탄이었다. 원조 한국어판 RPG라 할 수 있다. 아마도 당시 슈퍼패미컴으로 선전 중이던 현대전자를 견제하려고 야심 차게 준비한 삼성전자의 노림수 아니었을까. 대형 보스와의 전투 장면이나, 디즈니 애니메이션을 연상케 하는 부드러운 액션 동작이 장점이었으며, 커맨드를 입력해 발동하는 각종 공격 기술도 다채로웠다. 게다가 RPG 주제에 타격감도 괜찮았다.

닌텐도의 전성기를 이어간
슈퍼패미컴

　슈퍼패미컴은 제가 단골로 다니던 동네 게임숍에서 처음 접했습니다. 첫인상은 메가드라이브와 조금 달랐는데, 회색 본체 때문이었는지 단단하고 세련된 느낌이었습니다. 이전 기종인 패미컴과 비슷한 듯하면서도 왠지 성능이 더 좋아 보였고, 제품 디자인도 상당히 완성도가 높다는 생각이 들었습니다.

　슈퍼패미컴은 메가드라이브나 PC엔진과는 차별화된 그래픽과 사운드를 자랑했는데, 특히 패미컴에서 폭발적인 인기를 얻은 파이널 판타지와 드래곤 퀘스트 같은 롤플레잉 게임의 후속작들이 슈퍼패미컴 독점 타이틀로 발매됐기 때문에 다른 콘솔로 대체할 수 없는 게임기였죠. 단골 게임숍에서 처음으로 파이널 판타지 4를 구동했을 때의 전율은 아직도 잊지 못합니다. 게임에서 흘러나오는 BGM이 기존 8비트 게임기 사운드는 물론이고 메가드라이브의 다소 투박한 음원과도 달라서, 마치 부드러운 오케스트라를 듣는 것 같은 느낌이었죠. 여기서는 역시 다른 게임기에는 없었던 슈퍼패미컴만의 장점이 담긴 게임을 소개해 보겠습니다.

파이널 판타지 4

개발사 : 스퀘어(1991년)

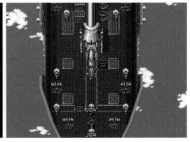

파이널 판타지는 닌텐도의 콘솔 기기가 패미컴에서 슈퍼패미컴으로 넘어오는 시기에 상당히 큰 변화를 겪은 롤플레잉 게임 시리즈다. 슈퍼패미컴으로 처음 나온 파이널 판타지 4는 슈퍼패미컴의 스프라이트 확대 및 축소, 회전 기능 등을 활용해서 그래픽을 업그레이드했으며, 무엇보다도 게임의 BGM이 환골탈태 수준이었다. 듣고 있으면 아련해지거나 웅장해지는 등 이게 진정 게임기에서 나오는 소리일까 싶을 정도로 수준이 높아져서 이후 발매된 콘솔 게임의 음악 수준이 여기서부터 높아지지 않았나 싶다. 아쉽게도 파이널 판타지 4는 슈퍼패미컴으로 발매된 스퀘어의 첫 RPG다 보니 여러모로 단점도 존재했다. 특히나 난이도 조절 실패로 상당히 어렵다는 평이 많았는지, 이후 이지(easy) 버전이 따로 발매되기도 했다.

파이널 판타지 5

개발사 : 스퀘어(1992년)

후속작인 파이널 판타지 5는 슈퍼패미컴으로 발매된 스퀘어의 2번째 파판 시리즈다. 전작의 단점인 스토리 중심의 요소를 보완해서 시리즈 3편처럼 전직의 자유도와 캐릭터 육성의 재미를 높인 작품이다. 대표적으로 3편에 존재했던 직업 시스템을 부활시켜서 각 캐릭터를 스토리와 상관없이 본인이 키우고 싶은 직업으로 바꿔가며 키울 수 있다. 전직하면 각 캐릭터의 외형에도 변화가 생기기 때문에 같은 스토리를 즐기면서도 플레이어마다 다른 분위기로 게임을 진행할 수 있다는 장점이 있었다.

시리즈만의 아기자기한 연출은 그대로다. 필드에서 대화를 하는 이벤트 장면은 기존 필드 그래픽을 그대로 활용해서 각자의 감정을 표현하는 등 일본 RPG다운 연출이 가능했다. 게다가 전작에서도 어느 정도 활용된 슈퍼패미컴의 스프라이트 회전·확대·축소 기능을 극대화해서 마치 3D 같은 효과를 연출하기도 했다. 이후 6편에서 보여준 극강의 그래픽 연출이 우연히 나온 게 아니라는 사실을 알려준다. 기본 시스템 역시 전작인 4편의 것을 채용해서 전투는 '리얼타임 턴 배틀'이며, 따라서 어느 정도 긴장하며 임해야 한다. 직업마다 만렙을 만들면 해당 직업 고유의 능력을 전직이나 기본 상태에서도 사용할 수 있기에 캐릭터를 육성하는 재미가 상당했다.

▌파이널 판타지 6

개발사 : 스퀘어(1994년)

파이널 판타지 6는 슈퍼패미컴으로 나온 마지막 파이널 판타지 시리즈다. CD 매체로 넘어가기 전, 2D 그래픽으로 제작된 마지막 파이널 판타지이기도 하다. 2D 그래픽임에도 불구하고 장렬하고 거대한 스케일로 진행되는 시네마틱한 연출은 역대급이라는 평가를 받았으며, 슈퍼패미컴 최고의 RPG로 자리매김했다. 기존 시리즈에 간간이 등장하던 스팀펑크 요소를 더욱 강화해서, 드라마틱하고 암울한 세계관의 분위기를 더해주었다. 이는 기존 시리즈와 차별되는 부분으로 플레이스테이션으로 발매된 7편에도 지대한 영향을 미쳤다고 생각한다. 24메가비트라는 당시로는 초대용량의 오버 스펙을 보여준 덕분에 엄청나게 화려한 그래픽과 사운드로 유저의 눈과 귀를 사로잡았다. 게임 오프닝에서 마도아머를 타고 눈 위를 걸어가는 장면이 나오는데, 이때 오프닝 장면과 인게임 장면 사이의 경계가 모호한 영화적 연출이 사용된다. 이는 이후 제작된 파이널 판타지 시리즈의 특징으로 자리 잡았다.

드래곤 퀘스트 5

개발사 : 춘소프트(1992년)

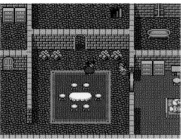

드래곤 퀘스트는 패미컴 시절부터 파이널 판타지와 더불어 초인기 롤플레잉 게임 시리즈였다. 일본에서만큼은 파이널 판타지를 능가하는 인기 덕분에 국민 RPG라는 명칭이 붙었을 정도다. 슈퍼패미컴에서는 오리지널 시리즈로 두 작품이 발매됐으며 패미컴 게임으로 발매된 시리즈도 리메이크돼 출시된 바 있다.

슈퍼패미컴으로 발매된 드래곤 퀘스트 5는 패미컴 이외 기종으로는 처음 발매된 정식 후속작인데 부제가 천공의 신부이며, 천공 시리즈의 2번째 작품에 해당한다. 패미컴 버전의 드래곤 퀘스트에 익숙한 유저들은 갑자기 업그레이드된 깔끔하고 화사한 그래픽과 사운드를 접하곤 큰 충격을 받았다고 한다. 용량이 12메가비트로 당시로서는 꽤 대용량으로 개발된 작품인데, 기존 작품과는 다르게 드라마틱하게 진행되는 스토리에 중점을 둬서인지, 이벤트 장면이 자주 등장했다. 이 때문에 연출이 파이널 판타지와 유사했다.

일본식 RPG에는 흔치 않은 부모와 자식에 걸친 3대 이야기와 결혼이라는 소재를 다루는 등 스토리에 꽤 현실적인 부분이 존재했다. 이 덕분에 누구나 감동할만한 서사를 갖췄다. 여주인공 비앙카와 플로라 둘 중 한 명을 신부로 선택해야 하는 분기점이 존재하는데, 이는 이 게임의 최대 난제. 시리즈 처음으로 몬스터를 동료로 삼을 수 있는 시스템이 도입돼 몬스터를 육성하는 재미를 더해주는데, 이는 이후 시리즈에도 계속 등장한다. 이는 또한 파생작인 드래곤 퀘스트 몬스터즈를 낳는 기반이 된다.

드래곤 퀘스트 6

개발사 : 하트비트(1995년)

드래곤 퀘스트 6는 시리즈의 6번째 작품으로 1995년에 슈퍼패미컴으로 발매됐다. 부제는 몽환의 대지. 전작과 다르게 개발사가 하트비트로 바뀌면서 시스템도 일부 변했다. 일명 천공 시리즈의 마지막 편이자 슈퍼패미컴으로 등장한 드래곤 퀘스트 메인 시리즈의 마지막 작품이다. 사실 같은 제작사에서 만든 드래곤 퀘스트 3의 리메이크작이 슈퍼패미컴으로 등장한 최후의 드래곤 퀘스트이긴 하다. 이후 드래곤 퀘스트 시리즈는 플레이스테이션으로 보금자리를 옮긴다. 드래곤 퀘스트 6에서 개인적으로 가장 좋았던 점은 적 캐릭터에 전투 애니메이션이 추가됐다는 사실이다. 지난 시리즈까지만 해도 적들은 전투 시에 때리거나 맞을 때 깜빡이는 효과만 있었지 별다른 움직임이 없었다. 전투 장면에 공을 들이지 않던 드래곤 퀘스트 시리즈이건만, 이제 꿈틀거리며 공격해 오다니! 당시 필자는 이를 매우 큰 발전이라고 생각했고, 이 변화는 드래곤 퀘스트 시리즈를 더 좋아하게 된 이유가 됐다.

별의 커비 슈퍼 디럭스·3

개발사 : HAL(1996·1997년)

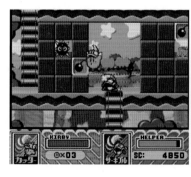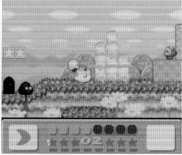

슈퍼패미컴으로 발매된 별의 커비 메인 시리즈는 총 두 작품이다. 바로 '별의 커비 슈퍼 디럭스'와 '별의 커비 3'다. 기존 패미컴과 게임보이로 인기를 끌었던 별의 커비 시리즈가 지금의 형태를 갖추게 된 계기는 바로 슈퍼패미컴으로 출시된 별의 커비 슈퍼 디럭스다. 이 작품을 시작으로 약간은 평범한 플랫폼 게임이었던 커비가 지금처럼 특색 있는 모습으로 바뀌었다. 흡수한 캐릭터마다 다양한 콤보 기술이 등장했으며, 외형도 각 능력에 맞게 디자인이 다양하게 바뀌었다.

이후 GBA와 NDS로 등장한 커비 시리즈는 전부 슈퍼 디럭스가 마련한 기본 시스템을 갖고 있다고 해도 과언이 아니다. 중간중간 미니 게임이 등장하는 시스템도 최신 시리즈까지 건재하다.

슈퍼패미컴으로 발매된 별의 커비 3는 슈퍼 디럭스와는 다르게 예전 시스템으로 회귀해 경쾌한 게임성은 다소 부족하지만, 이를 보완하듯 파스텔로 직접 그린 듯한 동화풍 그래픽이 뛰어났고, 탑승이 가능한 동물 동료들이 늘어나 3편만의 감성과 재미를 만들었다.

닌자 워리어즈 어게인
개발사 : 나츠메(1994년)

1994년에 발매된 이 게임은 타이토에서 제작한 아케이드 원작을 리메이크한 작품이다. 타이토에서 발매했지만 제작사는 나츠메다. 패미컴 시절부터 게임 잘 만들기로 소문난 나츠메기에 이 게임에서도 특유의 미려한 그래픽과 경쾌한 게임성이 일품이다. 일단 타격감이 좋고, 다양한 콤보 공격에 던지기 기술이 존재하며, 게이지를 모아서 사용하는 전멸 필살기까지 있다.

플레이할 수 있는 캐릭터는 총 3명으로 전작에 등장했던 사이보그 남자 닌자와 여자 닌자인 쿠노이치는 그대로 등장하며, 카마이타치라는 기계 닌자가 새로 등장한다. 카마이타치는 빠른 속도와 빼어난 성능을 갖춘 캐릭터라 시원시원한 타격을 원하는 유저를 만족시켜준다. 이렇듯 전혀 다른 개성을 갖춘 닌자 캐릭터들은 게임에 다양한 재미를 더해준다. 전작이 단순히 적들을 칼로 베면서 진행하는 스파르탄X 같은 횡스크롤 액션이었다면, 이번 작품은 적들을 타격하고 방어하고 베고 잡아 던지는 액션성이 원작을 능가한다. 게다가 각 스테이지 끝에 등장하는 개성 강한 보스들은 공격 패턴이 각기 달라서 공략하는 맛이 쏠쏠하다.

■ 중장기병 발켄　　　　　　　　　　　개발사 : 메사이어(1992년)

메사이어에서 개발한 슈퍼패미컴 게임으로 장르는 메카닉 런 앤 건 슈팅. 사실상 메사이어에서 메가드라이브로 출시했던 중장기병 레이노스의 후속작이다. 메카닉 액션의 로망을 그대로 실현하고 있어서 로봇물을 좋아하는 유저들을 열광케 했다. 중간중간 등장하는 인물들의 대화 장면에 사용된 포트레이트샷을 보면 알겠지만 일러스트레이터로 유명한 우루시하라 사토시가 직접 디자인했다. 전체적인 그래픽과 퍼포먼스의 완성도가 극강인지라 당시 첫 스테이지만 해보고도 감탄을 금하지 않을 수 없었다. 솔직히 전작이었던 중장기병 레이노스는 분위기와 그래픽이 좋았지만, 난이도 및 게임성이 다소 아쉬웠다.

　당시 레이노스의 메카닉 크기와 디테일이 살짝 아쉬웠던지라, 발켄의 등장은 메카닉 액션물에 목말라 있던 유저들을 만족시키기에 충분했다. 특히 세밀하게 표현한 로봇 관절부의 움직임, 지상에서 미끄러지듯 슬라이딩으로 이동하는 모습, 공중에서 부스터를 이용한 활공 비행이 가능한 부분 등은 마치 건담을 게임으로 직접 즐기는 듯한 느낌을 그대로 경험하게 해줬다. 기본 공격은 80mm 발칸이지만, 레이저 캐논과 토우 미사일 런처 등 다양한 무기가 존재했으며, 근접한 적을 주먹으로 타격하고 방패로 방어할 수 있었기 때문에 이런 점을 잘 활용해야 게임 진행이 쉬웠다. 전반적인 난이도는 레이노스랑 비교가 안 될 정도로 낮아진 편이라서 그다지 어렵지 않게 즐길 수 있다.

드래곤볼Z 초무투전

개발사 : 토세(1993년)

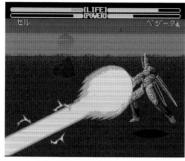
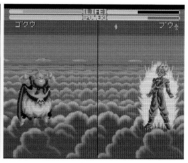

슈퍼패미컴으로 출시된 반다이의 드래곤볼Z 초무투전은 인기 만화인 드래곤볼을 소재로 제작한 대전 격투 액션 게임이다. 발매 전부터 이슈가 된 데다가 발매 당시 인기는 어마어마해서 게임 소프트 가격이 부르는 게 값일 정도였다. 심지어 국내 오락실에서는 슈퍼패미컴을 설치해서 시간제로 게임을 돌린 적도 있으니, 이 게임을 알고 있는 사람도 많다고 생각한다.

　게임성만 보면 대전 격투라고 하기엔 약간 부족했다. 등장 캐릭터의 움직임이 상당히 어색했고 방어가 허술했으며 상단·중단 개념도 모호했다. 게다가 공중 타격과 대공기가 없었으며, 타격감도 다소 떨어졌다. 하지만 드래곤볼이라는 원작 만화의 힘은 당시 플레이어들을 현혹하기 충분했다. 내가 좋아하는 드래곤볼 캐릭터를 직접 조종할 수 있다는 사실만으로 즐거운 일이었다. 특히 게임 내에 등장하는 캐릭터가 자신만의 필살기를 발동하는 모습은 마치 만화나 애니메이션을 보는 듯 드라마틱하게 연출됐다. 서로 필살기를 동시에 쏘면서 대결하는 모습은 더욱 대단해서 원작 만화의 팬이라면 열광하지 않을 수 없었다.

콘트라 스피리츠

개발사 : 코나미(1992년)

개인적으로 정말 좋아하는 작품으로 코나미가 만든 런 앤 건 슈팅의 명작이라고 생각한다. 메가드라이브에 콘트라 하드코어가 존재한다면, 슈퍼패미컴에는 콘트라 스피리츠가 존재한다. 콘트라 스피리츠는 1992년 코나미에서 작정하고 만든 콘트라로, 시리즈 중 최초의 슈퍼패미컴 오리지널 작품이다. 슈퍼패미컴에 있는 특수 기능을 그래픽에 많이 활용했는데, 예를 들어 반투명 스프라이트를 이용한 폭파 효과, 스프라이트 회전 및 확대 축소 기능을 이용한 톱뷰 스테이지 등이 있다.

슈퍼패미컴 특유의 음색을 지닌 효과음과 BGM 역시 게임의 긴박함을 더해준다. 다만 톱뷰로 진행되는 스테이지는 특이한 시도이긴 했으나 게임 흐름의 맥을 끊는 듯해서 개인적으로 그다지 재미가 없었다. 물론 그 외 스테이지의 밸런스는 너무 좋았다. 스테이지마다 존재하는 영화적인 연출은 당시에 너무나 참신해서 게임을 하는 내내 가슴이 설렐 정도였다.

RPG도 아니고 액션 게임에서 드라마틱한 감동을 느낄 줄은 몰랐다. 특히 보스전 연출이 백미였는데, 이 게임의 보스들은 다른 게임처럼 평범하게 등장해서 단순한 패턴으로 공격해 오지 않는다. 예를 들면 벽을 찢고 등장한다거나 하는 상상치도 못한 연출과 여러 가지 패턴으로 플레이어를 괴롭혔다. 주인공 캐릭터들의 무기와 액션 동작 역시 기존 액션 게임에서 가져온 여러 가지 요소를 잘 활용해서 게임의 재미를 극대화했다. 닌자용검전처럼 벽에 매달린다거나, 스트라이더 비룡처럼 날아가는 비행체에 매달려서 아슬아슬하게 싸우는 액션이 그 예다.

파이널 파이트 시리즈

개발사 : 캡콤(1990년/1편)

파이널 파이트 1편은 캡콤에서 제작한 오락실용 벨트스크롤 게임의 이식작으로 스트리트 파이터만큼 임팩트가 크진 않았지만 슈퍼패미컴으로 발매했을 때 게임을 향한 기대는 엄청났다. 그러나 결과물을 접한 팬들은 크게 실망하지 않을 수 없었다. 일단 2인용이 재밌는 게임인데 동시 2인용이 안 된다는 점, 아케이드판에 존재하는 캐릭터인 가이를 삭제해 버린 점 등이 단점이었다. 게다가 슈퍼패미컴 하드웨어의 한계 때문에 동시에 등장할 수 있는 적들도 3명뿐이었다. 반쪽짜리 게임이었던 셈이다. 이후 캡콤은 유저들의 불만을 잠재우고자 '파이널 파이트 가이'라는 버전을 다시 출시했는데, 이번에는 주인공 코디가 삭제되고, 가이만 나오는 버전이었다. 나중에 새 캐릭터가 등장하고 동시 2인 플레이도 가능한 '파이널 파이트 2'라는 작품이 나왔지만, 완성도나 내용이 다소 밋밋해서 오리지널만 못하다는 평이었다.

3편으로 나온 '파이널 파이트 터프'는 원작의 재미를 한층 업그레이드했다는 평이다. 동시 2인용이 되는 것은 물론 플레이어블 캐릭터 4명이 등장하고, 대시가 생겨서 빠른 진행이 가능하며, 커맨드형 공격 기술과 더불어 게이지를 모으면 캐릭터마다 각기 다른 슈퍼 콤보 필살기를 사용할 수 있다. 베어너클처럼 뒤에서 잡는 기능도 생겼으며, 다양한 무기들이 존재하는 등 슈퍼패미컴에 몇 안 되는 완성도 높은 벨트스크롤 액션 게임이었다. 그러나 슈퍼패미컴 말기에 등장해서인지 의외로 판매량은 많지 않다. 지금은 중고 소프트 가격이 고가인 대표적인 레어 게임이다.

닌자 거북이 : 터틀즈 인 타임

개발사 : 코나미(1992년)

코나미에서 발매한 동명의 아케이드 게임을 슈퍼패미컴으로 이식한 작품이다. 아케이드판은 그래픽이 훌륭하고 퍼포먼스도 나쁘지 않으나 어딘가 허공을 때리는 듯한 타격감 때문에 불만이 많았다. 슈퍼패미컴 이식작은 하드웨어의 한계상 일부 동작의 프레임이 삭제되고 동시에 등장하는 적들의 숫자를 최대 4명으로 제한한 반면, 원작의 타격감을 보완했다. 즉 타격 동작에 경직을 주고, 적을 바닥에 내려칠 때 배경이 흔들리는 카메라 셰이킹 연출을 구현하는 등 상당히 찰진 타격감을 보여준다. 적을 때릴 때마다 나오는 효과음 역시 타격감을 보완해 준다. 게다가 원작에 없던 일부 스테이지를 추가했고, 일부 기술들이 사용하기 쉽게 변경됐으며, 게임의 전체적인 난도 역시 대폭 하락해서 누구나 쉽게 즐길 수 있는 게임이 됐다. 슈퍼패미컴 게임 중에서 동시 2인용이 가능한 몇 안 되는 벨트스크롤 액션 게임이라는 점도 이 작품의 가치를 높여준다. 이 덕분에 갈수록 중고 소프트 가격이 상승하고 있다.

와일드 건즈

개발사 : 나츠메(1994년)

서부극 테마의 SF 건 슈팅 게임. 1988년에 나온 건 슈팅 게임인 카발과 유사한 모습을 보여준다. 카발과 비슷한 유형의 게임들은 아케이드로 주로 출시됐는데, 이런 장르의 게임을 슈퍼패미컴에 고스란히 옮겨놓은 작품이 바로 와일드 건즈다. 이 장르의 슈팅 게임은 카발을 출발점으로 블러디 브로스, 남1975 등으로 발전했는데, 건 슈팅인 듯하면서도 총을 쏘는 본체인 캐릭터를 같이 조종해야 해서 은근히 어렵다.

나츠메가 이 장르의 특징과 게임성을 얼마나 제대로 이해하고 있는지는 와일드 건즈를 해보면 알 수 있다. 게임의 기본 아이디어는 카발에서 그대로 차용해 왔지만, 이단 점프와 무적 롤링 회피 등의 기술을 이용해서 보다 자유로운 이동과 회피가 가능하다. 샷 버튼을 누르고 있는 동안에는 총알이 연사되지만, 연타하면 올가미를 던져서 적을 순간적으로 멈추게 할 수 있다. 이런 기술을 제대로 활용하면 게임의 전반적인 난도를 낮출 수 있는데, 아무 생각 없이 플레이해도 아케이드 게임을 하는 듯한 느낌으로 운용할 수 있다.

전체적인 분위기는 웨스턴과 스팀펑크의 합체. 나츠메 특유의 화사함이 살아 있는 그래픽 덕분에 플레이하는 내내 눈이 즐겁다. 슈퍼패미컴 말기에 나와서 게임 발매량이 지극히 적었던지라 현재는 매물을 구할 수 없어서 초고가가 됐다. 대표적인 레어 타이틀 중 하나다.

슈퍼 마리오 월드

개발사 : 닌텐도(1990년)

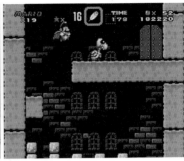

슈퍼 마리오가 주인공으로 등장하는 시리즈 중 슈퍼패미컴 버전으로 처음 발매된 게임이다. 일본 내 판매 순위는 2위이지만, 전 세계적으로는 슈퍼패미컴 게임 판매 순위 1위에 등극했던 최강의 액션 게임. 너무나 유명한 슈퍼 마리오 게임의 확장형으로, 최초로 '요시'라는 탑승 가능한 캐릭터가 등장한 시리즈기도 하다. 이후 요시는 단독 시리즈로 만들어질 정도로 인기 캐릭터가 돼버린다. 슈퍼 마리오 3편이 패미컴에서 메가 히트 반열에 올랐다면, 슈퍼패미컴에서 마리오 전설의 시작은 슈퍼 마리오 월드로부터 시작됐다고 해도 과언이 아니다.

점프와 액션의 쫀득한 그 느낌을 그대로 살리면서도 패미컴을 아득히 뛰어넘는 그래픽은 지금 봐도 예술이다. 2D 도트임에도 불구하고 지금과 비교해서 전혀 떨어지지 않는 게임 퍼포먼스와 재미는 닌텐도가 어째서 세계 최고의 게임 개발사인지 실감하게 해준다. 스테이지가 다채로울 뿐만 아니라, 요시를 타고 다니는 모습이나 망토를 타고 하늘을 날거나 물속을 다니며 갖가지 모험을 떠나는 모습 등에서 완벽하다 싶은 완성도를 보여준다. 아직 못해봤다면 꼭 해보길 권한다. 어렵지 않은 편이어서 액션 게임을 못하는 사람이라도 계속 연습한다면 어찌어찌 끝까지 클리어할 수 있다.

슈퍼 마리오 요시 아일랜드

개발사 : 닌텐도(1995년)

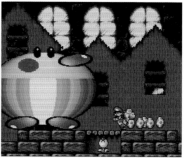

요시 아일랜드는 슈퍼 마리오 시리즈 중 하나로 1995년에 닌텐도에서 발매한 게임이다. 슈퍼패미컴 후기의 게임들은 그래픽을 동화처럼 묘사하는 게 트렌드였는지, 요시 아일랜드 역시 별의 커비 3처럼 파스텔로 그린 듯한 따뜻한 그래픽으로 유저들의 감수성을 자극한다. 게임은 기존 슈퍼 마리오 시리즈랑 다르게 마리오가 주인공이 아니라 베이비 마리오의 보호자인 요시들이 주인공이다. 요시는 베이비 마리오를 등에 업고 적에게 납치된 루이지를 구하러 모험을 떠난다.

기존 마리오 시리즈랑 운용법도 다소 다른데, 요시를 조종하기 때문에 점프 거리가 다소 높은 편이며 점프 버튼을 길게 누르면 잠시 활공이 가능하다. 적을 밟거나 혀로 적을 삼켜서 뱉는 기본 공격이 존재하고, 적을 삼킨 채 레버를 밑으로 내리면 삼킨 적을 알로 만들어서 가지고 다닐 수 있는 특수 공격도 있다. 알록달록한 알들이 요시를 따라 쫄쫄 따라다니는 모습이 상당히 귀엽다. 이 알들은 가지고 있다가 A 버튼을 눌러서 각도를 정하고 L 버튼으로 고정해서 발사할 수 있다. 특정 위치에 있는 적이나 사물을 맞힐 수 있는데, 알은 다 사용하면 주변에 무한 스폰되는 적들을 먹거나 특정 블록을 머리로 받으면 소지 가능한 개수까지 전부 리필된다. 발사된 알은 벽이나 바닥 등에 닿으면 반동하면서 튀기 때문에 각도만 잘 노리면 한 방에 목표물을 쓸어버릴 수도 있다. 요시가 적이나 장애물과 부딪치면 아기를 놓치는데, 제한 시간 동안 베이비 마리오를 다시 업지 못하면 적들이 데려가기 때문에 플레이 수 하나를 잃게 된다. 낭떠러지나 가시 혹은 용암 같은 곳에 떨어지면 바로 죽으니 조심하길. 게임이 슈퍼 마리오 시리즈와 다르게 다소 느리게 진행되지만, 천천히 아기자기하게 플레이하기를 원하는 액션 초심자에게 딱 맞는 편이라서 추천할만하다.

초마계촌

개발사 : 캡콤(1991년)

마계촌 시리즈 최초의 슈퍼패미컴 오리지널 게임이다. 극악의 난도로 악명 높던 오락실의 액션 게임 마계촌, 그리고 또 다른 극악함으로 플레이어들을 좌절시켰던 대마계촌 등은 워낙에 유명해서 다들 잘 알 것이다. 요즘에도 이런 극악한 난도를 즐기는 사람을 위한 '유다희'류(일명 소울라이크)가 유행이지만 당시 오락실 스틱 브레이커 하면 마계촌을 꼽았다. 그러나 오락실에서 끝이 아니다. '슈퍼패미컴으로 한 번 더 화나게 해드립니다!'라는 각오(?)로 나온 게임이 바로 초마계촌. 마계촌 앞에 초가 붙었다. 그만큼 유저를 더 화나게 하겠다는 의지를 분명히 했다. 물론 난도만 업그레이드된 것은 아니다. 주인공인 아서에게 2단 점프라는 능력을 추가했다. 그러나 주인공 아서에게 2단 점프를 선사해줌과 동시에 상단 하단 쏘기를 없애버렸다. 이 때문에 난도와 게임성이 미묘해졌다.

아서는 강해진 걸까? 약해진 걸까? 사실 게임을 진행해 보면 알 수 있다. 제작진들이 2단 점프를 괜히 마련한 게 아니다. 2단 점프로만 지나갈 수 있는 스테이지 내 기믹들이 다수 존재해서, 2단 점프를 활용하지 않으면 게임 진행이 불가능하다. 결국 게임이 더 어려워진 셈이다. 갑옷의 종류도 세 가지로 늘어났는데 평상시에는 일반 갑옷을 입고 있으며, 청록색의 청동 갑옷을 입으면 들고 있는 무기가 파워업되고, 황금 갑옷을 입으면 대마계촌과 마찬가지로 무기별 차지 마법을 사용할 수 있다. 마법을 쓰는 동안과 사용 이후에는 잠시 무적이 되기 때문에 상당히 요긴하게 활용할 수 있다. 마계촌의 악명은 슈퍼패미컴에서도 건재하다는 사실을 제대로 보여준 게임이다.

신기동전기 건담 W : 엔들리스 듀얼

개발사 : 나츠메(1996년)

신기동전기 건담 W는 나츠메가 최초로 제작한 슈퍼패미컴용 건담 대전 격투 게임이다. 이후 나츠메는 플레이스테이션으로 건담 격투 게임인 배틀 마스터 시리즈를 제작한 바 있다. 이 게임은 미려한 2D 그래픽으로 유명하다. 동명의 애니메이션을 원작으로 하며 따라서 애니메이션에 등장하는 기체와 세계관을 활용한다. 오프닝이 매우 훌륭해서 마치 PC엔진 CD롬 게임을 보는 듯한 착각을 불러일으킬 정도다.

게임의 그래픽 완성도와 퍼포먼스는 나츠메답게 극강이며, 타격감과 기술 발동 난도 등도 상당히 잘 조절돼 있어서 초보자도 쉽게 콤보를 넣을 수 있다. 가드 대시나 부스트 점프 같은 독특한 시스템이 존재해 어느 정도 파고들만한 요소가 있으며, 제너레이터 출력 게이지를 모아서 원거리 잽 공격에 해당하는 발칸을 쏜다거나 메가 필살기 같은 좀 더 강력한 필살기를 발동할 수도 있다. 등장하는 기체의 수는 총 10대로 윙건담, 윙건담 제로, 데스사이즈, 헤비암즈, 샌드록, 셴롱, 톨기스, 바이에이트, 메리크리우스, 에피온 등이 있다.

기기괴계 : 수수께끼의 검은 망토

개발사 : 나츠메(1992년)

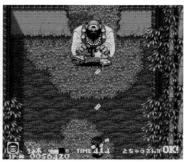

타이토의 아케이드 퇴마 액션 슈팅 게임인 기기괴계 시리즈의 전통을 잇는 후속작이
다. 1992년에 발매했으며 제작은 나츠메가 담당했다. 크기가 큼직하게 업그레이드돼
서 귀여운 캐릭터 디자인과 더불어 나츠메 특유의 미려한 그래픽과 화사한 파스텔톤의
색감이 일품이었다. 이 작품에서는 플레이가 가능한 캐릭터가 둘 등장하는데, 한 명은
기존 주인공인 '사요'이며 다른 한 명은 둔갑 너구리인 마누케다. 동시 2인용도 가능한
데, 2인 플레이를 할 때만 쓸 수 있는 특수 공격이 있다. 상대편 플레이어를 던지는 공
격 기술인데, 이 기술 덕분에 2인용만의 재미가 있다.

또한 아케이드 원작에는 없는 몇 가지 기능들이 추가됐는데, 일단 슬라이딩 기능이
추가돼 위기의 순간을 빨리 벗어날 수 있다. 다만 쓰고 나면 약간의 딜레이가 있으므로
주의해야 한다. 그 밖에 전멸 폭탄 개념의 술법을 사용할 수 있고, 버튼을 눌러서 기를
모은 후에 떼면 들고 다니는 고헤이(먼지떨이)를 빙글빙글 돌리는 기술도 있다. 게임의
난도 역시 아케이드 원작에 비하면 다소 낮아진 편이다. 일단 한 방만 맞으면 죽는 원작
과 다르게 실수하거나 적의 공격에 당해도 게임 하단에 있는 하트가 하나 없어질 뿐이
다. 물론 하트 3개가 모두 없어지면 게임 오버. 특이한 점은 스토리상 적으로 등장하는
캐릭터들이 기존 작품과 다르게 서양 요괴가 많다는 사실. 이 덕분에 왜색이 원작보다
는 약간 옅어졌다.

기기괴계 : 월야초자

개발사 : 나츠메(1994년)

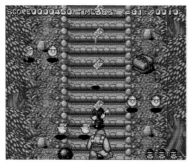 

'기기괴계 : 수수께끼의 검은 망토'의 후속작으로 나츠메가 개발을 담당한 게임이다. 전작과 다른 점은 플레이 가능한 캐릭터가 4명으로 늘어났다는 점과 1인 플레이 시에도 다른 캐릭터 하나를 자신의 동료로 데리고 다닐 수 있다는 점이다. 스테이지를 진행하면 동료 캐릭터가 점차 늘어나는데, 동료 캐릭터와의 연계가 재밌다. 동료를 이용한 필살 공격과 합체 공격 등이 존재하기 때문이다. 일단 동료를 적에게 던질 수 있으며, 동료와 합체하면 동료 캐릭터 특유의 능력을 사용할 수도 있다. 각 동료의 기술은 전부 특징이 달라서 누구를 동료로 삼느냐에 따라 게임 진행이 달라지며, 게임에 추가된 상점 시스템을 이용해 상품을 구매할 수 있다. 구매한 방어구를 입을 수도 있지만 데미지를 입으면 장비들이 벗겨진다. 2인용을 하면 동료 캐릭터를 2P가 조종하는 등 사실상 전반적인 난도는 전작보다 낮아서 스트레스 덜 받고 좀 더 즐겁게 진행할 수 있는 게임이 됐다는 평이다.

스트리트 파이터 2

개발사 : 캡콤(1992년)

1992년, 최초로 가정용 콘솔인 슈퍼패미컴으로 발매한 전설의 대전 격투 게임. 스트리트 파이터 2는 1991년에 오락실에서 선풍적인 인기를 끌며 1년간 동네 오락실의 패러다임을 완전히 바꿔놓은 주인공이다. 당시 필자는 서울 시내 곳곳의 오락실을 떠돌아다니면서 원정을 다닐 정도였으니, '집에서도 이 게임을 할 수 있다면 얼마나 좋을까?' 하는 생각을 자면서도 하곤 했다.

집에서는 게임보이 버전인 비룡의 권을 플레이하면서 스트리트 파이터 2를 하고 싶은 욕구를 대리 만족하고 있던 어느 날, 드디어 슈퍼패미컴으로 이식작이 발매가 된 것이다. 16메가비트라는 당시로선 엄청난 대용량 카트리지로 말이다. 당시 엄청난 인기와 물량 부족 탓에 게임팩 가격이 무시무시하게 올라갔는데, 결국 게임 매장마다 부르는 게 값일 정도였다. 필자는 동네 단골 게임 가게에 선주문해 놓은 덕분에 구할 수 있었다. 집에 게임을 가져오자마자 동생이랑 같이하면서 피 터지게 싸웠던 기억이 있다. 생각해 보면 이식이 완벽하지는 않았지만, 집에서 그토록 좋아하던 게임을 할 수 있다는 사실 하나만으로 대만족이었다.

러싱 비트 시리즈

개발사 : 자레코(1992년/1편)

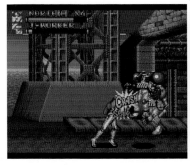

러싱 비트 시리즈는 자레코에서 제작한 슈퍼패미컴용 벨트스크롤 액션 게임이다. 할만한 벨트스크롤 액션 게임이 그다지 많지 않은 슈퍼패미컴에서는 꿀 같은 시리즈. 시리즈 첫 작품은 1992년에 발매했는데, 사실상 캡콤의 파이널 파이트에 영향을 크게 받아서 만들어진 작품이다. 하지만 아케이드가 아닌 슈퍼패미컴만의 오리지널 작품이라는 점에서 좋은 점수를 주고 싶다. 물론 1편의 완성도는 한참 부족하다. 그래픽이 어설프고 타격감도 엉성하다. 게임성도 파이널 파이트 아류작 냄새가 가시질 않았다. 주인공의 날아차기 동작은 왜 그리 어색한지. 다만 순간적으로 파워가 올라가는 분노 모드, 대시는 없지만 R키를 누르고 있는 동안 빠르게 이동하는 기술, 빠른 이동 시 공격키를 누르면 나오는 슬라이딩 공격 등 이 게임만의 참신한 시도는 재미있었다.

후속작인 '러싱 비트 란'은 많은 부분이 개선됐다. 타격감이 좋아지고 대시도 생겼으며, 판정도 상당히 개선됐다. 전작에서는 플레이 가능한 캐릭터가 단지 2명이었지만 이 게임부터는 5명으로 늘어났는데, 처음에 2명을 고르면 나머지 캐릭터들이 각 스테이지의 보스로 배정돼서 해당 보스를 쓰러뜨리면 해금되는 방식이다.

'러싱 비트 수라'는 시리즈의 마지막인데 전작의 시스템을 일부 계승하고 있어서 특유의 분노 모드가 여전하며, 그래픽도 향상됐다. 전작에는 없던 가드가 생겼으며, 터미네이트 스킬이라는 전멸 폭탄 개념의 필살기가 존재했다.

실황 오샤베리 파로디우스

개발사 : 코나미(1995년)

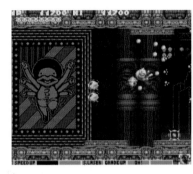

코나미가 만든 코믹 패러디 횡스크롤 슈팅 게임인 파로디우스 시리즈 중 하나다. 기존 파로디우스 시리즈가 전부 아케이드가 원작인 반면, 최초로 가정용 콘솔로 먼저 발매된 작품이 바로 오샤베리 파로디우스. 이후 플레이스테이션과 새턴으로도 이식됐지만, 게임은 슈퍼패미컴이 원작인 셈이다. 놀라운 점은 카트리지 게임인 주제에 쉴 새 없이 떠드는(오샤베리) 실황중계 시스템이 존재한다는 사실. 무슨 축구나 야구 경기처럼 처음부터 떠들어대는데, 이 게임의 매체가 CD도 아니고 카트리지라는 점은 정말 획기적인 부분이었다. 당시 코나미에서 자랑하는 '실황 파워풀 프로야구'에 탑재된 특수칩을 응용해서 만든 중계 시스템의 실황 엔진이 한몫했다. 첫 오프닝부터 목소리로 건담 오프닝을 패러디하는데, 중간중간 코믹한 목소리로 나오는 문어의 중계를 듣는 맛도 쏠쏠하다.

초시공요새 마크로스 스크램블 발키리　개발사 : 윙키 소프트(1993년)

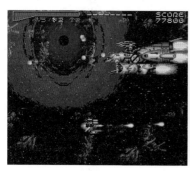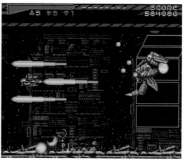

애니메이션 마크로스를 소재로 한 슈팅 게임인 스크램블 발키리는 슈퍼로봇대전으로 유명한 윙키 소프트에서 개발했다. 상당한 퀄리티를 자랑하는 슈팅 게임이다. 등장하는 기체는 VF-1 개량형 발키리로 원작에 등장하는 요소를 십분 활용해 세 가지 형태로 변신도 가능하며(거워크, 배트로이드, 파이터) 주인공인 히카루, 맥스, 밀리아를 사용할 수도 있다. 기체 역시 3대인데 기체별 성능이 약간씩 달라서 골라서 플레이하는 맛이 있다. 사용 버튼은 샷 버튼과 변형 버튼 두 가지이며, 샷을 누르면 자동 연사가 가능하다. 기체를 변형하는 동안에는 약간의 무적 시간이 존재하므로 이걸 이용해서 적탄을 회피하는 것도 가능하다. 특이한 시스템으로 음파 공격이 있다. 적 캐릭터를 자신의 옵션으로 만들 수 있는 '민메이 캐논'이라는 무기가 존재한다. 사실 마크로스를 소재로 다양한 게임들이 등장했지만, 그중 자신만의 개성을 제대로 살리면서 게임성도 확보한 작품은 흔치 않았다. 이 작품은 두 가지를 다 잡았다고 생각되는 추천작이다.

데몬스 블레이즌

개발사 : 캡콤(1994년)

캡콤의 간판 게임인 마계촌에서 아서의 짜증 나는 라이벌로 유명했던 레드 아리마를 기억하는지? 이 게임은 레드 아리마가 주인공으로 등장한다. 데몬스 블레이즌의 부제는 마계촌 문장편(魔界村紋章編)이다. 마계촌의 외전으로 패미컴과 게임보이 등으로 개발됐던 레드 아리마 시리즈의 후속작이다. 북미판 제목은 데몬스 크레스트. 전작과 다르게 비행 능력이 강화돼서 체공 제한 시간이 사라졌으며, 문장의 마석을 사용해서 레드 아리마의 능력을 변환할 수 있다. 예를 들면 초반에 얻는 불의 문장은 불과 관련한 다양한 능력을 부여하는데, 이후에 땅의 문장, 마음의 문장, 물의 문장, 시간의 문장, 하늘의 문장 등을 얻게 되면 이 마석의 힘을 사용해 레드 아리마의 모습이 완전히 다른 형태로 바뀐다.

이때 각기 다른 능력을 발휘할 수 있다. 어떻게 보면 전혀 다른 캐릭터로 바꿔가며 게임을 플레이할 수 있으며, 적재적소에 능력을 바꿔서 플레이하는 묘미가 쏠쏠하다. 문장들은 게임을 플레이해 나가면서 하나씩 얻게 된다. 게임 진행은 단일 방향으로만 진행되는 마계촌 스타일이 아니다. 월드맵이 존재해서 해당 맵을 돌아다니며 스테이지를 옮겨 다녀야 한다.

슈퍼 동키콩

개발사 : 레어(1994년)

1994년 말에 출시돼 엄청난 그래픽을 뽐내며 '슈퍼패미컴은 아직 건재하다!'라고 외치는 듯한 게임이 있었으니 바로 슈퍼 동키콩이다. 영국 게임 개발사인 레어는 3D 그래픽 분야에서는 독보적인 회사였는데, 닌텐도가 레어의 지분을 사들인 후 이 게임을 만들었다. 3D 그래픽을 캡처해 2D 플랫폼 게임으로 탄생시킨 독특한 게임이다.

여러모로 슈퍼패미컴의 능력을 한계까지 활용한 게임답게 발매 후 반응은 엄청났다. 캡처 이미지이긴 하지만 리얼한 3D의 맛을 느낄 수 있었고, 난이도도 절묘했다. 게다가 사운드까지 끝내주다 보니 날개 돋친 듯이 팔려나갔다. 정확한 누적 판매 수는 모르겠지만 930만 장 이상 팔려나가면서, 슈퍼 동키콩은 슈퍼패미컴 판매량 TOP 3 안에 들어간 게임이 됐다. 그리고 그 인기는 슈퍼 동키콩 2편과 3편으로도 이어졌다. 이후 차세대 게임기인 세가 새턴과 플레이스테이션의 선전에도 불구하고 후속작들까지 각각 500만 장, 300만 장 이상의 판매고를 보여준 것을 보면 당시 슈퍼 동키콩 시리즈가 얼마나 유저들에게 환영받았는지 알 수 있다. 상대적으로 세가의 메가드라이브에 고전했던 북미 시장에서 슈퍼 동키콩은 닌텐도를 다시 돌아보게 만드는 킬러 타이틀 노릇을 톡톡히 했다.

슈퍼 마리오 카트

개발사 : 닌텐도(1992년)

슈퍼 마리오 캐릭터가 등장하는 최초의 카트 레이싱 게임. 여러 캐릭터가 레이싱을 펼치면서 다양한 아이템을 사용하는 스타일의 레이싱 게임은 슈퍼 마리오 카트에서 시작했다고 해도 과언이 아니다. 이후 수많은 아류작이 다양한 플랫폼으로 우후죽순처럼 등장했으며, 그중 하나가 국내에서 선풍적인 인기를 끌었던 카트라이더.

1992년 슈퍼패미컴으로 발매된 슈퍼 마리오 카트는 이후 꾸준하게 플랫폼을 갈아타며 시리즈를 출시했으며, 닌텐도 스위치에서 마리오 카트8 디럭스가 출시되기도 했다. 시리즈마다 다양한 재미를 주는 기믹 요소와 코스를 제공해 주고 있지만, 최초 버전은 오로지 2인용만 가능한 게임이었다. 당시 기술적 한계로 2D 그래픽을 활용해서 3D 효과를 냈는데, 이를 위해 DSP-1이라는 특수칩을 사용했다. 이 칩을 적용한 슈퍼패미컴 게임 중에는 파일럿 윙스와 슈퍼 에어다이버 2 등이 있다.

이 게임에서는 슈퍼 마리오에 등장하는 다양한 캐릭터를 선택할 수 있는데, 캐릭터마다 표준형, 가속 중시형, 안정형, 민첩형 등의 카트를 몰 수 있다. 상대방을 방해하거나 우리 편의 카트에 버프를 걸 수 있는 특수 아이템들이 존재해서 정통 레이스와는 다른 캐주얼 레이스만의 재미를 만끽하게 해준다. 이런 아이템 사용은 이후 시리즈에서도 명맥을 잇고 있다.

힘내라 고에몽 시리즈

개발사 : 코나미(1991년/1편)

MSX와 패미컴 시절부터 유명했던 고에몽 시리즈는 일본 전국시대의 유명 도적이 주인공이라서 당시에는 한국 유저들에게 이질감과 생소함을 주었고, 동시에 어느 정도 신선함도 줬다. 다만 이러한 점은 우리에게 왜색으로 다가온 것도 사실이다. 강렬한 원색 톤에 일본 특유의 뽕짝이 BGM으로 흘러나오는 이 게임을 접했을 때, 개인적으로 꽤 당혹스러웠다. 도대체 이 게임은 정체가 뭐지? 목적이 뭐지? 이런 생각만 들었다. 그러나 슈퍼패미컴으로 발매된 시리즈부터는 대중적인 게임이 돼 상당한 인기를 누렸다.

슈퍼패미컴으로는 총 네 작품이 출시됐다. 첫 번째 작품은 '유키 공주 구출 그림 두루마기'이고 2편인 '기천열 장군 맥기네스'에는 고에몽과 에비스마루 외에도 사스케라는 로봇 닌자가 동료로 새로 합류하며, 거대 고에몽 로봇을 타고 진행하는 스테이지가 존재하는 등 변화가 있었다. 3편인 '시시쥬로쿠베의 꼭두각시 만자 굳히기'에서는 야에라는 캐릭터가 합류해서 플레이어블 캐릭터가 4명이 됐다. 슈퍼패미컴으로 발매된 고에몽 시리즈의 마지막은 '내가 댄서가 된 이유'이며 시리즈가 뒤로 갈수록 RPG와 어드벤처 요소가 강해지면서 액션 퍼즐 같은 요소도 더해졌다.

스트리트 파이터 제로 2

개발사 : 캡콤(1996년)

스트리트 파이터 제로 2(해외판 제목은 스트리트 파이터 알파 2)는 1996년 캡콤에서 슈퍼패미컴용으로 발매한 대전 격투 게임으로 동명의 아케이드 게임이 원작이다. 특유의 느린 그래픽 연산 처리 속도 때문에 액션 및 슈팅 게임의 무덤이라 불리는 슈퍼패미컴에 단비 같은 게임이었다.

북미에서 알파 시리즈라 부르던 제로 시리즈가 슈퍼패미컴으로 이식되자 당시 스트리트 파이터 팬들은 매우 놀랐는데, 기존 오리지널 스트리트 파이터 2가 최초로 슈퍼패미컴에 이식됐을 때만 해도 수많은 유저들은 이것이 슈퍼패미컴의 한계일 것이라고 생각하면서도 매우 놀란 적이 있기 때문이다. 제로 시리즈마저 이식될 줄은 아무도 몰랐던 것이다. 깜짝 놀라긴 했지만 워낙 슈퍼패미컴 액션 게임에 기대감이 없던 필자는 크게 기대를 안 했다. 그러다 나중에 직접 플레이해 본 감상은 정말 놀라웠다. '와, 슈패에서 이게 가능해?' 하는 느낌이었다. 물론 아케이드 원작의 퀄리티에는 한참 못 미치는 이식률이었다. 효과음과 사운드는 당연히 원작에 비해 열화됐고, 팩 게임인 주제에 CD 게임처럼 꽤 긴 로딩 시간이 필요했다. 하지만 캡콤이 슈퍼패미컴에 이 작품을 이식할 것이라고 기대를 안 했던 탓인지 수많은 유저가 열광하면서 죽어가던 슈퍼패미컴에 활기를 불어넣었다는 호평 일색이었다. 슈퍼패미컴의 한계를 뛰어넘으려고 S-DD1이라는 특수 칩을 사용했으며, 용량도 슈퍼패미컴 게임 중 상당한 대용량인 32 메가비트였다.

화장실에서도 게임을!

　1989년에 혜성처럼 등장한 닌텐도의 게임보이를 필두로 다양한 휴대용 게임기들이 등장했습니다. 세가에서 만든 게임기어는 무려 풀컬러 출력이 가능해서 게이머들을 놀라게 했으며, NEC는 아예 자사의 게임기 PC엔진을 휴대용 기기로 개조한 괴물 기기, PC엔진 GT를 발매하기도 했죠. 이게 모두 80년대 말 90년대 초에 이뤄진 일입니다. 개인적으로 방금 언급한 모든 기기를 당시에 전부 만져보진 못했지만(게임보이를 제외하면 너무 비쌌습니다.) 닌텐도 게임보이는 제가 자주 다니던 동네 게임숍에서 직접 구경해볼 수 있었기 때문에 유혹이 심한 편이었습니다. 당시 제가 처음 게임보이를 접한 때가 1990년 초입니다. 한창 공부해야

게임보이와 한국에서 발매된 미니컴보이

하는 학창 시절이었죠. 이 무슨 운명의 장난인지 모르겠지만, 부모님 몰래 게임을 하고 싶던 그 시절에 딱 맞는 게임기가 등장한 겁니다.

게임보이는 비록 화면이 흑백이었지만, 닌텐도가 다양한 서드파티를 보유해서 재밌는 게임 타이틀이 계속 발매됐다는 점이 강점이었습니다. 게다가 휴대용 기기의 특성상 화장실에 가지고 가서 게임을 즐길 수도 있었죠. 변비 핑계를 대고 화장실에 콕 박혀서 몰래 게임을 즐겼던 기억이 있네요. 이 기억이 비단 저만의 것은 아닐 겁니다. (험험)

처음엔 가볍게 즐길 수 있는 액션이나 퍼즐 게임을 플레이했지만, 점차 오래 즐길 수 있는 게임을 찾았습니다. 그러던 와중에 롤플레잉 게임이나 전략 게임을 만났는데, 이런 장르의 게임은 두고두고 즐길 수 있다는 사실을 알게 되면서 점점 게임보이의 매력에 빠졌습니다. 이후 대학에 들어가서도 어디를 가든 항상 가지고 다니는 게임기가 돼버렸죠. 2001년에 등장한 후속 기기인 게임보이 어드밴스 역시 성인이 된 후에도 언제나 제 곁을 지켜준 게임기가 됐습니다. 평상시에는 물론이고 일 때문에 원거리를 이동하고 다닐 때 언제나 즐거움을 안겨준 최고의 게임기였죠.

버스 안에서도 즐겼던
게임보이 어드밴스 게임들

　　게임보이 어드밴스는 2001년도에 첫 발매된 닌텐도의 휴대용 게임 기입니다. 기존 게임보이 컬러 기종을 업그레이드한 상위 기종으로 무려 32비트 CPU가 탑재된 게임기이며, 다양한 그래픽 처리 기능을 활용해서 슈퍼패미컴을 뛰어넘는 게임 구동도 가능합니다. 다양한 서드파티의 참여와 더불어 어마무시한 게임들이 이 기종을 통해서 데뷔를 했으며, 2010년도에 단종이 될 정도로 휴대용 게임기의 황제로 장기 집권한 명기라고 할 수 있습니다.

　　필자의 경우 성인이 되고 나서 한창 지방으로 출장을 다닐 무렵 타고 다니던 버스나 기차 안에서 심심하지 않게 시간을 때워준 동반자가 게임보이 어드밴스였죠. 그래서 남다른 애정이 있기도 하고, 나중에 후

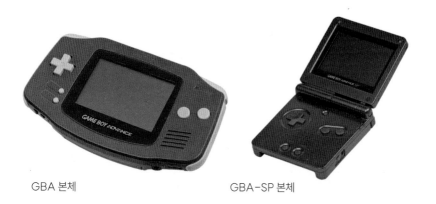

GBA 본체　　　　　　　　　　　GBA-SP 본체

속 기종인 DS가 나왔을 때도 하위 호환 기능 덕에 게임보이 어드밴스 게임을 여전히 동시에 즐길 수 있어서 더더욱 오랫동안 많은 게임 소프트를 즐기기도 했습니다.

초창기에 발매된 게임보이 어드밴스는 손에 착 감기는 그립감으로 지금까지도 많은 게이머들이 선호하는 기종이나, 안타깝게도 라이트 기능이 전무해서 불빛이 없으면 전혀 즐길수 없었습니다. 주변기기로 간신히 불빛을 밝혀야만 밤에도 즐길 수 있었죠. 지금은 백라이트를 개조해서 야간에도 쾌적하게 즐기는 유저들이 많은 걸로 알고 있습니다.

2003년에 발매된 게임보이 어드밴스 SP는 게임보이 어드밴스의 두 번째 모델입니다. 전작의 단점을 보완해 프런트 라이트를 추가했으며, 일반 건전지가 아닌 내장된 충전지를 사용할 수 있었습니다. 특히 닌텐도의 게임 & 워치처럼 반으로 접을 수 있는 구조여서, 보다 콤팩트하게 크기를 줄였다는 점도 강점이었죠.

다만 게임기를 쥐었을 때 손에 딱 맞는 느낌이 없고, 조작감도 그다지 좋지 못해서 다소 호불호가 갈리는 편입니다. 게임보이, 게임보이 컬러 등의 소프트를 지원하는(하위 호환) 마지막 모델이기도 합니다. 이후 극소형으로 발매된 게임보이 미크로가 뒤늦게 발매된 바 있으나, 화면 크기가 너무 작고 하위 호환 기능이 없어서 대중화되진 못했습니다.

테트리스

개발사 : 닌텐도(1989년)

테트리스는 1989년 닌텐도 R&D 부서에서 개발하고, 닌텐도에서 판매한 게임보이용 퍼즐 게임이다. 본래 러시아의 과학 아카데미 연구원이었던 알렉세이 파지노프가 만든 퍼즐 게임으로 처음에는 상업적 목적의 게임으로 개발한 게 아니었다. 이 때문에 갑자기 게임이 인기를 얻자 라이선스를 따내려고 여러 회사가 거의 전쟁을 치르다시피 했다. 게임보이 버전도 예외는 아니었다. 그만큼 테트리스는 전 세계에서 가장 많이 팔린 게임이며, 아주 오랜 세월 동안 인기를 끈 전설의 퍼즐 게임이다.

그중에서도 게임보이로 발매된 테트리스는 게임기로 출시된 시리즈 중 가장 많이 팔린 게임으로 전 세계에서 3,500만 장가량이 판매됐으며 테트리스의 원작자인 파지노프가 가장 좋아하는 버전이라고 언급하기도 했다. 그만큼 게임보이 테트리스는 완성도뿐 아니라 최초의 휴대용 테트리스라는 점에서도 독보적이다. 생각해 보자. 인류 역사상 가장 중독성이 강한 퍼즐 게임을 언제 어디서나 즐길 수 있다? 테트리스와 게임보이의 만남은 그야말로 핵폭탄급의 파급력을 지닌 것이다.

게임보이 테트리스는 A타입과 B타입의 두 가지 방식으로 게임을 즐길 수 있는데, A타입은 게임 오버가 될 때까지 라인을 계속 지울 수 있는 엔들리스 방식의 게임이며, B타입은 25줄의 라인을 지우면 무조건 해당 스테이지가 클리어되는 방식으로 아타리의 아케이드 테트리스와 비슷하다. B타입은 게임 레벨을 높이면 속도가 점점 빨라지고, 높이의 단계를 높이면 바닥부터 타일이 미리 깔려 있는 상태에서 게임을 하게 된다. 단계가 높을수록 게임은 어려워지지만, 일단 클리어하면 캐릭터들이 악기를 들고 나와서 연주하는 엔딩을 볼 수 있어서 각 단계를 클리어하는 쾌감이 있었다.

슈퍼 마리오 랜드

개발사 : 닌텐도(1989년)

 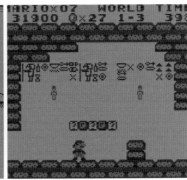

닌텐도에서 발매한 게임보이용 플랫폼 액션 게임. 게임보이 발매와 동시에 런칭한 타이틀로 초기 게임보이의 판매량을 견인한 초히트 게임이다. 기존 패미컴의 슈퍼 마리오와는 많은 부분에서 다른 느낌을 주는 가장 독특한 슈퍼 마리오 시리즈라고 생각한다. 초기 게임보이의 하드웨어 스펙이 워낙에 열악했기 때문에 그래픽이 콘솔 기기에 비해 떨어질 수밖에 없었는데, 슈퍼 마리오 랜드는 마리오 시리즈 특유의 게임성을 유지하면서도 그래픽의 한계를 뛰어넘기 위해서 다양한 시도를 했다. 일단 캐릭터의 크기가 상당히 작아졌고, 배경 요소도 덩달아 작아졌다. 이 덕분에 게임 퍼포먼스는 기존 슈퍼 마리오 못지않았다.

한 스테이지의 마지막 부분에 도달하면 패미컴 버전과 다르게 문이 2개 존재한다. 하단부의 문으로 그냥 들어가면 아무 일도 안 생기지만, 상단부의 문으로 어렵게 들어가면 사다리 룰렛 게임을 통해서 보너스를 먹거나 파이어볼을 발사하는 플라워를 먹을 수 있다. 룰렛도 그렇고 게임 내에서 동전을 모을 수 있는 루트도 상당히 많기에 보너스는 차고 넘치게 먹을 수 있었다. 즉 전체적인 난도는 상당히 낮아진 편.

기존 시리즈와 다른 부분은 바로 수중 스테이지에서 잠수함을 타고 진행되는 횡스크롤 슈팅 게임 스테이지와 하늘에서 비행기를 타고 진행되는 슈팅 스테이지 등이다. 게임 자체는 상당히 쉬운 편이라 어렵지 않게 클리어할 수 있다. 마지막 스테이지가 바로 비행기 슈팅 스테이지라서 최종 보스도 슈팅으로 해결할 수 있다.

드라큘라 전설

개발사 : 코나미(1989년)

드라큘라 전설은 1989년 코나미에서 제작한 악마성 시리즈 최초의 게임보이 액션 게임이다. 스토리만 보면 초창기 악마성 시리즈의 주인공인 시몬 벨몬드의 선조뻘인 크리스토퍼 벨몬드가 주인공으로 등장하는 일종의 프리퀄 게임인데, 게임의 난도는 역대 최악이자 극악을 자랑한다. 게임보이의 열악한 성능을 감안하더라도 제작진이 악취미를 가지고 있는 게 아닐까 의심스러울 정도로 주인공의 능력이 거의 쓰레기급이었다. 일단 크리스토퍼 벨몬드의 무기는 유일하게 채찍. 그야말로 채찍 바보라고 봐도 될 정도로 오로지 채찍만을 사용해서 적들과 싸워야 하는데, 초기 악마성에도 등장했던 서브웨폰이 전무하기에 채찍만으로 보스전까지 가야 했다. 그나마 채찍은 2단계까지 파워업이 된다. 첫 번째 채찍을 파워업하면 사슬 채찍으로 업그레이드되며, 한 번 더 파워업하면 채찍 끝에서 불꽃이 발사된다. 게임에는 밟으면 떨어지는 발판도 상당히 자주 나오며, 심지어 도중에 가시 벽이 뒤에서 빠르게 다가오는 구간도 존재해서 점프 잘못하면 죽는 일도 비일비재했다. 하지만 주인공의 점프 거리는 역대 최악. 이는 게임보이를 던져버리고 싶을 정도로 화나게 하는 요소였다.

슈퍼로봇대전

개발사 : 윙키 소프트(1991년)

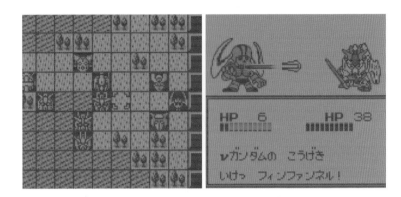

윙키 소프트에서 만들고 반프레스토에서 출시한 게임보이 SRPG 게임이다. 초인기 장수 시리즈 슈퍼로봇대전! 그 장대한 시리즈의 첫 시작을 다룬 게임이자 애니메이션에 등장하는 주인공 로봇들이 무더기로 출현하는 최초의 컬래버레이션 작품이다. 초기 기획은 '유명 로봇 애니메이션의 주인공들이 다 함께 나와서 싸우는 크로스 오버 게임을 만들어보자!'였다. 비록 이 게임은 나중에 등장하는 후속 시리즈와는 사뭇 다른 점이 많아서 아예 다른 게임이라고 봐도 무방할 정도로 이질감이 느껴지지만, 주요 아이디어는 이 작품에서 전부 완성됐기에 이후 시리즈에 지대한 영향을 끼친 게임임은 틀림없다.

일단 기존 슈퍼로봇대전과 다른 점은 파일럿 없이 로봇 기체 모두가 살아 있는 인격체처럼 독립된 존재로 등장한다는 것이다. 로봇들은 적들을 해치우면 얻는 경험치를 이용해 레벨업이 가능하다. 각자가 가지고 있는 고유 무기들을 활용해서 적들과 싸운다는 점은 동일하지만, 무기나 기체의 업그레이드는 불가능하며 지도상에서 얻는 강화 파츠를 이용해서 일부 능력을 업그레이드할 수 있다. 전체적으로 실험작이라는 느낌이 강해서 기존 시리즈에 익숙한 플레이어라면 상당히 이질감을 느낄 수밖에 없지만, 당시에는 꽤 참신한 아이디어로 경쟁한 게임인데다 직접 건담과 마징가를 조종해서 적들과 싸우는 SRPG라는 점 덕분에 필자는 상당히 재밌게 즐겼다.

마계탑사 사가

개발사 : 스퀘어(1989년)

사가 시리즈는 한때 스퀘어를 대표하는 게임이었다. 게임보이에만 세 작품이 있으며, 이후 사가 시리즈는 슈퍼패미컴으로 콘솔을 옮기면서 독립된 사가 시리즈로 발전했다. 그중 마계탑사 사가는 사가 시리즈의 첫 번째로 1989년에 스퀘어에서 제작한 게임보이 롤플레잉 게임이다. 북미판 제목이 파이널 판타지 레전드이지만, 파이널 판타지 시리즈랑 연관되는 부분은 거의 없는 편이다. 오히려 완전히 다른 시스템을 시도하려고 경험치 부분을 없애버렸으며, 적들과 싸우다 보면 랜덤하게 일부 능력치가 상승하는 시스템을 집어넣었다.

개인적으로 마계탑사 사가는 한 줄기 빛과 같은 RPG였다. 당시 암울한 학창 시절을 보내던 필자에게 게임보이가 유일한 탈출구였는데, 진득하게 할 수 있는 게임을 찾다가 우연히 이 게임을 발견한 것이다. 게임을 길게 즐길 수 없던 시절, 게임보이로 몰래 엔딩까지 볼 수 있었기에 마계탑사 사가에 추억이 많다. 대신 일본어와 공략도 모르던 시절이라 수많은 시행착오를 거치며 게임을 진행할 수밖에 없어서, 게임 진행 자체는 꽤 어려웠던 기억이 있다.

마계탑사 사가는 처음 시작하면 덩그러니 놓인 탑을 중심으로 이야기가 진행된다. 각 층에 해당하는 세계에서 문제를 해결하면 다른 층으로 갈 수 있는 비보를 얻을 수 있는데, 여타의 콘솔용 RPG처럼 게임 내 세계가 크진 않아서 JRPG 초심자도 쉽게 입문할 수 있다. 게다가 파이널 판타지와 비슷한 개념들이 많아서 파이널 판타지 시리즈에 익숙하다면 더욱 쉽게 게임을 진행할 수 있다. 다만 마법에 많이 의존하는 편이라 초기에는 인간형 캐릭터보다는 에스퍼라고 불리는 캐릭터를 골라서 플레이하는 게 쉽다. 특이하게도 인간형 캐릭터의 능력치는 상점에서 약물을 구매해야만 올릴 수 있기에 돈을 버는 일, 즉 파밍이 필수다. 그 시절 RPG답게 파밍을 안 하면 뒤로 갈수록 게임 난도가 올라갈 수 있어서 적당한 파밍 작업은 필수였다.

사가 2 : 비보전설 · 사가 3 : 시공의 패자 개발사 : 스퀘어(1990·1991년)

1990년에 게임보이로 '사가 2 : 비보전설'을 발매했는데, 시리즈 중 유일하게 메카 종족이 추가됐으며, 강화된 게임 그래픽과 좀 더 낮아진 난도, 대중화된 시스템으로 누구나 쉽게 즐길 수 있는 게임이 됐다. 전작에서 유명무실했던 괴물 육성 부분도 강화돼 괴물 종족이 훨씬 강력해졌으며, 일부 상위 종족의 괴물 고기를 먹으면 해당 월드에 있는 적들보다 무조건 강력한 상위 몬스터로 육성할 수 있었다. 개인적으로는 전작보다 더욱 재미있게 플레이했던 시리즈로 기억한다.

1991년에는 '사가 3 : 시공의 패자'가 게임보이로 발매됐는데, 게임보이로 나온 마지막 사가 시리즈다. 이 때문에 기대가 컸지만 전작과 달라진 시스템 때문에 호불호가 갈리는 편이다. 대신 전작보다 스토리가 강화됐다. 그리고 시간을 오갈 수 있다거나 전투도 가능한 스테스로스라는 비행선이 존재하는 점은 역대 스퀘어 RPG 중에서도 꽤 참신한 시도였다고 본다. 사가 시리즈에 대해서는 할 말이 많지만, 너무 길어지므로 나중에 기회가 되면 사가 시리즈만 특별히 다뤄볼 생각이다.

열혈경파 쿠니오 군

개발사 : 테크노스 재팬(1990년)

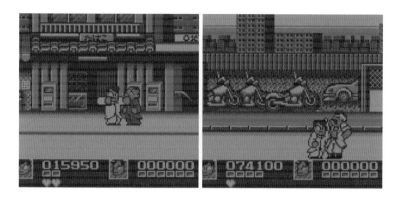

테크노스 재팬에서 제작한 게임보이용 벨트스크롤 액션 게임. 부제는 '번외 난투편'이며 게임보이로 발매된 최초의 열혈 시리즈다. 생김새는 패미컴으로 발매된 다운타운 열혈 이야기와 흡사하지만, 해당 게임처럼 성장을 한다거나 돈으로 물건을 사는 등의 개념은 없으며, 더블 드래곤처럼 아무 생각 없이 적을 물리치면 진행되는 전형적인 격투 액션 게임이다. 따라서 게임 시스템은 더블 드래곤과 유사하다. 적들을 주먹이나 킥으로 때려서 잠시 기절시키면 붙잡아서 주먹으로 때리거나 잡아 던질 수 있다.

열혈경파처럼 쓰러진 적 위를 덮치는 기능은 없지만, 공격 버튼을 누르면 붕 날라서 발로 밟는 동작이 존재한다. 킥으로 찬 적을 향해 한 번 더 킥을 누르면 발로 뻥 차서 날릴 수 있지만, 파워가 워낙 약해서 그다지 선호되는 기술은 아니다. 역시 가장 강력한 기술은 바로 A, B버튼을 동시에 눌러서 잠시 몸을 숙인 뒤에 펀치를 누르면 발동하는 회오리 어퍼컷이다. 마치 승룡권처럼 몸이 위로 상승하면서 적을 날려버리는데, 날아간 적은 무조건 다운되며 이후에 밟기 기술을 쓰면 웬만한 졸개들은 한 방에 케이오되는 무시무시한 기술이다. 이 기술을 쓰면 난도가 대폭 하락하는 경향이 있다. 다만 일부 보스 캐릭터는 이 기술을 회피하기 때문에 함부로 사용하면 안 된다.

성검전설

개발사 : 스퀘어(1991년)

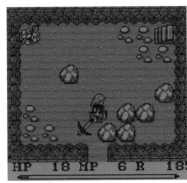 

스퀘어에서 제작한 게임보이용 액션 롤플레잉 게임. 스퀘어를 대표하는 히트작 중 하나이며 성검전설 시리즈의 첫 번째 작품이다. 부제가 파이널 판타지 외전이라는 것만 봐도 초기에는 독립된 게임이라기보다 파이널 판타지의 사이드 스토리를 다루려고 했다는 사실을 알 수 있다. 게임을 들여다보면 일부 캐릭터가 파이널 판타지에서 본 듯한 디자인으로 등장한다. 심지어 초코보나 케알 등 일부 용어들은 파이널 판타지 팬에게 익숙한 부분이 있다. 북미판 발매 제목은 파이널 판타지 어드벤처였을 정도다. 참고로 유럽판 제목은 미스틱 퀘스트다.

초기 기획은 1987년부터 시작했는데, 당시 스퀘어가 여러모로 어려운 시기라 개발로 이어지진 않았으며 이후 자사의 초히트 RPG인 파이널 판타지와는 전혀 다른 콘셉트의 액션이 들어간 롤플레잉 게임을 만들고 싶어서 제작을 다시 시도한 작품이다. 생김새는 전체적으로 젤다의 전설을 모티브로 만든 듯한 게임이지만, 경험치를 이용해 레벨을 올리는 요소는 확실히 파이널 판타지의 흔적이다. 게임 내 전투가 상당히 중요한 역할을 하며, 필드에 있는 적들이 계속 다시 나타나기 때문에 파밍으로 레벨업도 할 수 있다. 성검전설의 초기 시리즈다 보니 이후 시리즈와는 게임성이 사뭇 다르지만, 스퀘어 액션 RPG의 시작을 알리는 작품으로 후속 시리즈에 크게 영향을 줬다.

별의 커비

개발사 : HAL(1992년)

별의 커비는 1992년에 할 연구소에서 제작한 게임보이용 액션 게임이다. 별의 커비 시리즈의 첫 번째 게임이면서 유일하게 커비의 카피 능력이 존재하지 않았던 게임이기도 하다. 사실상 커비의 정체성이나 다름없는 카피 능력은 패미컴판 별의 커비에서 처음 등장하기 때문에 게임보이판 후속작인 별의 커비 2에서는 패미컴판과 동일하게 카피 능력이 존재한다.

　게임의 기본 시스템은 비슷하다. 커비는 본인의 몸을 부풀려서 하늘을 날 수 있으며 공기를 뱉어서 적을 공격한다. 점프가 가능하고, 적을 빨아들일 수도 있다. 귀엽고 경쾌한 BGM은 첫 작품부터 유감없이 등장하며, 커비의 귀여운 외모와 움직임 등 기본적인 디자인도 이미 이 작품에서 완성됐다. 물론 카피 능력이 없어서 패미컴판을 먼저 즐긴 플레이어라면 다소 심심할 수 있다. 대신에 적을 빨아들이는 능력은 처음부터 있었기에 이를 이용해 적을 공격할 수 있어서 유용하다. 초기 커비의 아이디어는 결국 적을 빨아들여서 뱉을 수 있다 정도였던 셈이다. 패미컴판에도 존재하는 대시라든가 슬라이딩 기능은 없기 때문에 이동 시 상당히 느리다. 별의 커비는 이후 1995년에 게임보이로 2편이 제작됐는데, 이 작품부터는 커비의 능력이 그대로 구현돼 일부 적을 흡입해서 해당 적의 능력을 활용할 수 있을 뿐 아니라, 슈퍼패미컴판 3편에 등장하는 동물 동료들도 나온다. 이들을 활용해서 게임을 수월하게 진행할 수 있다.

드래곤볼 어드밴스 어드벤처

개발사 : 딤프스(2004년)

더블 드래곤 어드밴스와 쌍벽을 이루는 우주적인(?) 게임성으로 GBA 횡스크롤 격투 액션 게임의 좌청룡 우백호 같은 존재다. 개인적으로는 GBA 액션 게임 2개를 추천해 달라고 하면 이 게임과 더블 드래곤 어드밴스를 추천하는 편이다. 원작 만화의 초반부를 완성도 있게 재현하면서도 타격감, 액션성, 그래픽, 사운드 뭐 하나 빠지는 게 없는 구성으로 드래곤볼 세계관의 액션 게임을 완벽하게 구현했다.

원작 애니메이션 및 만화의 스토리를 따라가는 편이지만 일부 원작과 다른 부분이 존재한다. 캐릭터 디자인은 원작에 더할 나위 없이 충실하게 재현했으며, 게임으로 표현하는 게 가능할까 싶은 원작의 연출도 그럴듯하게 묘사한 부분에서는 찬사를 보내는 바다. 2회차부터는 크리링도 플레이가 가능하며, 게임을 진행하다가 보스급 캐릭터를 만나면 마치 대전 격투 게임처럼 일대일 대전이 펼쳐진다는 점도 상당히 재밌다. 무엇보다도 드래곤볼의 백미인 천하제일 무도회를 대전 격투 토너먼트처럼 구성해서 즐길 수 있게 만든 부분은 놀라울 정도의 완성도와 재현율을 보여준다고 생각한다.

철완 아톰

개발사 : 트레저(2003년)

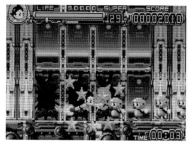 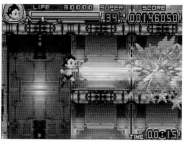

철완 아톰은 2003년 트레저에서 개발한 게임보이 어드밴스용 액션 게임이다. 부제는 아톰 하트의 비밀, 북미판 제목은 아스트로 보이 오메가 팩터다. 언뜻 보면 동명의 애니메이션을 소재로 제작한 것 같지만, 알고 보면 원작 만화는 물론이고 원작자 데즈카 오사무의 세계관 속 캐릭터들이 총망라되는 특이한 게임이다. 즉 애니메이션 원작을 토대로 진행하는 전형적인 미디어믹스 게임이 아니라, 오리지널 시나리오로 제작된 게임이라는 소리. 트레저답게 자신만의 색깔이 뚜렷하다. 게임 완성도와 게임 속 아톰의 공격 동작을 보면 트레저의 냄새가 물씬 풍긴다. 게임은 챕터별로 진행되며, 게임 초기에 튜토리얼 스테이지를 따로 둬 게임 내에서 아톰이 취할 수 있는 기본 동작과 공격법을 익힐 수 있도록 배려했다. 트레저 게임은 난도가 높기로 악명이 높은데, 이 때문에 초보자도 쉽게 입문할 수 있도록 배려한 것이라고 할 수 있다.

이 게임에는 게임 부제에서 언급한 아톰 하트라는 시스템이 존재한다. 게임 시작 시, 아톰은 본인 정신으로는 아직 강력한 능력을 제어할 수 없기에 모든 능력이 억제된 상태다. 그래서 게임 내에서 새로운 인물을 만나고, 그 사람을 이해하면 6개 아톰의 능력치 중 하나를 1포인트 상승시킬 수 있다. 이것이 바로 게임에서 언급하는 아톰 하트 시스템인데, 이를 이용해 게임 내에 등장하는 데즈카 오사무 월드의 캐릭터를 하나씩 모을 수 있다. 숨은 캐릭터도 존재해서 수집 요소가 상당한 점이 포인트다.

건스타 슈퍼 히어로즈

개발사 : 트레저(2005년)

본래 메가드라이브로 출시했던 액션 명작 '건스타 히어로즈'를 새롭게 휴대용으로 개량한 게임이다. 시스템은 전과 똑같이 유지했지만, 그래픽을 대폭 바꾸고 게임 내용을 업그레이드한 일종의 리메이크작. 게임 내용상으로는 전작으로부터 1천 년이 지난 이후의 이야기이므로 후속작으로 제작된 게임이지만, 게임 흐름이 메가드라이브 원작과 비슷하게 흘러가기 때문에 리메이크에 가깝다는 게 필자 생각이다. 비록 하드웨어의 한계로 2인 동시 플레이는 안 되지만 휴대기기에서 가능할까 싶을 정도로 화려한 연출과 액션을 선보인다. 아무래도 화면크기에 제약이 있지만, 전작보다 연출이 화끈하고 커다란 스프라이트를 사용하는데도 불구하고 거의 느려지지 않는다는 점은 트레저의 놀라운 개발 실력을 엿볼 수 있는 단적인 부분이다.

스테이지 구성은 전작을 오마주한 듯 대부분 비슷하게 흘러가지만, 스테이지의 세부 요소들은 매우 다르다. 몇 가지 추가된 스테이지도 존재하는데 대부분 세가의 고전 아케이드 게임을 오마주한다. 비행기를 타고 날아가면서 적의 공격을 360도로 돌며 회피하는 스테이지라든가, 세가의 체감형 오락실 헬기 슈팅 게임인 썬더 블레이드를 패러디한 스테이지가 존재한다. 이것저것 기존과 다른 요소들을 알차게 채워준 부분은 이 게임의 특징이다.

록맨 제로

개발사 : 인티 크리에이츠(2002년)

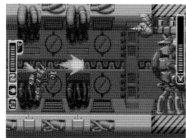

캡콤에서 발매한 게임보이 어드밴스용 횡스크롤 액션 게임. 록맨X 시리즈의 조력자이자 라이벌 기체인 초인기 캐릭터 제로가 주인공인 게임 시리즈로, 워낙에 인기가 높아서인지 게임보이 어드밴스로만 4개 시리즈가 발매됐다. 본가인 캡콤에서 직접 개발한 게 아닌 캡콤에서 분가한 인티 크리에이츠에서 개발을 담당한 시리즈다.

　게임보이 어드밴스의 성능을 상당한 수준으로 활용해서 커다란 스프라이트와 깔끔한 그래픽 처리가 인상적이며, 무엇보다도 기존 록맨 시리즈와는 어딘지 결이 달라 보이는 제로만의 멋진 시나리오와 액션이 인기 요인이 아니었나 싶다.

　이 게임은 록맨X 시리즈로부터 수백 년이 지난 이후의 사건을 다루고 있기에 디스토피아적 느낌을 살리고 있으며, 전작과 다르게 제로의 소속이 저항군이라는 설정 때문인지 외롭고 차가운 제로의 모습이 게임에서 잘 보인다. 이런 점들은 전작인 록맨 시리즈와는 다르게 해당 세계관을 독특하게 해석하는 인티 크리에이츠만의 시각이 게임에 녹아들었다는 생각이다. 특히 기존 작화와 사뭇 다른 느낌을 보여주는 나카야마 토오루의 그림체는 게임 도중에 등장하는 데모 신에서 귀여우면서도 쿨한 디자인으로 잘 표현됐다고 생각한다. 사실 학창 시절 소년들이 한 번쯤은 빠져들 법한 그림체가 아닐까 싶다. 이 그림체가 차갑고 고상하면서도 허세 넘치는 소년 만화풍의 제로를 잘 살려내고 있다. 이후 게임보이 어드밴스로 록맨 제로 2, 3, 4편이 발매됐으며 시리즈마다 제로만의 재미를 보여줬다. 특히 4편은 오프닝에서부터 풀 보이스가 출력되는 등 놀라운 기술력을 자랑했다. 4편을 마지막으로 제로 시리즈는 끝을 맺었는데, 록맨 시리즈 중에는 최초로 완결된 게임이라고 한다.

다운타운 열혈 이야기 EX

개발사 : 밀리언(2004년)

2004년에 아틀러스에서 발매하고 밀리언에서 개발한 게임보이 어드밴스용 액션 게임. 테크노스 재팬이 도산하자 판권이 밀리언으로 넘어가서 밀리언이 개발하게 됐다. 2015년 이후 쿠니오 군 시리즈 판권은 아크시스템웍스 측으로 넘어가면서 현재는 이들에 의해 후속작이 명맥을 잇고 있다.

이 게임은 기존 패미컴판 다운타운 열혈 이야기의 휴대용 기기 리메이크 버전이지만, 그래픽이 업그레이드되고 게임의 전체 분량도 증가하는 등 기존 열혈 이야기 팬이라면 열광할만한 작품으로 탈바꿈했다. 액션 게임이지만 롤플레잉 요소가 있어서 의외로 장시간 게임을 붙잡고 있어야 하는 특징이 휴대용 기기와 맞물리면서 장점으로 크게 작용한 셈이다. 이번 작부터 존재하는 일부 필살기는 판정이 너무 사기라서 게임이 많이 쉬워진다. 이 부분이 단점이지만 아무튼 몇 가지 필살기는 전투 시 매우 유용하게 사용된다.

한마디로 이 게임의 장점은 벨트스크롤 액션과 RPG 개념의 절묘한 조합이다. 패미컴에 비해서 높아진 하드웨어 성능 덕분에 화면에 표시 가능한 적 캐릭터의 숫자가 대폭 늘었으며, 타격감과 기술도 한층 좋아진 느낌이기에 더욱 쾌적하게 즐길 수 있다. 다만, 추가된 스토리 요소가 미미해서 다소 아쉽다.

슈퍼 스트리트 파이터 2X 리바이벌

개발사 : 캡콤(2001년)

캡콤에서 제작한 게임보이 어드밴스용 대전 격투 게임. 아케이드로 발매된 슈퍼 스트리트 파이터 2의 마지막 버전인 X를 이식한 게임이다. 북미에서는 슈퍼 스트리트 파이터 2 터보라고 부르며, 슈퍼패미컴에는 이식되지 못했기에 GBA 이식작은 그야말로 닌텐도 유저들에게 희소식이었다. 가정용 콘솔이 아닌 휴대용 기기로의 이식이라서 큰 우려가 있었지만, 상당한 완성도를 보여주며 게이머들을 열광케 했다. 기기의 성능을 뛰어넘는 그래픽 품질과 타격감, 무엇보다 격투 게임에서 가장 중요한 조작감마저 훌륭하게 이식했다는 평을 들으며 순식간에 명작 반열에 올랐다.

사실 요모조모 따지고 보면 원작에 한참 못 미치는 게임이긴 하지만, GBA라는 휴대용 게임기에 대한 기대치가 워낙 낮았기 때문에 실제로 플레이해 본 유저들은 깜짝 놀랄 수밖에 없었다. 또한 기존 아케이드 버전에서는 삭제됐던 보너스 스테이지인 차량 부수기와 드럼통 부수기를 부활시켰는데, 이는 올드 게이머들에겐 반가운 일이었다. 무엇보다도 슈퍼 스트리트 파이터 2X의 묘미는 바로 처음으로 채택된 초필살기 개념인 슈퍼 콤보! 필살기를 발동할 때마다 게이지가 축적되는데, 게이지가 가득 차면 슈퍼 콤보를 발동할 수 있다. 이 기술은 불리한 상황에서도 일발 역전을 노릴 수 있는 초필살기. 32비트 CD 게임기 이전의 가정용 콘솔로는 이식된 적이 없는 버전이다 보니 당시 닌텐도 하드웨어에서 이용할 수 있는 버전은 GBA판이 처음이자 유일했다.

킹 오브 파이터즈 EX 1·2

개발사 : 아툰·썬테크(2002·2003년)

킹 오브 파이터즈 EX 시리즈는 GBA로 이식된 2편의 킹 오브 파이터즈 시리즈다. 1편 인 네오 블러드는 2002년도에 아툰에서 개발하고 마벨러스 엔터테인먼트에서 발매 했다. 2편인 하울링 블러드는 2003년도에 선테크에서 개발하고 마벨러스 엔터테인 먼트에서 발매했다. 둘 다 마벨러스에서 발매했지만, 개발진이 전혀 다르기에 게임 느 낌이 다르고 평가도 극명하게 나뉜다. 물론 전자보다 후자에 대한 평가가 월등히 좋다 는 게 함정.

EX 1편은 그야말로 게이머들의 갖은 비난과 욕을 다 받았는데, EX 2편은 휴대용 게 임기치고는 상당한 완성도를 보여준다는 호평을 받은 바 있다. 물론 전작이 워낙에 욕 을 먹은 터라 2편이 상대적으로 좋은 평가를 받았겠지만, 전체적으로 GBA로 이식된 캡콤의 슈퍼 스트리트 파이터 2X 리바이벌과 비견될만한 완성도라고 생각한다. EX2 하울링 블러드는 전작의 단점들을 대폭 갈아엎고 절치부심해서 나온 작품이다. 구 SNK 스태프진들이 직접 감수를 맡았기에 더더욱 밸런스와 완성도에 신경을 쓴 흔적 이 역력히 보인다. 그래픽도 이게 정말 휴대용 게임이 맞나 싶을 정도로 상당한 퀄리티 다. 어떻게 보면 마치 네오지오 버전의 킹 오브 파이터즈를 작은 화면으로 플레이하는 듯한 느낌도 든다.

원작 자체가 버튼 4개를 사용하기 때문에 스트리트 파이터 시리즈와 다르게 기술 입 력에 무리가 없는 편이며, 전반적으로 조작감도 전작에 비하면 월등히 좋아져서 간단 하게 입력해도 원작의 각종 기술과 콤보를 무난하게 발동할 수 있다. 개인적으로 가장 놀라운 부분은 바로 그래픽의 퀄리티! 여러 액션 동작이 전작처럼 끊김 없이 무난하게 표현되고, 사운드 효과 역시 좋아져서 BGM도 들어줄만한 수준이 됐다.

어드밴스 가디언 히어로즈

개발사 : 트레저(2004년)

어드밴스 가디언 히어로즈는 2004년에 트레저에서 개발한 게임보이 어드밴스용 액션 게임이다. 새턴으로 발매됐던 트레저의 명작 벨트스크롤 액션 게임인 가디언 히어로즈의 후속작으로 제작된 게임이라서 스토리상 접점이 있지만, 막상 플레이해 보면 그야말로 막장 스토리가 전개된다. 전작의 스토리를 엉망으로 만들어버렸다고나 할까. 전작 히어로들이 결국 세상을 구하지 못해서 봉인된 채 적들에게 이용당한다.(나루토의 예토전생처럼) 플레이어는 그들과 보스전을 치르면서 한 명씩 해방하는데, 이게 은근히 전작을 플레이했던 유저에게는 충격적인 스토리 전개라 멘붕 오기 십상이다. 마치 드래곤볼에 등장하는 트랭크스가 암울한 미래의 평행세계에서 온 것처럼 말이다.

장르 자체는 벨트스크롤 액션 게임이지만 몇 가지 독특한 시스템이 존재한다. 원작 가디언 히어로즈가 이미 독특한 시스템으로 게이머들에게 신선한 재미를 준 적이 있지만, 이번 작에서는 전작의 시스템을 일부 제거하고 스토리를 대폭 바꿔버려서 전작의 팬이라면 상당히 이질감을 느낄지도 모른다.

일단 전작에서는 아랑전설 시리즈처럼 라인 이동 시스템이 존재했는데, 이번에는 일반적인 벨트스크롤 게임처럼 진행된다. 기본적으로 플레이어 캐릭터는 타격 콤보 공격과 원거리 마법 공격을 구사할 수 있다. 타격 콤보의 경우, 버튼 연타만으로도 연속 콤보가 발동하며 레버를 앞으로 밀면서 공격 버튼을 누르면 적들을 넉백하는 펀치 공격을 한다. 이때 밀려난 적들이 다른 적들과 부딪치면 데미지를 줄 수 있다. 또한 점프하면서 레버를 아래로 한 채 공격 버튼을 누르면, 밑으로 급강하하면서 적을 공격하기도 한다.

자꾸 새턴의 원작과 비교당해서 기존 팬들에게 안 좋은 평가를 받았지만, 개인적으로 휴대용 게임치고는 상당히 잘 만든 작품이라고 생각한다. 휴대용 기기인 게임보이 어드밴스에서 새턴 같은 성능의 게임을 바라면 곤란하다. 다만, 일부 연출이 상당히 느려지는 구간이 있다. 이런 점을 봐서는 최적화에 문제가 있어 보인다. 최적화만 더 개선했더라면 명작으로 불리지 않았을까 싶다.

더블 드래곤 어드밴스

개발사 : 밀리언(2004년)

2004년 아틀러스에서 발매하고 밀리언에서 제작한 게임보이 어드밴스용 벨트스크 롤 액션 게임이다. 벨트스크롤 팬들 사이에서 우주 명작이라는 소리를 듣는 게임으로 아케이드용 더블 드래곤 1편의 리메이크작이다. 사실상 기존 더블 드래곤을 만들었던 테크노스 재팬의 개발진들이 다시 뭉쳐서 만든 작품이다. 게임 흐름은 기존 오락실용 더블 드래곤과 비슷하지만 더블 드래곤 시리즈에 나왔던 기술들을 총망라했다. 다양한 콤비네이션 공격이 가능할 뿐 아니라 공중에 뜬 적을 또 타격할 수 있어서 공중 콤보도 가능하다. 게다가 더블 드래곤 시리즈에는 없었지만 테크노스 재팬의 또 다른 히트작 인 열혈경파 시리즈의 전매특허가 추가됐는데, 바로 쓰러진 적을 밟거나 마운팅 공격 을 할 수 있는 기술이다.

사용 가능한 무기의 숫자도 늘어나서 전작에는 없던 쌍절곤, 더블스틱 같은 타격용 무기들도 쓸 수 있다. 또한 링크케이블로 GBA 두 대를 서로 연결하면 동시 2인용이 가능하다는 점에서 친구랑 만나면 정말 재밌게 즐길 수 있었다. 역대 더블 드래곤의 기 술과 장점이 총동원됐기 때문에 휴대용 기기에만 출시된 게임이지만 당시에는 더블 드 래곤 시리즈 중 가장 완성도가 높다고 칭송을 받았다. 최근에 다양한 게임 개발사에서 모바일 혹은 PC용으로 더블 드래곤 시리즈가 나오긴 하지만, 어딘지 이질감이 느껴지 는 것은 어쩔 수 없다. 개인적으로는 2D 그래픽으로 본 게임의 정통 후속작이 나와줬 으면 하는 희망이 있다.

1UP
000000

HI SCORE
000000

TIME
000000

3부

2000년대,
이제 오락실은 없다

► 1   PLAYER
  2   PLAYERS

7장

오락실의 쇠퇴

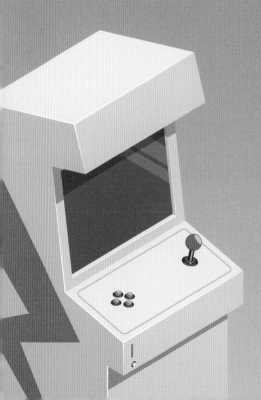

격투 게임 붐이 가져온
오락실의 흥망성쇠

  스트리트 파이터 2를 필두로 시작된 격투 게임 붐은 당시 오락실에 파란을 일으켰죠. 수많은 스트리트 파이터 2의 아류작이 발매됐으며, 게임 제작사들은 너도나도 이 격투 게임의 인기에 편승하려고 다양한 격투 게임을 쏟아냈습니다. 하지만 안타깝게도 스트리트 파이터 2의 인기에 필적할만한 완성도를 지닌 게임은 몇 되지 않았습니다. 설사 개념 있게 잘 만든 게임이라고 해도 당시 게이머들의 입맛에 맞지 않거나, 홍보가 부족해서 알려지지 않은 채 역사 속으로 사라져버린 적도 많았죠.

  캡콤의 격투 게임 프랜차이즈에 대항할만한 제작사는 그 시절에 SNK뿐이었습니다. SNK는 자사의 격투 게임을 차례로 히트시키면서 캡콤의 뒤를 잇는 격투 게임계의 차세대 개발사가 됐는데, 이를 탄탄하게

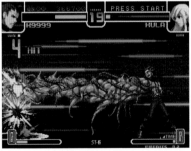

SNK의 대표 격투 게임인 킹 오브 파이터즈 시리즈

3D 격투 게임을 개척한 철권·버추어 파이터 시리즈

뒷받침한 브랜드가 바로 '킹 오브 파이터즈' 시리즈였습니다.

2D 격투 게임 전쟁이 치열하던 그때, 갑자기 한 게임이 혜성처럼 등장해서 신개념 3D 대전 격투라는 새로운 장르를 개척했습니다. 바로 세가에서 만든 버추어 파이터 시리즈죠. 세가가 탄생시킨 3D 대전 격투 장르는 여기서 멈추지 않았습니다. 버추어 파이터가 등장한 지 얼마 지나지 않아 남코에서 철권을 발표한 것입니다. 철권은 비록 버추어 파이터에 비해 후발 주자였으나, 시리즈가 거듭될수록 자신만의 개성을 확립하고 인기를 얻으면서 버추어 파이터의 뒤를 잇는 라이벌 시리즈가 됐습니다. 이 둘의 등장으로 게이머들은 새로운 격투 게임의 세계로 빠져들었죠.

격투 게임이 이처럼 유례없는 인기를 끌고 성황을 이루자, 당시 오락실들은 인기 격투 게임들 위주로 캐비닛을 구성했습니다. 대전 격투 게임의 특성상 게임기당 회전율이 높았고, 덕분에 오락실들은 금전적으로도 호황을 누렸죠. 그런데 이는 양날의 검으로 작용했습니다. 오락실에서 격투 게임 외의 게임을 들여놓지 않다 보니, 많은 아케이드 게임 개발사가 다른 장르를 더는 만들지 않았던 것입니다. 결국 이는 다양성 부족으로 아케이드 게임계가 쇠퇴하는 계기가 됩니다.

새로운 장르의 게임이 등장하지 않는 아케이드 게임센터는 격투 게임 유저와 일부 게임의 코어 팬만을 위한 장소가 돼버렸습니다. 더구나 국내 오락실은 PC방이라는 새로운 경쟁자를 상대해야 했습니다. 1990년대 말부터 블리자드의 스타크래프트가 엄청난 인기를 구가했는데, 게임의 인기와 더불어 PC방이 들판에 불 번지듯 여기저기에 생겼던 거죠. 이전까지 오락실을 가던 게이머들이 발을 끊고 PC방으로 가버리자, 오락실은 불경기라는 악재를 만나게 됩니다. 한마디로 오락실은 인기가 없는 장사 아이템이 돼버렸죠. 이후에도 꽤 긴 시간을 격투 게임 하나로 버티던 오락실들이 있었습니다만, 하나하나 사라져갔죠. 2020년 6월에는 대전 격투 게임의 성지라고 불리던 노량진 정인 오락실이 폐업하면서 많은 올드 게이머들의 심금을 울렸습니다.

이젠 몸으로 즐긴다, 리듬 액션!

　　그나마 오락실이 반짝 인기를 누리던 시기가 있었는데, 바로 음악 게임들이 인기를 끌던 때였습니다. 여기에 크게 한몫한 게임 개발사가 코나미입니다. 코나미는 비트 매니아(마니아)라는 DJ 시뮬레이션 게임을 발매해 인기를 얻었고, 춤을 소재로 한 음악 게임인 댄스 댄스 레볼루션까지 연이어 히트시켰죠.

　　비트 매니아는 1997년 코나미에서 발매한 오락실용 리듬 게임입니다. 캐비닛에 건반 5개와 턴테이블이 달렸는데, DJ 시뮬레이션을 표방

비트 매니아 캐비닛의 모습. 비교적 간단한 조작으로 디제잉을 할 수 있었다.

한 게임이죠. 원래 DJ들이 사용하는 복잡한 믹싱 기계와 다르게 조작이 간단해서 누구나 자신의 리듬감을 시험해 볼 수 있었습니다.

사실 거창하게 DJ 시뮬레이션이라고 지칭했지만, 막상 플레이해 보면 화면 아래로 내려오는 노트의 타이밍에 맞춰서 버튼을 누르거나 턴테이블을 돌리면 되는 단순한 게임이었습니다. 한마디로 여느 미니 게임에나 나올법한 단순한 아이디어를 활용해서 음악 게임을 인기 장르로 만들어낸 거죠. 사실 이런 아이디어가 대중적으로 흥행이 될지는 미지수였으나, 생각보다 크게 히트하면서 이후 다양한 시리즈가 발매됐습니다. 매우 많은 회사가 비슷한 방식의 음악 게임을 만들었고, 아예 리듬 액션이라는 장르가 탄생했죠.

국내에 비트 매니아와 매우 유사한 리듬 액션 게임이 아케이드로 등장한 적이 있습니다. 그 주인공은 바로 어뮤즈월드에서 제작한 EZ2DJ. 1999년에 처음 출시된 아케이드 전용 게임으로 비트 매니아와 동일하게 키 5개와 턴테이블이 존재하지만, 비트 매니아와 달리 페달이

표절 문제는 EZ2DJ의 인기를 끌어내리는 결정적 원인이 되기도 했다.

있어서 발까지 사용하는 노트가 하나 더 있었죠. 개인적으로 리듬 액션 게임의 생명은 음악이라고 생각하는데, EZ2DJ가 음악 하나는 매우 좋았습니다. 처음 플레이했을 때 국산 게임이 아니라고 지레짐작할 정도였으니 말이죠. 음악이 끝내줬기에 비트 매니아가 질릴 무렵에 EZ2DJ도 같이 즐겼는데, 오락실에서 판매하던 EZ2DJ의 OST를 직접 살 정도로 좋아한 기억이 있습니다.

꽤 인기를 끈 EZ2DJ이지만, 코나미의 비트 매니아랑 너무 유사한 게임성이 문제였습니다. 거의 표절 수준이었죠. 수년간에 걸친 코나미와의 소송 끝에 어뮤즈월드는 결국 패소했고, 현재 아케이드 시리즈는 사라지다시피 했습니다. 대신 PC와 콘솔 등으로 이지투 온, 디제이 맥스등 비슷한 형태의 리듬 액션 시리즈가 명맥을 잇고 있는 상태입니다.

코나미가 제작한 또 다른 리듬 액션 게임 중에는 디디알(DDR)이라고 불리던 댄스 시뮬레이터 '댄스 댄스 레볼루션'이 가장 유명했습니다. DDR은 1998년에 처음 오락실에 출시가 된 리듬 게임으로 몸을 직접 움직여서 음악에 맞춰 발판을 밟는 방식입니다. 댄스 시뮬레이터라곤 하지만 사실상 비트 매니아와 유사하게 위에서부터 내려오는 노트에 맞춰서 발판을 발로 밟기만 하면 되는 단순한 규칙의 게임이었죠.

선풍적 인기를 끌었던 댄스 댄스 레볼루션

그러다 일부 게이머가 실제 게임에는 필요 없는 상체 퍼포먼스를 추가했습니다. 이를 계기로 춤을 추는 듯한 여러 패턴의 동작들이 등장했죠. 진짜 춤을 추듯 게임을 하는 사람들이 등장했고, 이렇게 게임을 즐기는 문화가 인기를 얻으면서 널리 퍼져나간 것입니다. 이런 문화는 각국의 아케이드 게임센터에서 크게 호평을 받았으며, 다양한 댄스 퍼포먼스로 이 게임을 즐기는 게 한때 상당한 유행이었습니다.

국내의 댄스 게임 열풍은 코나미가 개발한 DDR을 필두로 1999년부터 시작됐고, 이는 국내 제작사인 안다미로에서 개발해 엄청난 인기몰이를 한 '펌프 잇 업'까지 이어집니다. 특정 유저들의 게임 방식이 결국 오락실 문화로 자리 잡은 경우입니다. 펌프 잇 업의 성공 요인은 국내 유저에게 익숙한 인기 댄스 가요를 게임기에 탑재한 게 주효했다는 평입니다.

0000

8장

차세대 게임기 전쟁

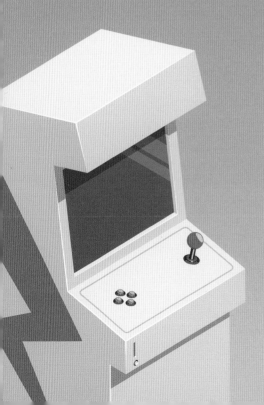

이제는 CD로 게임한다!
32비트의 시대

　1990년대 중반에 이르면, 16비트 카트리지의 시대는 막을 내립니다. 1994년에 등장한 플레이스테이션의 성공으로 많은 게임기가 대용량 미디어에 손을 댔죠. 물론 이처럼 시대를 앞서간 시도가 없었던 것은 아닙니다.

　허드슨과 NEC가 공동으로 개발한 콘솔 게임기인 PC엔진은 1988년에 CD롬을 확장 기기로 채용했으나 큰 인상을 남기지는 못했습니다. 안타깝게도 8비트 하드웨어의 한계를 뛰어넘지는 못했는데, 다만 대용량 매체의 장점인 화려한 사운드와 음성을 다양한 장르에 활용할 수 있다는 가능성을 보여줬습니다.

　CD롬 시스템 자체가 고가였다는 문제도 있었고, 판매량도 메이저 게임기에 미치지 못했기에 소수의 마니아층이 즐기던 전유물일 뿐이었습니다. 하지만 CD라는 매체의 가능성을 눈여겨보던 사람들이 많았고, 결국 이런 흐름은 플레이스테이션이나 새턴, 3DO 등 CD를 주요 매체로 사용하는 게임기들이 등장하는 계기를 만들어줍니다.

플레이스테이션 게임,
닌텐도의 아성을 무너뜨리다

플레이스테이션은 1994년에 소니에서 발매한 거치형 비디오 게임기죠. 소니가 게임기 시장에 처음으로 뛰어들어 만든 게임기인데, 당시에는 이 게임기가 성공할 것이라고 아무도 생각하지 못했기 때문에 플레이스테이션의 출시는 누가 봐도 모험 그 자체였습니다.

사실 닌텐도와 소니는 오래전부터 CD롬 게임기를 내놓으려고 논의하고 있었습니다. 하지만 어느 순간 협업이 틀어졌고, 소니는 내친김에 게임기 시장에 뛰어들게 된 것이죠. 여러 우려와 달리 소니의 플레이스테이션은 시장에서 크게 성공합니다. 그리고 후속 기종인 플레이스테이션 2를 포함해서 역대 유례가 없을 정도로 콘솔 게임계에서 장기 집권을 하죠. 기존 닌텐도가 꽉 잡고 있던 게임기 시장을 소니가 제패해 버린 셈입니다.

물론 여기에는 여러 가지 어른의 사정이 있고 소니의 성공을 도와준 주역들이 존재하지만, 이 책에서 다루고자 하는 것은 게임과 게임기에 얽힌 추억이기 때문에 언급하지 않겠습니다. 다만 플레이스테이션의 판매에 크게 도움을 준 명작 게임들을 소개해 보도록 하죠.

파이널 판타지 시리즈

개발사 : 스퀘어(1997년/7편)

6편까지 닌텐도와 한솥밥을 먹던 파이널 판타지 프랜차이즈가 갑자기 소니와 손을 잡으면서 닌텐도와 소니 사이에 벌어졌던 게임기 대전에서 소니가 승리를 거머쥐었다. 그만큼 스퀘어의 이적은 닌텐도로서는 큰 타격이었다. 드래곤 퀘스트와 쌍벽을 이루던 파이널 판타지 시리즈는 플레이스테이션으로 옮긴 후 내놓은 7편부터 3D 그래픽을 선보이며 완전히 새로운 모습으로 도약했다. 플레이스테이션은 3D 게임을 만들기에 적합한 하드웨어였던 셈이다.

　사실 초기 개발 단계에서는 2D 그래픽을 고수하면서 후속작을 기획하고 있던 개발진이었지만, 이후 노선을 완전히 바꾸면서 3D 그래픽으로 제작했다. 이는 정확하게 소니가 노리고 있던 차세대 게임기 시장의 트렌드와 맞물렸다. 파이널 판타지 7의 최대 장점은 3D 그래픽으로 연출한 시네마틱 영상과 자연스러운 인게임으로의 전환이다. 그런데 이는 닌텐도의 차세대 하드웨어인 닌텐도64에서는 불가능한 일이었다. 닌텐도64는 차세대 플랫폼이면서도 여전히 용량 제한이 심한 카트리지를 고수했고, 개발진은 좀 더 개발이 수월한 플레이스테이션으로 진영을 옮긴 것이었다.

　파이널 판타지 7을 소니 플레이스테이션에서 개발할 때 사실 난항이 많았다고 한다. 하지만 끝내 나온 결과물은 당시 게이머들에게 꽤 충격이었다. 2D 도트 그래픽만 접하던 세대에게 시네마틱 영상은 놀라움 그 자체였으며, 시네마틱 영상이 인게임으로 자연스럽게 전환되는 초기 도입부는 그야말로 신세계! 필자의 지인은 당시 화려한 인트로 영상을 넋을 놓고 바라보다가 화면이 정지되자, 그제야 게임이 시작된 사실을 알았다고 한다. 요즘 하이퍼리얼리즘을 표방하는 3D 그래픽을 보다가 목각 인형 같은 그 시절 게임 속 캐릭터를 보면 이런 말들이 우습게 들리겠지만, 플레이스테이션으로 3D 그래픽을 처음 접한 동네 꼬마들의 기억 속으로 다시 돌아가 보면 이해가 갈만하다.

파이널 판타지만의 독특한 스팀펑크 판타지 세계관은 시리즈를 거듭할수록 그 무게감도 더해지고 있었는데, 한낱 도트 그래픽으로 이런 세계관을 묘사하기에는 여러모로 한계에 도달하고 있었다. 이런 상황에서 플레이스테이션은 시리즈가 한 단계 도약할 수 있는 계기가 됐을 것이다. 이후 파이널 판타지는 8편과 9편을 거치면서 화려한 3D 그래픽을 자신들의 정체성으로 삼았고, 독특한 세계관을 계속해서 구축해 나갔다. 갈수록 화려해지는 시네마틱 영상과 연출은 시리즈의 상징이 됐다. 플레이스테이션으로 해당 시리즈는 9편까지 발매됐으며, 후속작도 모두 플레이스테이션 후속 기종으로 발매되면서 소니와의 끈끈한 공조는 지금까지도 계속되고 있다.

악마성 드라큘라 월하의 야상곡　　　개발사 : 코나미(1997년)

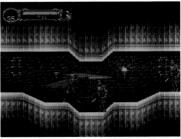

코나미에서 1997년에 발매한 플레이스테이션 게임. 나중에 세가 새턴으로도 이식되지만 플레이스테이션 버전이 원작이다. 악마성 시리즈는 코나미가 자랑하는 게임 프랜차이즈인데 월하의 야상곡에서 시리즈가 크게 변한다. 전작인 악마성 드라큘라 X 피의 윤회는 PC엔진으로 발매된 게임이었으며, 기존 악마성 시리즈처럼 단순한 플랫폼 액션 게임이었다. 그런데 후속작인 월하의 야상곡은 갑자기 액션 RPG로 탈바꿈했다. 게다가 방대한 스테이지를 그냥 스쳐 지나가는 게 아니라, 한 번 지나갔더라도 되돌아갈 수 있게 게임 진행 방식이 변했다. 마치 닌텐도의 메트로이드처럼 말이다.

메트로이드는 본래 사이드뷰 시점의 횡스크롤 액션 게임이지만 기존 액션 게임들과 달랐다. 스테이지마다 제한구역이 존재해서 처음에는 못 가지만, 게임을 진행하다가 얻은 새로운 능력을 이용해서 해당 구역을 해금하는 형태로 진행한다. 즉 월하의 야상곡은 이런 요소를 악마성에 접목해서 방대한 스테이지를 구축함과 동시에 새로운 기술을 얻을 때마다 들어갈 수 있는 구역을 조금씩 늘려나가는 방식으로 게임을 기획했다.

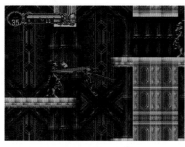

이후 이런 게임 장르를 메트로배니아(악마성의 북미판 네이밍인 캐슬배니아와 메트로이드를 합성한 이름)라고 부른다. 월하의 야상곡은 메트로이드의 흥미로운 진행 방식에 더해 세이브 포인트와 레벨 개념을 더해서 사이드뷰 시점의 롤플레잉 게임이 됐고, 이 덕분에 크게 성공했다. 이후 사이드뷰 시점의 악마성 시리즈는 대부분 메트로배니아 방식으로 만들어졌다.

이 게임 이후로 악마성 시리즈가 게임보이 어드밴스 같은 휴대용 기기로만 발매된 까닭에 그래픽에 불만이 생길 수밖에 없었는데, 이 점은 '월하의 야상곡'의 그래픽 퀄리티가 넘사벽이라는 점도 고려해야 한다. 게임보이 그래픽과 비교 대상이 아닌 것이다. 60프레임으로 구동되는 아트워크는 지금 봐도 미려할 정도. 단순히 2D 그래픽만 이용한 것이 아니라 플레이스테이션이 지원하는 다양한 3D 기능을 활용해서 만든 작품이기에, 2D 그래픽에 강한 새턴의 이식작조차 원작을 능가하지 못했다. 코나미의 저력이 느껴지는 게임이다.

바이오하자드

개발사 : 캡콤(1996년)

캡콤에서 1996년에 출시한 서바이벌 호러 액션 어드벤처 게임이다. 북미판 제목은 레지던트 이블(Resident Evil). 사실상 거의 모든 3D 그래픽으로 제작된 서바이벌 호러 게임 장르의 바이블 같은 존재다. '어둠 속에 나 홀로'라는 PC 게임과 캡콤의 또 다른 패미컴 게임인 '스위트홈'에서 모티브를 얻어왔지만, 3D 그래픽을 본격적으로 활용해서 공포 게임을 만든 사례가 이전에는 거의 없었기에 발매 당시에는 다들 충격을 받았다. 게다가 지금까지도 가장 인기 있는 소재인 좀비를 다뤘다는 점! 지금은 좀비가 호러 게임 소재의 대명사가 됐으며 수많은 변종 좀비들이 게임에 등장하지만, 당시에는 영화뿐 아니라 게임 쪽에서도 상당히 마이너한 소재였다. 물론 당시 캡콤 내부에서도 그다지 기대하지 않았던 게임이라서 모 아니면 도라는 심정으로 발매를 했다고 한다. 당연히 캡콤 윗선에서는 제작을 반대했다고. 발매 후에는 대히트를 기록해서 전 세계적으로 275만 장이 팔렸다.

바이오하자드는 폐쇄된 저택이라는 협소한 공간에서 좀비 바이러스에 감염된 사람들과 싸운다. 사실 3D로 돌아가는 게임을 만들기에는 플레이스테이션이라는 하드웨어의 성능에 제약이 있었다. 따라서 이 게임 제작 자체가 상당히 모험적인 시도였다. 그러나 스위트홈에서 쓴 소재, 즉 '거대한 저택에서 느끼는 공포'를 모티브로 삼으면서 오히려 공포심을 극대화하는 스토리를 만들 수 있는 계기가 된다. 폐쇄된 저택이라는 제한된 공간과 고정 시점으로 인한 시야의 제약, 좀비의 신음 등이 맞물려 플레이어에게 극도의 공포를 선사했다. 이런 방식은 바이오하자드의 정체성이 됐으며 이후 시리즈에도 영향을 줬다.

후속작들의 공간 배경은 점차 주택에서 벗어나 다른 공간으로 확장됐고, 주인공 역시 계속 바뀌면서 바이오하자드의 세계관은 커졌다. 특히 4편부터는 FPS에 가까운 3인칭 시점을 활용했고, 조작이 불편했던 기존 시리즈에서 벗어났다. 7편은 초창기에 만들려다 시도하지 못했던 1인칭 시점으로 변했다. 1인칭 시점 덕분에 공포를 극대화했다는 평을 받았다.

메탈기어 솔리드

개발사 : 코나미(1998년)

메탈기어 솔리드는 1998년 코나미에서 제작한 잠입 액션 게임이다. MSX 시절부터 계속된 메탈기어 시리즈가 화려하게 3D로 부활하면서 플레이스테이션으로 발매됐는데, 기존에 메탈기어를 이미 해본 팬뿐 아니라 일반 대중에게도 기가 막히게 먹힐 정도로 새로운 게임이 돼버렸다. 본래 잠입 요소가 있는 독특한 게임인 메탈기어가 3D 그래픽과 만나자 엄청난 시너지를 발휘해서 3D 시대에 걸맞은 게임으로 재탄생했다. 물론 개발 초기부터 순탄한 것은 아니었다.

코지마 PD와 개발팀도 3D로 게임을 개발하는 것은 처음이라서 여러 시행착오를 거쳤다고 한다. 이 게임을 지금 다시 해보면 그래픽의 디테일은 동시대 발매된 다른 3D 게임들에 비해 다소 조악하지만, 장르의 장점과 이 게임만의 독특한 스토리에 빠진 대중들에게 그런 단점 따윈 아무것도 아니었다. 솔리드 스네이크가 추운 극지방에 잠입하는 장면으로 시작하는 오프닝 영상은 영화적인 연출이 가미됐기에 기존 2D 게임에서는 보기 힘든 장면이었다. 3D 그래픽을 적절하게 사용해서 분위기를 제대로 살려주었다는 평이다. 사실상 3D 메탈기어 시리즈의 시작점이라서 이후 등장한 모든 메탈기어 시리즈에 가장 많은 영향을 미친 게임이기도 하다.

패러사이트 이브

개발사 : 스퀘어(1998년)

패러사이트 이브는 스퀘어에서 제작한 롤플레잉 스타일의 어드벤처 게임으로 후속작인 2편 역시 플레이스테이션으로 발매됐으며 3편은 PSP로 출시된 바 있다. 본래는 동명 소설을 모티브로 제작한 게임인데, 게임 시스템은 액션과 턴제가 섞여 있는 듯한 부분 때문에 호불호가 갈렸다. 당시 개발사인 스퀘어의 명성 덕분인지 흥행에는 성공해 후속작까지 만들어질 수 있었다. 소재만 보면 호러 게임이지만 턴제 RPG의 형태를 취하고 있기 때문에 장르는 애매하다. 그래서인지 2편은 서바이벌 호러 액션처럼 게임 시스템이 바뀌었다.

발매 당시 이 게임은 매우 인상적이었는데, 게임 자체보다는 오프닝 영상이 엄청난 퀄리티를 보였기 때문이다. 패러사이트 이브의 오프닝은 당시 최고 수준을 자랑했다. 게임보다도 오프닝을 볼려고 가끔씩 플레이해 볼 정도였다. 게임의 긴박한 분위기를 살려주는 음악과 더불어 풀 3D 애니메이션으로 제작된 오프닝 영상은 기괴하게 변형되는 크리처들의 모습과 액션을 보여주는데, 당시에는 영화를 보는 듯했다. 주인공 아야의 모습 역시 인상적이었는데, 플레이스테이션의 한계 때문에 게임 내 캐릭터 그래픽과 동영상의 차이가 커서 다소 이질감이 있다는 점이 단점이었다.

파라파 더 래퍼

개발사 : 나나온샤(1996년)

나나온샤에서 제작한 세계 최초의 리듬 게임. 비슷한 아이디어를 활용한 게임이 오래 전부터 존재했지만, 진정한 리듬 게임이라는 타이틀을 사용할 수 있는 최초의 게임은 파라파 더 래퍼라는 것이 중론이다. 게임 분위기는 언뜻 보면 아동용 게임처럼 보일 정도로 동화풍 일러스트가 특징이다. 게다가 게임 속 캐릭터들은 폴리곤이면서도 전부 평면으로 묘사된다. 마치 종이 인형처럼 두께가 없다는 점이 포인트. 이 점이 독특한 인상을 주기 때문에 게임이 주는 힙한 느낌이랑 상당히 잘 어울렸다.

무엇보다 가장 좋았던 점은 바로 음악! 최초의 리듬 게임답게 스테이지마다 주인공이 공략해야 하는 음악은 모두 개성이 강하고 비트가 훌륭했으며 신났다. 게임 방식은 매우 단순하다. 먼저 앞선 캐릭터가 하는 동작을 뒤에 플레이어가 똑같이 따라 하면 되는데, 박자와 타이밍에 맞춰서 제시되는 버튼을 눌러주면 된다. 이후 등장한 비트 매니아 같은 리듬 게임과는 사뭇 다른 방식이긴 해도 등장하는 노트를 누른다는 점은 같다. 게임을 진행할수록 점점 패턴이 복잡해지지만, 속도가 엄청나게 빠르지 않아서 할만하다. 다만 다소 판정이 빡빡하고 까다로워서 꽤 고전했던 기억이 있다.

스테이지마다 적절한 테마가 존재하며 테마에 따라 알맞은 캐릭터가 등장해서 주인공 파라파를 돕는데, 가장 인상적인 캐릭터는 아무래도 첫 번째 스테이지에서 스승님으로 등장하는 양파 선생. 동양인 특유의 영어 사투리가 인상적이며 플레이어가 못하면 못할수록 성의 없는 표정과 자세를 취한다는 점도 재미있었다.

버스트 어 무브 1·2

개발사 : 메트로(1998년/1편)

메트로에서 개발하고 에닉스에서 발매한 리듬 액션 게임. 파라파 더 래퍼가 랩 뮤직을 소재로 다뤘다면, 이 게임의 소재는 다양한 장르의 댄스음악과 춤이다. 등장하는 캐릭터들은 12명으로 모두 다소 과장된 느낌의 서구적인 디자인으로 만들어졌지만, 각자 개성 하나는 뚜렷하다. 게다가 전부 다른 장르의 음악을 들고 나와서 댄스 배틀을 벌이는데, 모든 캐릭터의 춤동작은 전문 댄서들의 춤을 모션 캡처해서 만들었기 때문에 상당히 볼만하다. 게임에 사용된 곡들의 퀄리티 또한 좋았기 때문에 음악과 함께 들으면 절로 흥이 나는 장면들이 그대로 연출되곤 했다. 개인적으로 이런 춤이라면 한 번쯤 배우고 싶다고 생각할 정도였다.

게임 방식은 파라파 더 래퍼와 유사하게 진행된다. 기본적으로 해당 스테이지 음악의 비트에 따라 화면이 점멸되고, 이 점멸되는 타이밍에 맞춰서 제시되는 버튼을 입력한다. 콤보가 연결될수록 게임은 어려워지지만, 마지막 버튼을 제외하고 도중에 입력하는 방향키는 박자에 안 맞아도 된다. 캐릭터마다 히든 커맨드가 존재해서 솔로 파트에서 입력하면 좀 더 높은 점수를 얻을 수 있다. 개인적으로 선호하는 캐릭터는 쇼티와 키티엔이었다.

후속작인 2편은 1999년에 플레이스테이션으로 발매됐으며 일부 캐릭터가 교체되면서 신규 캐릭터가 들어왔고, 음악 또한 완전히 바뀌면서 유저들마다 다소 호불호가 갈리기도 했다. 필자는 1편의 음악을 더 선호하지만 2편의 일부 곡들 또한 꽤 좋아서 자주 듣곤 했다. 국내에서는 온라인 리듬 게임인 오디션이 이 게임의 기본 아이디어를 거의 표절하다시피 해서 논란이 된 바 있다.

각명관 진장 : 카게로

개발사 : 테크모(1998년)

테크모에서 제작한 플레이스테이션용 함정 액션 게임. 각명관 시리즈의 2번째 작품으로 저택에 침입한 적들을 함정으로 물리치는 독특한 게임이다. 1편은 FPS 게임처럼 1인칭 시점으로 진행되는 게임이었는데, 2편부터는 주인공의 뒷모습이 보이는 3인칭 시점의 액션 게임으로 바뀌면서 적을 피하기가 좀 더 쉬워지고 약간 더 자유로운 액션이 가능해졌다.

정해진 공간 내에 함정을 설치하고, 실시간으로 발동해서 다양한 함정 콤보를 만들어내는 것이 게임의 주 내용인데, 주인공을 직접 조종할 수 있기 때문에 다가오는 적을 피해 도망가거나 유인하는 플레이도 가능하다. 그러므로 능숙해질려면 저택 내부의 지형을 빨리 파악해야 함과 동시에 함정을 설치하는 일에도 능숙해야 한다. 모든 함정은 사용하고 나면 재사용하기까지 쿨타임이 필요하다. 그 시간을 벌려면 적을 잘 피해서 다니거나 다른 방으로 유인해서 다시 함정을 설치하는 등 전략적 요소를 잘 활용해야 한다. 적을 해치워서 벌어들이는 포인트를 이용해 더욱 강한 함정으로 업그레이드하거나 새로운 함정을 개발하는 등 여러 재미 요소가 있다. 후반 스테이지로 갈수록 강력한 적이 등장하기 때문에 난도 역시 상승한다.

천주 시리즈

개발사 : 어콰이어(1998년/1편)

본격적인 3D 닌자 잠입 액션의 장을 열어준 역사적인 게임이다. 기존 닌자 게임이 액션에 치우쳐 있었다면, 이 게임은 닌자 특유의 잠입과 암살 등을 드라마틱하게 표현했다. 잠입 액션 아이디어는 사실 메탈기어 솔리드 시리즈에서 먼저 시작됐지만, 닌자라는 소재와 만나면서 찰떡궁합을 자랑하게 됐다. 플레이할 수 있는 캐릭터로 남자 닌자인 리키마루와 여자 닌자인 아야메 둘 중 하나를 고를 수 있으며, 각 스테이지를 시작하기 전에 본거지에서 닌자 도구들을 미리 챙겨서 나갈 수 있다. 적의 눈을 피해 암살 대상을 찾아 제거하면 스테이지를 클리어한다.

닌자의 기본 지령이 암살 작전인지라 평소 돌아다니는 적이나 민간인에게 발각돼 어쩔 수 없이 싸우면 점수가 깎이는데, 이는 암살보다 일반 싸움으로 적을 죽이면 낮은 점수를 얻기 때문이다. 이는 잠입 암살 게임인 히트맨과 상당히 유사한 시스템이다. 히트맨에서는 시끄럽게 적과 싸우거나 민간인을 마구 죽이면 사이코패스로 평가되는 등 평판이 떨어진다. 이후 천주 시리즈는 플레이스테이션에만 확장팩 2개와 후속작인 2편까지 도합 세 작품이 발매됐으며, 플레이스테이션 2로 넘어오면서 천주 3편과 천주홍 등 후속 시리즈들이 개발됐다.

사일런트 힐

개발사 : 코나미(1999년)

코나미에서 개발한 호러 어드벤처 게임. 사실상 캡콤의 대표적인 호러 게임 프랜차이즈인 바이오하자드 시리즈에 필적할만한 게임 IP라고 해도 과언이 아니다. 처음 등장했을 때는 바이오하자드의 아류작이라는 오명을 벗기 힘들었지만, 이후 시리즈를 거듭하면서 자기만의 색깔을 찾아 자리를 잡았다. 사일런트 힐 시리즈가 바이오하자드와 크게 다른 점은 적으로 등장하는 알 수 없는 크리처들과 게임 배경이 되는 사일런트 힐 그 자체다. 사일런트 힐이라는 마을은 언제나 안개로 뒤덮여 있기에 딱히 어둡지 않은 대낮에도 한 치 앞을 제대로 보기 힘들 정도인데, 이런 제약이 가해진 시점이 이 게임만의 매력으로 작용한다.

무엇보다 게임 스토리가 바이오하자드처럼 뚜렷하지 않다. 게임에 등장하는 적들은 무언가 정체를 알 수 없는 존재이며, 세계관도 현실 세계인 듯 아닌 듯한 몽환적이며 미스터리한 분위기를 풍긴다. 이런 설정에서 오는 공포는 바이오하자드보다 한 수 위다.

이 게임을 필자가 처음 구매한 날, 친구와 함께 집에서 게임을 플레이해 보았다. 도입부에서 기괴한 BGM과 더불어 화면이 점차 어둡고 침침하게 변하는데, 카메라 각도가 이상한 방향으로 틀어지는 시점에서 갑자기 괴생명체들이 뒤쪽에서 튀어나오는 바람에 친구와 함께 식겁했던 기억이 있다. 이 일 때문에 사일런트 힐이라는 게임이 확실하게 뇌리에 각인됐다.

테일즈 오브 시리즈

개발사 : 울프팀(1997년/데스티니)

남코에서 발매하고 울프팀에서 개발한 롤플레잉 게임 시리즈. 슈퍼패미컴 시절부터 시작한 이 시리즈는 플레이스테이션으로 넘어가면서 그래픽 퀄리티가 대폭 업그레이드됐으며, 이후로도 계속 시리즈를 내며 다양한 콘솔로 영역을 확대했다.

겉으로는 일반적인 RPG처럼 보이지만 적과 만나면 액션으로 바뀌는 특유의 시스템이 인기 비결이었다. 무엇보다도 콘솔 기기의 한계를 뛰어넘는 퀄리티가 인상적이었는데, 초기 버전인 테일즈 오브 판타지아만 봐도 슈퍼패미컴의 성능을 뛰어넘는 그래픽을 선보였으며 카트리지 게임 주제에 오프닝곡이 나왔다. 이런 점은 당시 가히 충격이었다.

물론 가장 감명 깊게 본 오프닝은 플레이스테이션으로 발매된 후속작 테일즈 오브 데스티니의 오프닝이었다. CD의 위력 덕분에 오프닝이 한 편의 뮤직비디오같이 연출됐다. DEEN이 부른 주제곡 '꿈인 것처럼(夢であるように)'과 함께 상당한 퀄리티의 2D 애니메이션을 보여줬기에 인상적이었다. 당시 안 본 사람은 있어도 한 번만 본 사람은 없을 정도로 유명해서 영상만 따로 동영상 사이트에 떠돌아다닐 정도였다. 영상 제작은 공각기동대와 인랑, 사이코패스 등으로 유명한 프로덕션 I.G에서 담당했다.

이후 테일즈 오브 판타지아의 리메이크 이식작이 플레이스테이션으로 발매되면서 오프닝도 새롭게 다시 만들었는데 이쪽도 퀄리티가 훌륭했다. 카트리지 시절, 약간 답답하게 흘러나오던 주제곡을 제대로 된 음원으로 들었을 때의 기분이란 이루 말할 수 없었다.

철권 시리즈

개발사 : 남코(1995년/1편)

원래는 남코에서 제작한 오락실용 대전 격투 게임 시리즈다. 1편은 버추어 파이터와 더불어 풀 3D 그래픽으로 제작된 대전 격투 게임이었지만, 버추어 파이터의 인지도에 밀려서 그다지 빛을 보지 못했다. 2편부터 대중적인 인기를 얻었으며, 버추어 파이터와 더불어 3D 대전 격투 게임의 대중화를 가져왔다. 현재까지도 아케이드 게임센터 및 PC와 콘솔 등에서 널리 사랑을 받는 메가 히트 프랜차이즈 게임이다.

철권은 초기 시리즈부터 아케이드 못지않은 퀄리티의 완성도를 자랑하며 플레이스테이션에 이식됐는데, 플레이스테이션 버전의 전 시리즈에는 아케이드 버전에 없는 오프닝 영상이 들어 있어서 존재감을 과시하곤 했다. 이는 거의 초월 이식이라 불릴 정도인데, 아케이드에 없는 다양한 요소가 추가되면서 호평을 낳았다. 스펙 문제로 가정용 콘솔로의 완벽 이식이 힘들었던 버추어 파이터와 비교해 보면, 철권 시리즈의 대중적인 성공을 예견할 수 있었다.

1편과 2편은 지금 보기에 캐릭터 디자인이 다소 어색해 보이지만, 3편부터는 모델링 퀄리티가 대폭 올라갔다. 또한 3편은 플레이스테이션으로 나온 마지막 시리즈라서인지 엄청난 볼륨을 자랑하며, 숨겨진 캐릭터 및 모드 등이 있어 그야말로 즐길 거리가 풍부하다. 완성도마저 갖추고 있어 플레이스테이션 판매에 견인차 역할을 톡톡히 했다.

릿지레이서 4

개발사 : 남코(1998년)

릿지레이서 시리즈 중 4번째 작품이며 1998년에 플레이스테이션으로 발매됐다. 보통 R4라고 불리며, 플레이스테이션의 황혼기에 나온 작품이니만큼 훌륭한 완성도와 기기의 한계에 도전하듯 높아진 게임 스펙 덕분에 명작이라고 평가받는다.

역시 가장 인상적이었던 것은 당시 화제였던 오프닝. 나가세 레이코라는 릿지레이서 시리즈의 이미지 캐릭터를 담당하고 있는 사이버 스타가 등장하는데, 전작인 레이지 레이서에 처음 출연했지만 아마 R4의 오프닝 때문에 본격적으로 인기를 끌었을 것이다. 하늘하늘 가녀린 몸매에 매력적인 단발, 상큼한 미소가 이쁜 그녀는 당시에 엄청난 인기를 누렸다. 릿지레이서는 몰라도 이 오프닝을 본 사람들은 많을 것이다.

터널에서 망가진 하이힐을 들고 있자 지나가던 한 레이서가 멈추고, 차창이 내려가면서 클로즈업되는 그녀의 미소. 이 모습에 많은 남성이 설레지 않았을까? 특이한 점은 당시 가수 채정안의 뮤직비디오에서 이 연출을 그대로 사용했다는 사실이다. 걸어가는 여자와 달리는 차가 교차되며 보이고, 여자가 터널에서 망가진 신발을 들고 가다가 지나가던 차를 만나는 장면이 거의 같다. 해당 뮤직비디오는 당연히 R4보다 나중에 나왔다.

세가 새턴, 소니는 내가 잡는다!

    16비트 콘솔 시장에서 메가드라이브의 판매 호조로 나름 성공을 맛본 세가. 하지만 세가는 슈퍼패미컴에 비해 전체 판매량에서 밀리며 늘 2인자 자리를 차지하고 있었죠. 그런 세가가 32비트 게임기 시장만큼은 제패하겠다는 각오로 발매한 게임기가 바로 세가 새턴이었습니다. 하지만 초기 설계에서 게임 시장의 향후 흐름을 제대로 읽지 못해서 3D보다는 2D가 강점인 하드웨어로 설계하는 실수를 범합니다. 플레이스테이션이 3D 그래픽에 강점이 있다는 사실을 알게 된 후에 뒤늦게 3D도 가능하게 설계를 바꿨지만, 이 과정에서 설계가 복잡해졌고 하드웨어에 들어가는 생산 비용이 올라가 버렸죠. 하지만 소니는 비디오 게임 시장에 처음 도전하는 초짜였고, 세가는 업계에서 오랫동안 게임을 만들어온 짬이 있었습니다.

    덕분에 다양한 아케이드 타이틀의 이식작이 있었고, 새턴의 초기 판매량은 플레이스테이션보다 좋았습니다. 그러나 그뿐이었죠. 결론적으로 초반의 설계 실수는 생산 단가 상승과 더불어 높은 개발 난도로 이어졌고, 이후 서드파티들이 좀 더 쉽고 쾌적한 게임 개발을 위해 플레이스테이션 진영을 찾게 되는 악순환으로 되돌아왔습니다. 더불어 소니와 게임기 가격 인하 경쟁을 벌일 때도 판매량이 일본에선 꽤 괜찮았음에도 불구하고, 팔면 팔수록 적자를 면치 못해서 세가는 역대급으로 손해를 입어버립니다. 엎친 데 덮친 격으로 북미 시장에서는 플레이스테이션에 처참하게 참패. 32비트 차세대 게임기 전쟁에서도 2인자 신세를 면치 못했던 세가지만, 여러모로 게임사에 파란만장한 발자취를 남긴 세가 새턴의 게임들에는 어떠한 것들이 있는지 한번 살펴보죠.

버추어 파이터 시리즈

개발사 : 세가(1994년/1편)

1994년 새턴으로 첫 발매된 타이틀은 바로 버추어 파이터 1편이었다. 버추어 파이터 시리즈는 새턴의 초기 판매량을 견인하는 데 큰 공로를 세운 대전 격투 게임이다. 아케이드에서 크게 히트한 버추어 파이터를 새턴의 발매 시작과 동시에 판매했는데 거의 새턴 1대당 하나가 판매될 정도였다. 다만, 새턴 버전의 개발 기간이 워낙에 짧았고 개발진이 새턴 하드웨어를 오롯이 이해하지 못해서 이식도는 상당히 떨어지는 편이다.

하지만 당시 버추어 파이터를 즐기려면 다른 방법이 없었기 때문에 새턴을 구매하지 않을 수 없었다. 아이러니하게도 세계 최초의 3D 대전 격투 게임이라는 타이틀을 지닌 세가의 아케이드 게임이지만 오히려 새턴에서는 그 진가를 제대로 보여주지 못한 셈인데, 이후 1995년 12월에 2편을 새턴으로 발매하면서 불가능하다 여겨졌던 2편 이식을 성공적으로 해냈다. 약간의 그래픽 열화와 프레임률 차이로 인한 속도 변화를 제외하면 상당히 양호한 이식이었기 때문에 대중은 호평이었으며, 덕분에 밀리언 셀러를 기록했다.

가디언 히어로즈

개발사 : 트레저(1996년)

새턴이나 플레이스테이션에 드문 횡스크롤 격투 액션 게임이다. 스토리 모드에서는 2

인 동시 플레이가 가능하며, 주변 기기인 멀티 터미널을 이용하면 대전 모드에서 6인
이 미친 듯이 난투를 펼칠 수도 있다. 그야말로 물건! 요즘도 이런 게임이 나오기 쉽지
않은데 당시에는 정말 충격 그 자체였다. 주변에서는 오직 이 게임 때문에 새턴을 사는
사람을 많이 볼 수 있을 정도. 게임을 시작하면 등장하는 애니메이션 오프닝도 퀄리티
가 상당해서 당시 16비트에서 32비트 CD롬 비디오 게임기로 넘어간 사람들에겐 그
야말로 신세계였다. 이래서 CD롬 게임기를 사는구나 싶은 기분을 만끽했다고 해야 할
까? 스토리 모드는 매우 흥미롭게 진행되지만, 도중에 계속해서 스토리 연출을 위한
캐릭터 간의 대사가 줄기차게 나오기 때문에 오락실 벨트스크롤 게임의 기분을 느끼기
엔 다소 흐름이 끊기는 기분이 든다. 스토리에 몰입한다면 더할 나위 없이 좋지만, 성질
급한 플레이어라면 이 점이 단점으로 여겨질지도 모른다.

스토리 모드에는 분기가 존재해서 멀티 엔딩이다. 따라서 1회차만으로 모든 스토리
를 즐길 수 없다. RPG처럼 레벨업 개념이 있으며, 한 스테이지가 끝나면 레벨업에 따
라 얻는 포인트로 능력치를 분배할 수 있다. 기술 입력에 따라 다양한 공격 동작도 가능
한데, 방어 중에는 마치 대전 격투 게임처럼 대시 가드나 공중 가드 등이 가능해서 시스
템에 익숙해지면 게임이 더 재밌어진다. 마니아가 좋아할만한 요소가 많은 편이다. 다
만, 일반적인 벨트스크롤이 아니라 아랑전설처럼 이동이 가능한 라인이 3개나 존재해
서 라인을 이동하며 적과 싸워야 한다는 점이 다소 어색한 요소로 작용한다. 익숙해지
면 재밌을지도 모르겠지만 개인적으로는 별로였다.

나이츠 인투 드림
개발사 : 소닉 팀(1996년)

소닉을 제작한 나카유지 PD가 담당한 세가의 또 다른 히트작이다. 게임 콘셉트가 다
소 몽환적이면서 환상적인 느낌을 잘 살리고 있어서 마치 하늘을 날아다니는 소닉을
하는 듯한 느낌을 준다. 32비트 게임기 전쟁이 한창이던 무렵, 제대로 된 히트작 없이
고전을 면치 못하던 새턴이 야심 차게 내놓은 게임이 바로 이 게임. 그래서인지 여러모

로 세가의 이전 히트작인 소닉을 의식하고 만든 느낌이다. 다만 소닉이 2D 그래픽으로 만든 게임인 반면 나이츠는 3D 그래픽 기반이라서 자유도가 높았다는 점이 다르다. 주인공이 하늘을 자유롭게 날아다닌다는 콘셉트와 3D 그래픽이 서로 궁합이 잘 맞았던 것이다. 소닉이 땅 위를 빠르게 쌩쌩 달렸다면, 나이츠는 하늘을 자유롭게 유영하는 듯한 느낌을 준다. 여러 장점과 매력이 있었지만, 당시 경쟁 콘솔의 게임이었던 슈퍼 마리오 64나 파이널 판타지 7 등에 밀려서 판매량은 생각보다 저조했다.

팬저 드래군

개발사 : 세가(1995년)

팬저 드래군은 1995년에 세가에서 제작한 세가 새턴용 3D 비행 슈팅 게임이다. 주인공이 비룡을 타고 날아다니면서 자신이 가지고 있는 총을 사용해 적과 싸우는 드래곤라이딩 슈팅 게임이라고 할 수 있다. 세가의 3D 그래픽 실력을 잘 보여주는 게임이지만 개발 마감에 난항을 겪고 예상보다 늦게 발매됐다. 결국 새턴 발매일에 게임도 출시하겠다는 계획이 틀어졌고, 버추어 파이터와 함께 새턴의 판매를 양쪽에서 쌍끌이하겠다는 전략도 물 건너가고 말았다.

비룡을 타고 날아다니는 3D 게임이라는 점이 상당히 매력적이었지만, 사실 자유롭게 날아다닌다기보다 정해진 코스만 날 수 있는 일종의 레일 슈터 게임이었다. 물론 당시만 해도 가정용 콘솔에 이런 3D 비행 슈팅이 드물었고, 소재도 흥미로운 SF 판타지라서 게이머들을 흥분시키기엔 충분했다. 무엇보다 화려한 3D 오프닝 영상은 마치 영화 같은 장면을 연출하며 많은 게이머의 눈을 현혹했다. 당시 얼마나 인기가 많았는지, 새턴이 없어도 팬저 드래군의 오프닝은 여기저기서 많이 접해봤을 정도였다.

세계관과 설정도 나름 탄탄해서 게임 속 등장인물이 사용하는 언어를 전부 가상으로 만들어내기까지 했다. 이후 팬저 드래군은 시리즈로 출시됐는데, 잘 짜인 세계관을 바탕으로 한 스토리도 이에 한몫했을 것이다. 세가 새턴으로 후속작인 팬저 드래곤 쯔바이, RPG인 아젤 등이 발매된 바 있다.

프린세스 크라운
개발사 : 아틀러스(1997년)

아틀러스에서 개발한 액션 롤플레잉 게임. 2D 도트 그래픽으로 제작된 게임인데도 캐릭터의 관절이 마치 3D 그래픽으로 만든 듯 자연스레 움직이는 게 인상적이었다. 캐릭터의 각 부위를 분리해서 각각 따로 움직일 수 있게 만들었기에 가능한 일이었다. 스파인(Spine) 같은 툴로 만드는 2D 게임 애니메이팅의 원조라고 할 수 있다. 덕분에 미려하면서 커다란 스프라이트의 캐릭터가 살아 있는 것처럼 꿈틀거리며 움직인다.

액션 동작 또한 상당히 사실적이었는데, 워낙에 그래픽이 미려해서 당대에 나온 다른 2D 게임과 비교해서 그래픽만큼은 정상급이라는 평을 받았다. 그 덕에 새턴이 2D에 강하다는 말을 들을 수 있었다. 사실 이런 제작 방식은 당시 프린세스 크라운의 담당 PD였던 카미타니 조지가 사용하던 방법이었다. 그가 퇴사 후 설립한 회사가 바닐라 웨어. 바닐라 웨어의 대표작인 오딘 스피어는 누가 봐도 프린세스 크라운의 후속작처럼 보인다. 이후 그가 만든 게임들 대부분이 미려한 2D 그래픽과 리얼한 애니메이션을 특징으로 한다.

그란디아
개발사 : 게임 아츠(1997년)

새턴 진영의 RPG 팬들에게는 그야말로 단비 같은 대작 롤플레잉 게임이다. 플레이스테이션의 파이널 판타지 시리즈에 필적할만한 대작으로 널리 알려진 전설의 게임. 특이하게도 배경은 3D로 만들었지만, 캐릭터 그래픽은 2D 도트로 제작해서 두 스타일을 적절하게 혼용했다는 점이 특징이다. 3D처럼 다양한 시점 이동이 가능하지만 정작 캐릭터는 전부 도트. 이런 그래픽 스타일은 이후에도 다른 제작사의 게임에 비슷하게 응용될 정도로 영향을 줬다. 당시에는 그란디아만의 독특한 분위기가 다른 RPG와의 차별점이었다. 사실 게임 아츠는 이전에도 세가의 플랫폼인 메가 CD에서 대작 RPG인 루나 시리즈를 만들어낸 이력이 있기에 그 저력을 이번에도 유감없이 보여준 셈이다.

새턴의 독점작이며 새턴 팬들에게 마지막 자존심이라고 여겨졌던 대작 RPG 그란디아는 끝내 1999년에 플레이스테이션으로 이식된다. 물론 새턴의 구조상 타 기종 이식이 워낙에 힘든 탓에 마이너 이식이라는 평은 있지만, 그란디아에 자부심이 있던 새턴 팬들에게는 상당히 언짢은 사건이었다.

▌드래곤 포스

개발사 : 제이포스(1996년)

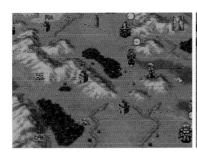 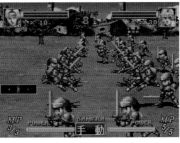

드래곤 포스는 1996년에 제이포스와 세가가 공동 개발하고 세가가 발매한 전략 게임이다. 군주 8명 중 1명을 선택해서 대륙을 통일하는 판타지 전략 게임인데, 최대 100명씩 병사들이 쌍방에서 싸우는 장면을 연출한다는 점이 특징이자 세일즈 포인트! 마치 전쟁영화를 방불케 하는 스케일을 보여줘서 당시 게이머들에게 상당히 이슈였다. 비록 2D 도트 그래픽이긴 해도 실시간으로 장대한 전투가 벌어져서 게임이 꽤 다이내믹하게 진행된다. 물론 플레이어가 명령하려고 메뉴를 열면 게임이 잠시 멈추긴 한다.

전투 중에는 메뉴를 열어 몇 가지 명령과 특수 공격을 설정할 수 있다. 특수 공격은 마법 공격의 일종으로 적을 한꺼번에 쓸어버릴 수 있어서 화려하다. 아쉽게도 직접 조종은 불가능하기에 오로지 병사들에게 명령을 내리고, 이에 따라 행동하는 아군을 그저 지켜만 보고 있어야 한다는 것은 단점. 한마디로 실시간 전략이긴 하지만, 유닛 하나씩 따로 조종할 수는 없었다.

신 시노비전

개발사 : 세가(1995년)

신 시노비전은 1995년 세가에서 만든 횡스크롤 액션 게임으로 세가의 명작 액션 시노비 시리즈의 후속작으로 만들었다. 특이한 점은 게임 그래픽을 2D 도트나 3D로 만든 것이 아니라 실사를 사용했다는 사실이다. 겉모습은 전형적인 횡스크롤 닌자 액션 게임이지만, 실제 사진을 캡처해서 제작했기 때문에 어딘지 묘한 느낌을 준다. 처음 접하면 괴이하다는 생각이 들 정도다.

막상 게임을 플레이해 보면 의외로 액션이 상당한 완성도를 자랑하기 때문에 게임 자체는 재밌다는 게 함정. 각 스테이지를 클리어하면 도중에 실사 인트로 무비가 나오는데, 일부러 80년대 느낌을 더해주려는 듯 연출을 과장했다. 이전에 등장했던 아케이드판 시노비 및 메가드라이브 슈퍼 시노비 시리즈와 비교하면 원거리 수리검 공격이 주가 아니다. 따라서 주인공 조 무사시가 들고 있는 카타나를 잘 활용해야 한다. 하지만 실사 동작을 상당히 잘 활용해서 사실감 넘치게 동작을 구현해 놨기에 근접 액션도 봐줄만하다. 이런 제작 기법은 이제 그 시절이 아니면 보기 힘든 고전 게임만의 특징이 돼버려서 개인적으로는 매우 아쉽다.

1UP
000000

HI SCORE
000000

TIME
000000

4부

아이들은 이제
어른이 됐다

► 1   PLAYER
   2   PLAYERS

9장

레트로 붐 시대의 도래

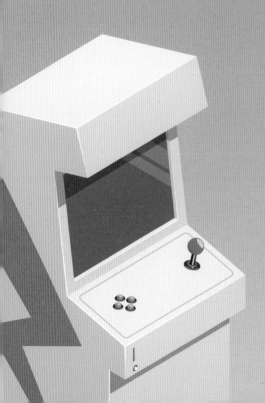

레트로 게임이 뭐죠?

개인적으로 정말 자주 받는 질문이 있습니다. 과연 레트로 게임의 범주를 어느 시대까지로 봐야 하느냐는 거죠. 누군가에게는 아주 오래 전에 나온 8비트 패미컴 게임이 레트로 게임일 것이고, 또 다른 누군가에게는 플레이스테이션 2 혹은 닌텐도 DS 게임도 레트로 게임이 될 수 있습니다. 결론부터 말씀드리자면 개인마다 그 범주가 약간씩 다르다고 할 수 있겠군요. 개인이 생각하는 고전 게임의 정의가 다르고, 그에 따라 게임에 얽힌 추억도 전부 다르기 때문입니다. 뭐라고 단정 지을 수는 없다는 거죠.

누가 저에게 이런 질문을 한다면, 개인적인 생각은 이렇습니다. 롬 팩이라고 부르던 카트리지를 쓰던 시절의 게임들, 딱 거기까지가 레트로 게임이라고 말입니다. 제가 학창 시절 가장 재미있게 즐기던 고전 게임들이니까요. 팩 슬롯을 입으로 가져가서 훅! 하고 불던 그 시절을 잊을 수 없기에 제게 레트로 게임의 범주는 카트리지까지입니다. 사실 이후의 게임은 성인이 되고 나서 즐겼기 때문에 딱히 레트로나 고전이라는 단어가 연상되지는 않습니다.

제 의견은 이렇습니다만, 누구나 인정할만한 고전 게임의 범주가 무엇이냐고 묻는다면 또 답변은 약간 달라집니다. 결론부터 말하자면 2000년을 기준으로 그 이전을 레트로 또는 고전 게임의 시대로 봐도 되

필자가 보유한 각종 게임팩들

지 않을까 합니다.

아케이드와 가정용 통틀어서 국내에 비디오 게임이 대중적으로 보급된 시점이 대략 1980년대 초반인데, 이때를 시작으로 국내 게임 문화의 역사는 2022년 현재를 기준으로 대략 40년 정도 된 셈입니다. 그렇다면 2000년도가 게임 문화 역사의 중간 지점(?)이라 할 수 있는데, 사실 그때를 전후로 아케이드 게임센터는 확실히 많은 변화를 겪었습니다. 또한 홈 게임 인프라에도 많은 변화가 있었죠.

이런 이유로 2000년도 이전까지는 고전 게임이나 레트로 게임으로 봐도 무방하지 않을까 싶습니다. 물론 제 개인적인 생각이기 때문에 다른 의견이 있다 해도 반박할 생각은 없습니다. 앞서 말했지만, 누군가에게는 2004년에 나온 닌텐도 DS도 고전 게임의 범주에 속할 수 있으니까요.

실기와 에뮬,
레트로 게임을 즐기는 방법?

　지난 10여 년 사이에 레트로 게임을 즐기는 사람들이 많이 늘었다고 생각합니다. 법적 문제는 차지하고서라도 아주 오래전부터 PC 에뮬레이터를 이용해 레트로 게임을 즐기는 사람들이 많았는데요, 2010년대에 들어서자 레트로 게임을 즐기는 양상이 다양해진 느낌입니다. 레트로 문화가 유행하면서, 그에 힘입어 레트로 게임 문화도 분화 발전한 것이 아닐까 생각합니다.

　일단 눈에 띄는 변화는 중국 업체들이 만든 레트로 게임기를 인터넷상에서 쉽게 구할 수 있다는 점입니다. 이 게임기들은 에뮬레이터와 롬 파일을 내장한 기기들로 당연히 저작권과 관련해서 법적 문제가 일어날 소지가 있죠. 실제로 유명 게임 개발사인 SNK가 한국에 법인을 세우고 저작권 단속을 한 적이 있습니다만, 그럼에도 중국산 레트로 게임기의 인기는 제가 보기에 지금도 상당합니다.

　롬 파일 없이 에뮬레이터만 내장해 판매하는 게임기(게임기 업체가 운영하는 서버로 게임을 다운), 수백 수천 가지 게임을 내장한 오락실 캐비닛 형태의 게임기, 스마트TV 셋톱박스 겸용 게임기 등 여러 가지 형태의 레트로 게임기가 여전히 인터넷상에서 판매되고 있으며, 이 기기를 리뷰하는 유튜브 영상도 상당한 인기를 누립니다.

　물론 에뮬레이터와 중국산 게임기의 인기만 올라간 것은 아닙니다.

옛날에 발매된 실물 게임기와 카트리지, CD 등을 구해 고전 게임을 즐기려는 사람도 확실히 늘었죠. 레트로 게임기와 게임 소프트를 전문으로 취급하는 업체와 게임 가게 들이 여기저기 생겼으며, 인터넷 카페나 동호회, 고전 게임 커뮤니티 등에서 정보를 공유하는 마니아들의 모습도 심심찮게 볼 수 있습니다. 에뮬레이터 게임기를 리뷰하는 유튜브 영상 못지않게 실기 리뷰 영상도 많은 조회수를 기록합니다.

가장 괄목할 변화는 레트로 게임의 모바일 진출이 아닐까 합니다. 많은 게임 개발사가 자사의 옛 게임을 스마트폰 게임으로 리메이크해 출시하고 있습니다. 캡콤의 마계촌이나 코나미의 악마성 시리즈, SNK의 메탈 슬러그와 킹 오브 파이터즈 시리즈 등이 스마트폰으로 들어왔고, 일본의 대표 게임인 파이널 판타지와 드래곤 퀘스트도 시리즈 상당수가 모바일 게임이 됐습니다. 물론 이 때문에 돈벌이에 급급하다고 욕먹고 있는 개발사도 있지만 말입니다. 이 같은 모바일 리메이크 열풍은 한동안 계속될 듯합니다. 기존 IP를 재활용하는 것이니 개발이 상대적으로 손쉽지만, 매출은 보장돼 있기 때문이죠.

레트로 게임을 즐기는 방법은 이처럼 다양해졌지만, 앞서 말했듯 레트로 게임의 불법성 문제가 여전히 남아 있습니다. 중국산 레트로 게임기는 불법 롬 파일을 이용하며, 복각된 게임기를 해킹해 불법 롬 파일을 구동하는 일도 빈번합니다. PC에서 에뮬레이터를 이용하는 일은 두말하면 입이 아플 정도로 오래된 문제죠.

레트로 게임을 실기로 즐기느냐 또는 에뮬레이터로 즐기느냐 하는 문제는 오래전부터 유저들 사이에서 논쟁거리였습니다만, 저작권 문제가 명백한 만큼 웬만하면 실제 카트리지나 CD, 합법적 다운로드를 이용해 게임을 즐기는 게 어떨까 하는 생각입니다. 요즘에는 모바일로 나오는 레트로 게임이 많고, 옛 게임기들이 복각돼 판매되고 있으며, 닌텐도 스위치처럼 게임사에서 옛 게임을 지원하는 경우도 있으니 예전처럼 구할 수 없어서 불법 롬 파일을 이용한다는 말은 하기가 힘들어졌습니다. 물론 합법적인 방법을 고수하면 아직도 많은 게임을 즐길 수 없습니다만, 법 관련 문제는 사안이 확실하다 보니 법 테두리 안에서 게임을 즐기는 게 최선이 아닐까 합니다.

10장

레린이들을 위한 몇 가지 팁

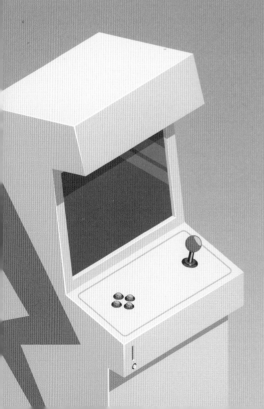

실기로 즐기는 방법

　가정에서 PC나 최신 콘솔 게임기로 고전 게임을 즐기는 방법도 있지만, 레트로 게임에 빠지는 유저 중 상당수는 과거 향수를 잊지 못해 그 시절 게임기를 지금 구입해서 즐기는 분들일 겁니다. 하지만 8비트 또는 16비트 콘솔 게임기는 출시된 지 너무 오래됐죠. 새 제품은 이제 정식으로 판매하지도 않으니 당연히 중고 제품을 알아봐야 합니다.

　일단 레트로 게임 커뮤니티에 개설된 중고 장터를 이용하는 방법이 있습니다. 그리고 레트로 게임기와 게임 소프트를 전문으로 판매하는 업체에서 제품을 구매할 수도 있죠. 사실 이런 전문 업체를 이용하는 경우가 많습니다. 만약 중고 장터와 업체에서 자신이 원하는 컨디션의 기기나 게임 소프트를 구매할 수 없다면, 결국 해외 직구가 유일한 방법이긴 합니다.

　여러 수단을 이용해서 실기를 구매했다고 해도 아직 끝난 게 아닙니다. 일단 레트로 게임기 대다수는 지금과 다르게 220V 전압이 아닌 100V 전압의 어댑터를 사용해야 합니다. 왜냐하면 레트로 게임기 다수는 일본 제품이고, 일본은 100V 전압을 사용하기 때문입니다. 해외에서 직구로 일본 제품을 구매해 왔다면 어댑터가 100V라 지금 바로 사용할 수는 없습니다. 그렇다면 결국 다운트랜스를 따로 구매해야 이 기기들을 연결해서 사용할 수 있단 소리인데, 사실 다운트랜스 없이 게임을 즐

레트로 게임기와 변압기

기는 방법이 있긴 합니다. 바로 해당 게임기 전압에 맞는 국산 어댑터를 구매하는 것입니다. 특정 업체의 제품은 단자부를 교체할 수 있어서 규격에 맞는 단자를 찾아 꼽으면 됩니다. 이렇게 해서 원래 기기에 들어 있는 정품 어댑터가 아닌 국산 어댑터를 사용하는 경우가 많죠.

마지막으로 이걸 모니터나 TV에 연결해야 하는 문제가 남습니다. 그런데 단자가 없네요? 그럴 수밖에 없는 게 과거에 사용했던 연결 단자는 대부분 AV선이라고 불리던 컴포지트 단자로, 영상을 담당하는 라인과 사운드를 담당하는 라인으로 구성돼 있죠. 하지만 요즘 TV나 모니터에서는 해당 단자를 지원하지 않기 때문에 결국 컨버터가 필요합니다. 물론 막상 컨버터를 구매해서 연결해 봐도 예전 같은 화질을 기대할 수는 없죠. 대부분 LCD 모니터인 요즘, 과거 CRT 모니터를 사용하던 시절보다 발색이나 밝기 등에서 차이가 있기 때문입니다.

게다가 예전보다 해상도가 좋아진 지금 모니터와 TV에서는 낮은 해상도만 지원하는 레트로 게임기가 원하는 화면을 보여주지 않는 것은 당연지사입니다. 결국 좀 더 깊이 파고들어 가고 싶은 일부 유저들은 과거와 똑같은 환경을 구축하고 싶어 합니다. 그래서 도달한 결론은 옛날 브라운관 TV나 CRT 모니터를 구매하는 것이죠.

브라운관과 방모

    브라운관 TV는 아직까지 중고 매물을 구매할 수 있습니다. 하지만 매우 걱정되는 것은 바로 CRT 브라운관의 수명. 브라운관 특성상 수명이라는 게 존재하는데, 그 수명이 지금 시점에서는 슬슬 끝나갈 무렵입니다. 어쩌다 운 좋게 상태가 좋고, 사용 시간도 극히 적은 브라운관을 얻었다고 해도 언제까지 성능이 유지될지는 아무도 모릅니다. 특히 집에서 사용하던 가정용 TV의 경우, 더더욱 수명이 긴 편은 아니죠. 그래서 많은 분이 가장 뒤늦게 판매가 됐던 일부 브라운관 모니터나 클래식 TV라는 이름으로 판매된 일부 TV를 선호하곤 합니다. 일부 마니아층 게이머들은 TV의 특성상 도트가 다소 뭉개지는 느낌을 싫어하기도 합니다. 그래서 좀 더 칼같이 쨍하고 가독성이 높으며, 도트가 덜 뭉개지는 장비를 찾기도 하는데, 바로 방송용 모니터라고 불리는 기기들이죠.

    제가 8비트 PC로 사용하던 대우 아이큐2000 모델(MSX2 기종)은 전용 RGB 모니터가 있었습니다. 당시에 게임을 하면서 맛본 그 색감과 화면을 오랫동안 잊지 못했죠. 그래서 어떻게 하면 그 시절의 화면을 현재에 되살려 즐길 수 있을까 꽤 고민한 적이 있습니다. 이 문제를 해결하려고 몇 년을 고생했는데, 결국 동일 제품을 구매하지 못했습니다만 그와 매우 유사한 퀄리티의 화면을 출력해 주는 방송용 모니터를 구매해서 사용하고 있습니다.

브라운관 모니터와 방송용 모니터

　지금은 가정용 브라운관 TV와 방송용 모니터로 실기를 즐기고 있
습니다만, 이와 관련해서 상세한 내용을 소개하지는 않겠습니다. 이 디
스플레이는 갈수록 구매하기 힘들 뿐만 아니라 언젠가는 사라질 수밖
에 없는 물건입니다. 고로 레트로 게임을 즐기는 데 필수사항도 아니라
고 생각합니다. 많은 분이 옛 모니터 같은 장비에 연연하지 않고 레트로
게임 문화를 즐겼으면 좋겠다는 생각입니다. 여기서는 그저 이런 존재
도 있다는 사실을 잠시 언급하고 넘어가도록 하겠습니다.

해외 직구의 세계, 옥희네와 배희네

과거 본인이 사용했던 게임기와 모니터, 게임 카트리지나 CD 등을 찾아 헤매는 분들은 결국 해외 직구의 세계로 들어서는 경우가 많습니다. 해외 직구에 이용하는 사이트는 크게 나눠서 옥션과 이베이가 있죠.

국내에도 옥션이란 이름의 오픈 마켓 사이트가 있지만, 여기서 말하는 옥션은 야후 재팬에서 운영하는 야후 옥션을 말합니다. 이베이는 미국에서 운영하는 온라인 쇼핑몰 또는 경매 사이트를 지칭하죠. 온라인 쇼핑몰이기 때문에 물건을 직접 판매하기도 하지만, 결국 게이머들이 주로 찾는 곳은 경매 쪽입니다.

개인들이 경매에 부치는 물건들은 그 종류와 수가 어마어마합니다. 그래서 본인이 원하는 아주 오래된 골동품을 찾을 수 있고, 입찰을 이용해 구매도 할 수 있습니다. 상당히 다양한 제품들이 경매 물품으로 올라오는 가운데, 게임으로 한정했을 때 꽤 희귀한 제품들도 올라오곤 합니다. 이런 이유로 본인만의 추억이 담긴 물건을 구매하려면 결국 이곳을 찾게 되죠. 물건 찾기의 끝판왕 같은 사이트라고 할까요.

물론 이 밖에도 스루가야 사이트나 아마존 쇼핑몰에 게임 관련 물품들이 올라오기도 하지만, 대부분 가격이 맞지 않거나 물건 상태를 보장하지 않기 때문에 개인적으로는 약간 이용하기 꺼려지더군요. 뭐 궁금하면 별수 있나요? 직접 경험해 봐야죠.

옥션과 이베이는 레트로 게임 팬에게는 언제나 친구 같은 존재

　　일본 야후 옥션의 경우, 이용이 매우 폐쇄적이긴 합니다. 기본적으로 해외에 거주하는 사람은 이용할 수 없는 시스템입니다. 아이디를 만들 수는 있지만, 일본 국외에서 발행한 카드는 실제 거래에서 사용할 수 없습니다. 게다가 판매자들이 해외로 물건을 발송해 주지 않죠. 결국 일본 국내 거주자끼리만 거래할 수 있다는 말입니다. 이러니 배송 대행업체나 경매 대행업체를 이용하는 수밖에 없습니다.

　　대행업체를 이용하면 당연하게도 물건값이 올라갑니다. 낙찰 비용 외에 수수료가 추가로 들어가며, 대부분은 일본 국내 배송비나 입금 수수료 등을 구매자에게 떠넘기기 때문에 추가 비용이 상당한 편입니다. 물건 부피가 크거나 무게가 무거우면 해외 배송비가 만만치 않으며, 결정적으로 배송료 포함 전체 비용이 한화 15만 원을 넘으면 국내로 들어올 때 관세가 추가로 부가되기도 하죠.

　　정말 갖고 싶은 물건 또는 구하기 힘들거나 그만한 가치가 있다고 생각하는 물건이 아니면 이용하지 않는 편이 좋습니다. 배보다 배꼽이 더 크거든요. 특히 낙찰가가 싼 단일 제품을 구매한 경우, 이런 경험을 할 수 있습니다. 100엔짜리를 구매했는데 이것저것 더해져 3만 원이 넘어가는 마법을 볼 수 있다는 말이죠.

　　결국 국내에서 절대 구하지 못하는 물건이 아니면 그다지 이점이 없다는 소리입니다. 일본 옥션은 매우 폐쇄적일 뿐만 아니라 판매자 대부분이 보수적이라서 간혹 입찰한 사람이 해외 구매 대행업체라고 생각되거나 과거에 업자와 얽힌 안 좋은 경험이 있는 판매자라면 입찰을 취소해 버리는 경우도 있으니 주의해야 합니다.

일본 옥션은 특히 판매자에게 좀 더 유리한 사이트라서 물건 상태가 별로여도 클레임을 거는 일이 사실상 불가능합니다. 기껏해야 상대방에게 안 좋은 평가를 남기는 게 고작인데, 대부분 경매 대행업체가 이런 일을 꺼리는 관계로 대행업체를 사용하는 사람들은 해당 업체를 통해서만 해결해야 하죠. 여러모로 장단점이 동시에 존재하기 때문에 어느 정도 경험이 있는 지인에게 부탁하는 것도 괜찮은 방법입니다.

이베이 역시 일본 야후 옥션과 방식은 비슷합니다. 판매자가 자신의 매물을 경매 쪽에 올리면 구매자들이 즐겨찾기에 등록해 두고 옥션 종료일까지 기다립니다. 일본 옥션과 가장 크게 다른 점은 바로 자동 연장이라는 시스템이 존재하지 않는다는 점이죠. 일본 옥션에는 자동 연장 시스템이 있어서 만약 판매자가 이 옵션을 체크해 두면 경매 종료 5분 전부터는 입찰이 들어오면 자동으로 종료 시각이 5분씩 연장됩니다.

이 옵션의 설정은 어디까지나 판매자 마음입니다. 하지만 이베이는 이런 연장 옵션이 없기 때문에 무조건 종료 시각 직전에 그야말로 피 터지는 접전이 벌어집니다! 내가 걸 수 있는 최대치의 액수로 입찰을 해서 짧은 시간 내에 결판을 내는 그야말로 진검승부죠.

각각의 묘미는 있지만 결국 본인이 입찰 상한선을 정해두고 입찰을 하는 것만이 올바른 소비의 지름길일 것입니다. 다행스럽게도 이베이는 일본 옥션과 다르게 판매자보다는 구매자 중심의 경매 사이트라서 물건을 잘못 받거나 판매자에게 불이익을 당했다고 생각하면 즉각 클레임을 걸 수 있습니다. 또한 결제 시 페이팔을 사용하면 환불 조치도 상당히 빠른 편이죠. 대다수 이베이 판매자들은 별점 관리에 민감하기 때문에 클레임 해결에 적극적인 편입니다. 유일한 단점은 영어로만 소통할 수 있다는 점. 하지만 요즘은 번역기 성능이 워낙에 좋으니 이를 이용하면 영어에 자신이 없다고 해도 해외 직구를 이용하는 데 큰 무리가 없을 겁니다.

레트로 게임은 모두의 추억

어릴 적 엄마 몰래 오락실을 다니고 게임기를 가지고 놀던 소년이 어느덧 커서 중년의 아저씨가 됐습니다. 세상이 적잖이 변해서 어린 시절의 추억을 되새기기에는 어려움이 많습니다. 심지어 제가 알던 장소들도 대부분 사라졌고, 사람과 물건 들도 예전 같지 않네요.

어느 순간에는 갑자기 숨이 턱 막힐 정도로 어린 시절을 향한 그리움이 밀려들 때가 있습니다. 하지만 몇 개 안 남은 추억 조각들로는 기억조차 되살리기 쉽지 않을 때, 문득 나이 든 소년은 다시금 추억 상자를 열어서 게임기를 꺼내고 TV에 연결해 봅니다.

이렇게 글을 맺기에 앞서 제 첫 책과 관련해서 소회를 간단하게나마 적어본다면, 그것은 간절한 추억 더듬기라고 정리하고 싶습니다. 만약 레트로 게임에 대한 글을 쓴다면, 장황하게 많은 것을 담고 싶다는 욕심이 예전에 있었습니다. 이번에도 어느 정도 욕심을 부리기는 했습니다만, 집필을 다 끝내고 난 시점에서 뒤돌아 생각해 보니 이 책은 단지 제 어린 시절의 경험담이 돼버렸네요. 하지만 후회는 하지 않습니다. 언제가 됐든 잊기 전에 기록해 봐야겠다고 생각했던 일들이거든요.

지금 제가 취미로 하고 있는 모든 일들, 즉 유튜브에 영상 올리기, 블로그에 글쓰기, 카페에서 소통하기 등은 결국 추억을 잊고 싶지 않아서 나 자신을 리마인드(remind)하는 한편, 다른 사람들과 기억을 공유하고 싶어서 하고 있다는 사실을 새삼 알게 됐습니다. 사실 지금도 간절합니다. 제 머릿속에 들어 있는 어린 시절의 향수 어린 추억들도 나이가 들어감에 따라 희미해져 가고 있네요. 이걸 다시금 상기하려면 혼자만의 힘으로는 벅찹니다. 그래서 오늘도 계속해서 취미활동을 하며 추억을 다시 기억하고 또 기억해 냅니다. 물론 이 모든 것은 제 주변에서 추억을 공유하는 게이머분들과 블로그 글을 읽어주시는 모든 분, 나아가 유튜브 구독자분들이 계시기 때문에 가능하다고 생각합니다. 그렇기에 오늘도 새삼 고맙다는 말씀을 드리고 싶네요. 고맙고 소중합니다.

　남들보다 조금 더(?) 레트로 게임에 빠져 산 덕분에 고전 게임을 소개하는 책도 쓸 수 있게 됐습니다. 1970년대 후반에서 2000년대 초반까지 20년이 넘는 고전 게임의 역사에서 명작이라 불리는 게임을 선정해 소개하고, 나름의 해설을 덧붙였습니다. 여기에 게임과 관련한 개인적인 추억과 경험담도 함께 담아봤습니다. 제가 경험한 레트로 게임의 역사를 간략히 정리해 본 셈인데, 재밌게 읽으셨을지 궁금하네요.

　사실 대단한 이야기는 아니지만, 이 책을 쓴 이유는 앞서 말했듯 저와 비슷한 시기에 게임을 즐기셨던 많은 분이 역시나 비슷한 경험을 해보셨을 것이라는 생각에 공감대를 형성하고 추억을 공유하고자 했던 바가 큽니다. 내용이 다소 산만하지만, 어디까지나 추억을 재구성하기 위해서 기를 쓰고 기억을 되살렸다는 점 이해를 바랍니다. 이번 기회에 게임과 관련한 추억을 공유한 많은 분이 추억 세포를 되살려보셨기를 바라며 이만 글을 줄입니다. 다음번에 기회가 된다면 또 다른 재미있는 추억거리로 찾아뵀으면 합니다.

아케이드 : 1987~1999

체감형 아케이드 : 1985~1989

패미컴 : 1984~1993

플레이스테이션 : 1995~1999

꿀딴지곰의 레트로 게임 대백과

열혈 겜돌이의 명작 고전 게임 추억 찾기 연구소

1판 1쇄 펴낸 날 2022년 10월 25일
1판 2쇄 펴낸 날 2022년 11월 1일

지은이 꿀딴지곰(윤장원)

펴낸이 박윤태
펴낸곳 보누스
등록 2001년 8월 17일 제313-2002-179호
주소 서울시 마포구 동교로12안길 31 보누스 4층
전화 02-333-3114
팩스 02-3143-3254
이메일 bonus@bonusbook.co.kr

ⓒ 윤장원, 2022

• 이 책은 저작권법에 의해 보호를 받는 저작물이므로 무단전재와 무단복제를 금합니다. 이 책에 수록된 내용의 전부
또는 일부를 재사용하려면 반드시 지은이와 보누스출판사 양측의 서면동의를 받아야 합니다.

ISBN 978-89-6494-583-4 13690

• 책값은 뒤표지에 있습니다.

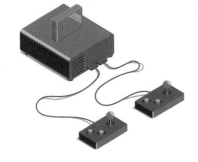